Dr. Birgit Jackel

Lernen, wie das Gehirn es mag

Dr. Birgit Jackel

Lernen, wie das Gehirn es mag

Praktische Lern- und Spielvorschläge für Kindergarten, Grundschule und Familie

VAK

VAK Verlags GmbH
Kirchzarten bei Freiburg

Bibliografische Information der Deutschen Bibliothek

Die Deutsche Bibliothek verzeichnet diese Publikation in der Deutschen Nationalbibliografie; detaillierte bibliografische Daten sind im Internet über http://dnb.ddb.de abrufbar.

VAK Verlags GmbH
Eschbachstraße 5
79199 Kirchzarten
Deutschland
www.vakverlag.de

Abbildungen: Birgit und Manfred Jackel
Umschlagfoto: Fotolia
Umschlagdesign: Hugo Waschkowski, Freiburg
Satz und Druck: Himmer AG, Augsburg
Printed in Germany
ISBN: 978-3-86731-014-7

Inhalt

Geleitwort

Ein Blick in die Geschichte von Philosophie, Pädagogik und Psychologie zeigt, dass Menschen zu allen Zeiten darüber nachgedacht haben, wie sie ihr Wissen und ihre Überzeugungen für die Zukunft bewahren könnten. Sie wollten dies ihrem Nachwuchs „beibringen": möglichst vollständig, dauerhaft und jederzeit abrufbar. Mit dem „Nürnberger Trichter" sollte das erwünschte Wissen in die Köpfe getröpfelt werden (so Lutz Röhrichs Lexikon der sprichwörtlichen Redensarten, 1991). Schon Comenius forderte, *in allem* zu unterrichten. Von Pestalozzi über Herbart bis Piaget und Correll gliederte man den Lernprozess in *bekömmliche Häppchen*. Auch Fröbel und Montessori erdachten Lernspielzeug *für alle Sinne*; und die Pädagogin Ellen Key ließ den „Genius im Kinde" (1900) alles *selbst entdecken*. Die zeitgenössische Sängerin Nena gründet eine neue (?) freie Schule. Hat aber nicht bereits 1970 A. S. Neill in „Summerhill" die Kinder *das* lernen lassen, was sie *wollten*?

Bis zur heutigen „Spaßpädagogik", in der ein Event das andere jagt, ging es immer um das *richtige Lernen*: *Was* war zu lernen? *Wie* war der Lernstoff zu gliedern? *Welche Lernschritte* waren notwendig, damit das Wissen schließlich wunschgemäß abgerufen werden konnte? Was aber *zwischen* „Input" und „Output" geschah (also in den grauen Zellen, Nervenbahnen und Verarbeitungszentren des Gehirns), das galt lange Zeit als „Blackbox". Endlich hat die Hirnforschung nun mithilfe modernster Technik etwas Licht in dieses Dunkel gebracht. Das bedeutet zwar eine grundlegende Veränderung der Sichtweise. Doch das fragwürdige Verständnis von Lernen – man habe nur *das* wirklich gelernt, was man auf Knopfdruck wiedergeben könne – spiegelt sich bis heute in vielen Testverfahren, bis hin zur PISA-Studie.

Lernen beginnt jedoch schon im Mutterleib mit den ersten Bewegungen, mit dem ersten Schrei bei der Begegnung mit der Welt. Leben heißt, spontan aktiv zu sein – zunächst ziellos, undifferenziert. Die Welt antwortet darauf, setzt Ziele, befriedigt Bedürfnisse, nimmt an oder weist zurück. Das kleine Leben macht somit *Erfahrung*. Es verändert die Welt und verhält sich zunehmend zielgerichteter. Das ist ein dauernder Kreislauf von Geben und Nehmen, Frustration und Befriedigung, Vorangehen und Zurückweichen – niemals aber Stagnation.

Doch was passiert dabei *in* uns? Was ist die *Basis* für unsere Fähigkeit, die Welt zu erkunden? Lernen ist Bewegung und Entspannung, Entladung – ziellos zunächst und schließlich immer genauer gerichtetes Be-Greifen. Vieles wussten schon die „Alten", wenn sie das Lesen, Schreiben, Rechnen und den Katechismus in den Köpfen (der Knaben!) etablieren wollten. Es ist das Verdienst dieses Buches, dass es zwei Entwicklungslinien in den Diskussionen um Lernen nicht nur zusammenführt, sondern ihr unauflösbares Angewiesensein aufeinander darstellt: Kinder lernen *mit allen Sinnen.* Sie sind nicht bloße Gefäße für Wissen, das wussten viele Pädagogen vor uns.

Warum das aber so ist, das verstehen wir erst heute, dank der *Hirnphysiologie.* Wir lernen, wenn wir nicht weiterwissen ..., wenn bisher Gekonntes nicht mehr ausreicht zur Überwindung einer Handlungsbarriere, zur Lösung eines Problems oder zur Bewältigung einer Aufgabe. Das erhöht unsere Anspannung. Wir müssen neue Informationen suchen, einordnen, bisher Gewohntes umdenken und dann probieren, ob es zur Lösung hilft – und der Kreislauf beginnt erneut. Das alles gehört zum Wahrnehmen. Dieses ist mehr – *qualitativ* weit mehr – als „Sehen" im Sinne von Erregung der Hirnrinde (– wie die Hirnphysiologie auch *missverstanden* werden kann)! Wahrnehmen ist aktives Verarbeiten. Wer sich auf Vertrautem ausruht, im Gewohnten erstarrt, der kann nicht lernen, kann nicht gesund aufwachsen.

Gesund aufwachsen heißt: Hilfen erfahren, gefördert werden, Ziele aufgezeigt und angeboten bekommen und Wege, diese zu erreichen. Es heißt aber auch: gefordert werden, Schwierigkeiten bewältigen, Versagen überwinden mit Mut zur Leistung (als erreichtem Ziel). Hirngerechtes Lernen, das ist LEBEN – LACHEN – LERNEN als Orientierung in der Welt.

LEBEN umfasst dabei die gesamte menschliche Grundausstattung, die uns befähigt, diese Welt spontan zu erkunden und/oder auf ihren Anruf zu antworten. Es umfasst auch die Gestaltung einer Welt, in der Kinder ihre Grundbedürfnisse nach Nahrung, Wasser, Luft, Spielraum, Bildung und Nähe zu anderen Menschen befriedigen können.

LACHEN meint eben nicht Spaßpädagogik, sondern eine Welt, in der ein Kind nicht als „Investition auf Zukunft hin" gewertet wird, weil es aufzeigbare Leistungen erbringt. Es sollte probierend und ohne Angst vor Fehlern und Versagen diese Welt erkunden dürfen (so mein Credo in *Angst und Leistung,* 1980); aber in den Antworten dieser Mit- und Umwelt auch seine Grenzen erfahren, um sein Verhalten neu zu strukturieren.

In den vielen ebenso abwechslungsreichen wie humorvollen Spielvorschlägen dieses Buches wird der Bezug zu unserem „Fahrzeug", zur Hirnphysiologie, immer deutlich. LERNEN, wenn es hirngerecht geschieht, findet jederzeit statt, auch wenn scheinbar nichts „beigebracht" wird. Denn was auch immer uns begegnet, verändert die Strukturen unseres Gehirns und damit wiederum verändert sich unser Verhalten im Zugriff auf die Welt.

Dass wir diese Zusammenhänge in unserem Leben und unserer Arbeit mit Kindern umsetzen können, dazu kann das Buch beitragen – wenn wir es nicht nur lesen, sondern damit arbeiten.

Dr. Gisela Oestreich

(Braunschweig, im Oktober 2007)

Vorwort der Autorin

Der Kindergarten ist die wichtigste öffentliche Erziehungseinrichtung des Vorschulalters. Schaut man auf den Gesamtverlauf, wie die Kinder heranwachsen, ist er die Elementarform institutionalisierter Erziehung. Für die meisten Drei- bis Sechsjährigen wird er ein ganz wesentlicher Bestandteil ihrer Lebenswelt. Hier soll die kleine Kinderpersönlichkeit auf sensorischem, motorischem, emotionalem, sozialem, kognitivem und sprachlichem Gebiet gefördert werden, damit sie sich allseitig positiv entfalten kann. So weit der ganzheitliche Erziehungsauftrag des Kindergartens.

Vom sechsten bis (heute noch) zehnten Lebensjahr folgt die Grundschule oder Primarstufe unseres Schulsystems. Sie wird ihrerseits zu einer außerfamiliären Einrichtung für Sozialisation mit hohem Rang und Gewicht. Zu ihren grundlegenden Bildungsaufgaben gehören Wissensvermittlung und Verhaltenstraining. Demnach stellt sich Erziehung im Kindergarten und im schulischen Primarbereich dar als institutionalisierte Hilfestellung für die jungen Menschen, die sie orientierungsfähig und selbstständig handlungsbereit machen soll.

Und welche Rolle nehmen das Elternhaus sowie private Einrichtungen der Lernförderung ein? Auch dort gelten pädagogische Grundprinzipien. Sind sie ausgerichtet auf demokratische Verhaltensweisen, werden sie denen von Kindergarten und Grundschule ähnlich sein. Kindergärten, Tagesstätten, Grundschulen und Elternhäuser – sie alle sollten nach ihrem pädagogischen Grundverständnis den Kindern auf *indirektem* erzieherischen Weg Hilfestellungen bieten. Mit bestimmten didaktisch-methodischen Prinzipien wie Freude, Kindgemäßheit, Erlebnis- und Situationsorientierung, Entscheidungsfreiheit, Offenheit, Selbstständigkeit und Ganzheitlichkeit sollte die Selbstregulierung der Kinder gefördert werden.

Lassen Sie uns im Elementar- und Primarbereich das Netzwerk des Lernens für die Kleinen verbessern, damit sie nicht weit unterhalb der Grenzen ihrer individuellen Entfaltungsmöglichkeiten stecken bleiben. Dazu gehört es, Lernen so zu gestalten, wie es die Kindergehirne am besten können. Diesbezüglich hält das vorliegende Buch manche Erkenntnis bereit – besonders dank der Gehirnforschung, die es heute mit ihren modernen bildgebenden Verfahren möglich macht, dem Gehirn bei seiner Arbeit zuzuschauen.

Im praktischen Teil dieses Buches werden hirnphysiologische Abläufe beim Lernen dargestellt, wie sie für die kindliche Gehirnentwicklung des Elementar- und Primaralters funktionieren. Spiel- und Erkundungsvorschläge als freudvolle Lernanlässe lassen sich danach ausrichten. Die beschriebenen

Praxisbeispiele entstammen meiner langjährigen Tätigkeit als Grundschullehrerin und Lehrbeauftragte für Lehramtsstudierende sowie meiner Zusammenarbeit mit Erzieherinnen in Kindergärten und mit Pädagogen in privaten Einrichtungen der Lernförderung – nicht zuletzt auch meinem Engagement als Mutter und Großmutter.

Mit diesem Buch möchte ich Ihnen Mut machen zu hirngerechter pädagogischer Arbeit in Elternhaus, Kindergarten, Grundschule und privater Fördereinrichtung. Es sollen sich sowohl hochinteressierte Eltern als auch professionalisierte pädagogische Kräfte angesprochen fühlen. Wollten Sie – als Privatperson wie als pädagogische Fachkraft – nicht schon immer wissen, ...

… warum im Kindergarten- und Grundschulalter die Kinder häufig „fabulieren“ und so manches Ereignis mittags zu Hause ganz anders ankommt, als es sich morgens ereignet hat?

… warum Ihre Schüler sich in Ihrem Klassenzimmer, das mit Postern, Kinderzeichnungen, Fensterbildern, Ausstellungskästen, Krabbelsäcken und vielem mehr liebevoll eingerichtet ist, nicht recht konzentrieren können?

… warum ein Kind sich zu Hause ausdauernd mit einem Spielzeug befassen kann, im Kindergarten oder in der Schule aber keine Aufgabe zu Ende bringt?

… warum Kinder sich Laute und Buchstaben in Kombination mit Bewegungen und Gerüchen besonders nachhaltig merken können?

… warum Kinder des dritten Schuljahrgangs die Himmelsrichtung Süden im Keller und Norden droben am Himmel suchen?

… warum Kinder sich Wissensinhalte in Geschichten verpackt leichter merken können als reine Fakten (obgleich sie dabei doch viel mehr behalten müssen)?

… warum Kinder alles Mögliche andere behalten, nur nicht die Einmaleins-Reihen?

… warum viele Kinder bei anspruchsvollen feinmotorischen Aufgaben ihre Zunge „mittanzen“ lassen?

… warum eine kleine Kindermassage auch lange nach dem Babyalter noch Wunder vollbringen kann?

… warum ...?

Es stellen sich Fragen über Fragen. Mit meinem Buch möchte ich einige Antworten und Hilfestellungen geben, als Mosaiksteine für den langen, verantwortungsvollen Weg einer „Neuro-Pädagogik“.

Dr. phil. Birgit Jackel

1. Einleitung
Lauschen, wie kindliche Gehirne ticken

1990 wurde von George Bush sen. zur Intensivierung der Gehirnforschung die „Dekade des Gehirns“ ausgerufen. Deutschland startete im April 2000 für die Zeit bis 2010 eine vergleichbare Initiative, einen Forschungsverbund unter der Schirmherrschaft des Bundesministers für Arbeit. Hirnforscher aus aller Welt präsentieren uns ständig neue, spektakuläre Untersuchungsergebnisse über die Arbeitsweise unseres Gehirns. Denn – und das ist das Entscheidende – heute stehen den Wissenschaftlern Geräte und Methoden zur Verfügung, mit denen sie dem Gehirn bei seiner Arbeit zuschauen können. Beispielsweise liefern spezielle Kernspintomografen Computerscans, bei denen die während der Laboruntersuchung gerade besonders aktiven Gehirnareale farblich hervorstechen. Damit kann man das bislang bekannte Wissen über die Strukturen des Gehirns erweitern um Erkenntnisse über zahlreiche Funktionen, die einzelne Hirnbereiche bei bestimmten Prozessen wie Wahrnehmung, Aufmerksamkeit, Denken und Verhalten ausüben.

Es stellt sich die Frage, weshalb gerade derzeit sowohl in der Pädagogik (als präventiver Arbeit) wie auch in der Rehabilitation mit Kindern Erkenntnisse der Hirnforschung zunehmend Beachtung finden. Selbst in der Schriftenreihe des Bundesministeriums für Bildung und Forschung ist eine Expertise zur Lehr-Lern-Forschung mit Perspektivensuche im Bereich der Hirnforschung erschienen (2005). Schwerwiegende Gründe für die Suche nach neuen pädagogischen Zielen und didaktischen Wegen liegen sicher in den beunruhigenden Ergebnissen der PISA-Studien seit 2001 und in den veränderten gesellschaftlichen Rahmenbedingungen, unter denen unsere Kinder heute aufwachsen müssen. Im Anschluss an die Veröffentlichung der PISA-Studien kommt es zu einer Suche nach Förder- und Kompensationsstrategien bis hin zu Ansätzen wie dem *Hothousing* (siehe unten), besonders in Großbritannien, USA und China.

Dabei ist in erster Linie darauf zu achten, dass die Hilfestellungen, die wir unseren Kindern zur glücklichen Entfaltung ihrer Persönlichkeit angedeihen lassen, nicht in rein vordergründig hilfreich erscheinende Wege münden, die sich letztlich als Irrwege herausstellen könnten:

1. So droht zum einen derzeit die überwunden geglaubte Defizitorientierung neu zu erblühen; sie besagt: Man orientiere das pädagogische Handeln an dem, was das Kind gemäß seinem biologischen Alter können

sollte, aber wegen seines realen Entwicklungsalters oder wegen fehlender Umweltstimulierungen noch nicht erbringt, und bessere durch spezielle Förderprogramme in diesen Bereichen nach. Es ist nicht auszuschließen, dass derzeit vonseiten der Politik ein gewisser Handlungsdruck auf den Bereich institutioneller Erziehung ausgeübt wird.
Aus der Vielzahl an Zweifeln, die der reinen Defizitorientierung entgegengebracht werden, sei hier nur einer genannt und skeptisch gefragt, ob das Kind wohl bei der vorrangigen Konfrontation mit seinem Noch-nicht-Können Freude am Übungsfortgang empfinden wird oder ob der Ausgangspunkt bei den Kompetenzen, die das Kind bereits mitbringt, nicht effektiver, weil kindgerechter erscheint. Denn nicht Unbehagen, sondern Freude, Neugier und Erkunden aus eigenem Antrieb sind die besseren Lehrmeister. Diese pädagogischen Maximen berücksichtigen das Kind als ganzheitliches Wesen mit der Möglichkeit, über einen bereits positiv entwickelten Persönlichkeitsbereich andere Bereiche mitzufördern; man spricht hier auch von Kompetenzpädagogik – erlebnis- und ereignisbezogen mit der Offenheit für Transfereffekte.

2. Zum anderen droht derzeit in besonders ehrgeizigen pädagogischen wie auch familiären Kreisen die Strategie des *Hothousing* um sich zu greifen – ein Lernen unter Treibhausbedingungen. Hier sollen die Kleinen möglichst früh möglichst viel lernen, in konzentrierter selektiver (aussondernder) Frühförderung nach dem Motto: „Viel hilft viel." Teils werden solche Vorstellungen genährt durch Untersuchungsergebnisse aus der Kognitions- und Neuropsychologie (Forschungsbereiche mit interdisziplinären, fachübergreifenden Anliegen – hier zur geistigen Entwicklung von Versuchspersönchen mit Windelpopo im ersten Lebensjahr). *Hothousing*-Strategien ziehen Schlussfolgerungen, welche von den Wissenschaftlern aus den eben genannten Disziplinen so nicht intendiert und mit heutigen erziehungswissenschaftlichen Erkenntnissen auch nicht vereinbar sind. Wir brauchen kein *Hothousing*. Was wir für unsere Kinder brauchen, ist ein anregungsreiches Umfeld, das Impulse setzt. Damit sollten wir diejenigen natürlich gegebenen Zeitspannen nutzen, die besonders dafür geeignet sind, ein Maximum an Gehirnnervenverknüpfungen für bestimmte Fähigkeiten anzulegen (etwa für die Entwicklung der Sehfähigkeit oder für die Sprachentwicklung). Wir sollten die Erkenntnisse der Hirnforschung nutzen, insofern sie für unsere Arbeit mit Kindern sinnvoll erscheinen – aber nicht um jeden Preis.

Nach Meinung von Elsbeth Stern vom Max-Planck-Institut für Bildungsforschung in Berlin sind ohnehin aus der neurowissenschaftlichen Basis des Lernens keine direkten Maßnahmen für die Gestaltung von Lerngelegenheiten ableitbar; denn Lernen lasse sich nicht auf Hirnfunktionen reduzieren. Das Wissen um die Biochemie des *Hippocampus* (Gedächtnisstruktur; siehe Kapitel 3.4) nütze den Lehrern im Klassenzimmer wenig, so Elsbeth Stern.

Böse, ja ganz böse Zungen behaupten derzeit sogar, pädagogische Konzepte liefen der Hirnforschung hinterher. Sie sprechen von einfältiger Übernahme all dessen, was in Laboruntersuchungen an Einzelergebnissen aus bildgebenden Verfahren zu den unterschiedlichen Hirnfunktionskreisen ans Licht komme. Diese Ergebnisse würden dann als neurobiologische Rezepte für die Gestaltung von Lernsituationen verstanden.

Den Gegenpol dazu bilden beispielsweise die Studien des Erziehungswissenschaftlers und Neurodidaktikers Gerhard Friedrich, der wissenschaftlich geprüfte Untersuchungsergebnisse zu hirngerechter Kompetenzpädagogik im Bereich Mathematik im Kindergartenalter vorweisen kann. Solche Studien sind hilfreich. Aber es gibt derer zu wenige. Zudem sollten die Ergebnisse solchen Erkenntnisinteresses schnellstmöglich in die praktische Arbeit mit Kindern einfließen.

Und wonach richten sich alle die Praktiker, die im Berufs- und Familienalltag unter nicht immer optimalen Bedingungen mit Kindern arbeiten müssen? Es gibt durchaus gangbare didaktische Wege zwischen naiver Übernahme aus der Gehirnforschung einerseits und einer durch wissenschaftliche Ergebnisse abgesicherten Pädagogik. Damit stellt sich die Frage, ob Erzieherinnen, Lehrerinnen und andere pädagogische Kräfte bislang alles falsch gemacht haben, solange die beim Lernen aktiven Hirnareale nicht sichtbar gemacht werden konnten. Gingen die in den letzten 200 Jahren seit Johann Gottfried Herder tradierten pädagogischen Erkenntnisse und Praktiken alle an den Lernenden vorbei? Das scheint nicht der Fall (gewesen) zu sein. Vielmehr können Hirnforschung und Lernpsychologie heute manches sichtbar machen und naturwissenschaftlich bestätigen, was seit Herder auf pädagogischen Pfaden richtig gemacht wurde.

Bereits 1988 prägte Gerhard Preiß, Professor für Allgemeine Didaktik im Bereich Erziehungswissenschaften, erstmals den Begriff der Neurodidaktik für einen methodischen Weg, der sich unabhängig vom Unterrichtsfach damit beschäftigt, wie Lehren und Lernen besonders effektiv verlaufen können – durch Orientierung an den Erkenntnissen über die Funktionsweise des Gehirns. Im Jahr 2002 brachte Manfred Spitzer, Professor für Psychiatrie, das sinngemäß wie folgt auf den Punkt: Jeder Friseur weiß etwas über Haare, jede Kosmetikerin kennt sich aus mit Haut und Nägeln. Wer lehrt, sollte etwas verstehen von dem Organ des Lernens – dem Gehirn.

Damit wären wir wieder beim Einwand von Elsbeth Stern, dass es den Erziehenden und Lehrenden im Alltag mit lernenden Kindern wenig nutze, wenn sie über die Biochemie des Hippocampus als Zentralorgan für das Gedächtnis Bescheid wüssten. Ich denke schon, es nutzt ihnen. Bleiben wir beim Beispiel Wahrnehmen – Abspeichern – Erinnern und der Rolle des Hippocampus: Das Wissen um die Arbeitsweise dieser Hirnstruktur für das Arbeitsgedächtnis und ihr Zusammenwirken mit anderen Strukturen kurzzeitiger

Speicherung, dem limbischen System sowie dem Langzeitgedächtnis hilft uns, Lernen so zu organisieren, dass besonders günstige Bedingungen für den Konsolidierungsprozess (das Behalten von Erfahrungen) gegeben sind.

Im Fall des Abspeicherns von Lerninhalten bedeutet das neben vielen anderen lernförderlichen Aspekten beispielsweise auch: Im Tagesrhythmus sollte man lernintensive Phasen im Wechsel mit Entspannungsphasen platzieren und Zeiten und Formen zum Wiederholen des neu Gelernten immer wieder in anderen oder ähnlichen Kontexten einplanen. Dann ist sichergestellt, dass beim Kind das Neue abends nicht durch weitere, ebenfalls neue Eindrücke überdeckt wird und für den Abspeicherungsprozess während des Schlafes nichts mehr übrig ist. Denn was im Arbeitsspeicher bereits verloren ging, kann nicht zur Langzeitspeicherung in Stirn-, Scheitel- und Schläfenlappen der Großhirnrinde abgelegt werden.

Andere bislang anerkannte Vorstellungen hingegen müssen überdacht werden, nachdem man mit bildgebenden Techniken neue Hirnnervenverknüpfungen bei bestimmten Hirnfunktionen als aktiv entdeckt hat. Beispiel hierfür sind die neuen Funktionszuweisungen für die Sprachareale Broca (im vorderen Teil des Schläfenlappens) und Wernicke (im hinteren oberen Teil des Schläfenlappens; siehe Abbildung 1).

Bislang galt die Annahme, dass die Sprachproduktion im Broca-Areal und das Sprachverständnis im Wernicke-Areal als unabhängige Systeme arbeiten. Dem sprechenden Gehirn zuschauend entdeckten Neurobiologen aber eine stabile Nervenverbindung zwischen den beiden Gebieten, womit erklärt werden kann, weshalb beide Areale enger zusammenarbeiten als bislang angenommen. Zudem erweist sich die herkömmliche Modellvorstellung von Broca = Lauteproduktion gegenüber Wernicke = Sprachverständnis als nicht länger haltbar; zeigt sich doch die Hirnaktivität im Broca-Areal beim Sprachverständnis sogar stärker aktiv als im Wernicke-Areal. Und in Broca sind nicht nur die Bewegungsabfolgen von Gesicht und Zunge lokalisiert, die wir für das Erzeugen von Sprachlauten brauchen, sondern auch die Fähigkeit zum *Entschlüsseln* dieser Laute.

Was bringen diese Erkenntnisse Erzieherinnen und Lehrern? Die neu entdeckten Funktionszusammenhänge beider Sprachareale alleine sind eventuell für Logopäden in deren rehabilitativer Arbeit hilfreich; jedoch erst die zahlreichen zusätzlichen Erkenntnisse aus der Neurobiologie über Broca und weitere an Sprache beteiligte Hirnbereiche eröffnen neue Möglichkeiten für gehirnorientierte Lernsituationen: Neues Wissen um die *Identität*, die Deckungsgleichheit der für Sprache, Bewegung und Musik zuständigen Hirnareale und Nervenverbindungen macht es den Praktikern in Prävention und Rehabilitation möglich, das Sprechen, das Musizieren und das großräumige Bewegen als sich gegenseitig fördernde Aktivitäten anzubieten: in Bewegungs-, Rhythmik-, Sing- und Sprechspielen, lustig und freudvoll – und

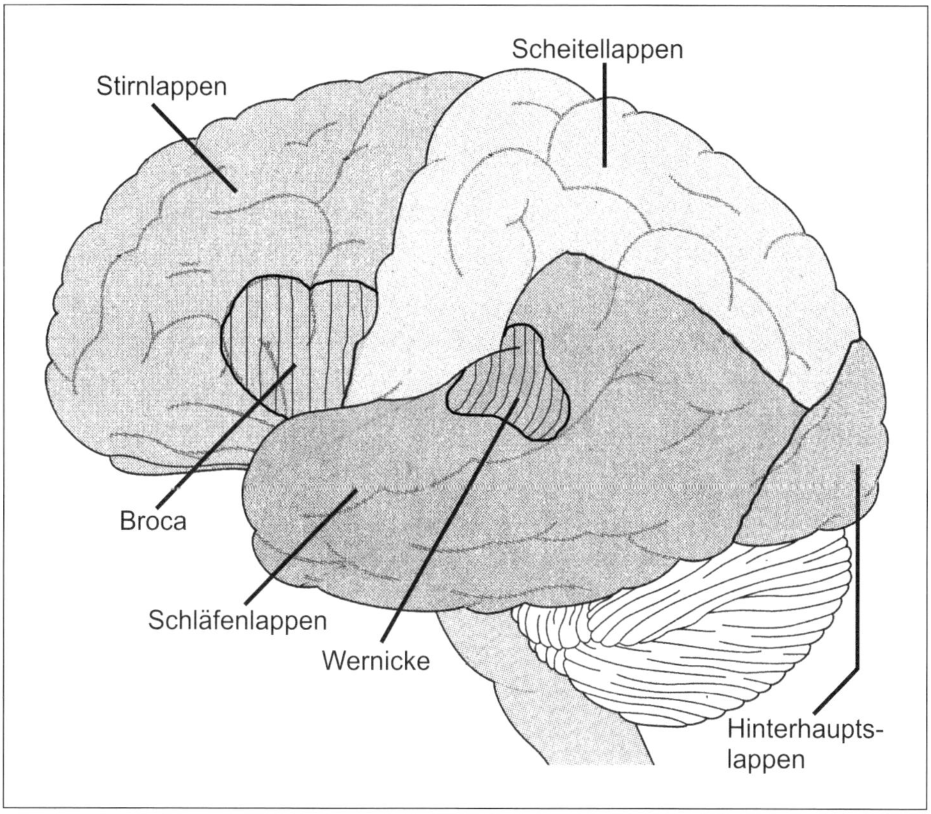

Abbildung 1: Die Hirnrinde mit den vier Rindenfeldern, mit Broca- und Wernicke-Areal

damit kinderhirngemäß. Fachleute sprechen bei solchen für mehrere Funktionen des Gehirns zuständigen Regionen vom möglichen „Overflow" oder von einer „kreuzmodalen Förderbarkeit" und meinen damit, dass bei der Förderung *nur einer* sensorischen, motorischen, kognitiven, sprachlichen, emotionalen, sozialen oder kommunikativen Fähigkeit *alle übrigen* (hier genannten) Fähigkeiten automatisch *mitgeübt* werden.

Eine weitere Chance für kinderhirngerechtes Lernen ist die Erkenntnis der lebenslangen Formbarkeit des Gehirns. Fachleute sprechen von Plastizität des Gehirns oder Neuroplastizität als Aus- und Umformung der Nervenverbindungen (1) einerseits und als Verknüpfungsdichte und -art andererseits (2):

1. Mit jedem Entwicklungs- und Lernfortschritt steigt der Grad der Hirnnervenvernetzung rasant. Die Zahl der Verknüpfungen der Hirnnervenzellen und die Dicke der Isolierschicht (Myelinschicht) rund um eine Nervenverbindung nimmt im Laufe des Lebens zu. Das bedeutet, die Myelinschicht bildet sich bei häufigem Gebrauch einer bestimmten Nervenverbindung

aus, verdickt sich und vergrößert damit die Geschwindigkeit und Zuverlässigkeit der Übermittlung von Nervenimpulsen ebendort: Wer häufig Schnürsenkel bindet, verfügt über starke und zuverlässige nervale Verbindungen in den Bereichen seines Gehirns, die für Hautsinnesreize und Bewegungsfertigkeiten der Finger erforderlich sind. Wer vorwiegend Schuhe mit Klettverschluss oder Schlupfschuhe trägt, wird keine entsprechenden Nervenverknüpfungen aufbauen, oder die früher bei Schnürschuhen benötigten werden wieder verkümmern.

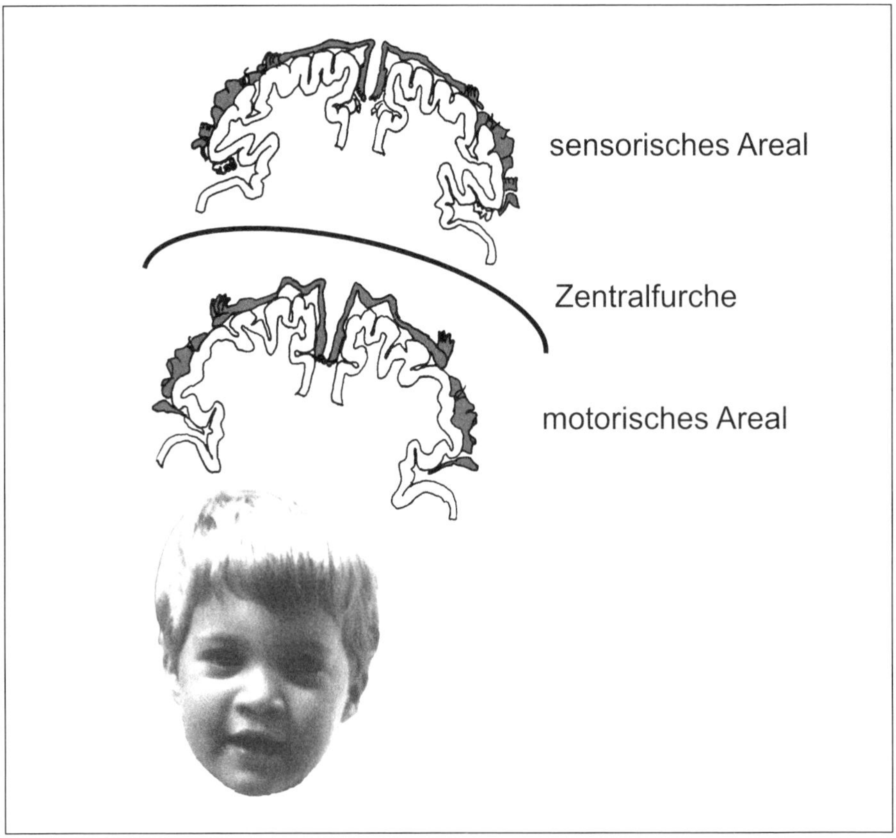

Abbildung 2: Sensorischer und motorischer Teil des Kortex

2. Die Formbarkeit oder Plastizität des Gehirns umfasst andererseits auch die Verknüpfungsdichte und -art. Wie Struktur und Funktion des Gehirns durch Musizieren mit einem Instrument im sensorischen und motorischen Rindenfeld in besonderer Weise geformt werden, soll an Geigern und Klavierspielern aufgezeigt werden. (Zuvor sei daran erinnert, dass die Aktivitäten unserer rechten Körperhälfte stets in unserer linken Gehirnhälfte repräsentiert (abgelegt) werden und umgekehrt.) Ein Geiger

benutzt die Finger seiner linken Hand mit vielfältigen Greifpositionen und unterschiedlichem Druck. Durch diese Saitengriffe sensibilisiert er das zugehörige rechte sensorische Rindenfeld für die Finger überdurchschnittlich, was zu einer erhöhten Nervenvernetzung ebendort führt. Es wird größer: Wo mehr abgelegt wird, ist mehr Platz vonnöten.
Gleiches geschieht in seinem rechten motorischen Rindenfeld durch die Vielfalt und Präzision der Bewegungsanweisungen für die Finger der linken Hand. Auch dieses vergrößert sich, ebenso wie sein Kleinhirn, wo die Bewegungspräzision auch Platz für ihre neuen, flinken Fingerfertigkeiten braucht. Seine rechte Hand hingegen arbeitet bei der Bogenführung aus dem Handgelenk heraus. Die Sensibilität der Finger ist hier weniger gefordert und verursacht mithin auch keine vergrößerten Areale in der linken Großhirnhälfte. Beim Klavierspieler sieht das anders aus. Bei ihm zeigt sich für beide Hände die gleiche hochgradige Nervenverknüpfungsdichte für seine flinken Fingerbewegungen im entsprechenden Handareal des sensorischen und motorischen Kortex.

Umweltbedingte, durch häufigen Gebrauch hervorgebrachte Umformungen im Gehirn sind gleichermaßen auf sensorischer, motorischer, sozial-kommunikativer wie kognitiver Ebene feststellbar. Die Bedeutung für die pädagogische Arbeit liegt auf der Hand. Denn damit steht die Wichtigkeit von Umwelteinflüssen bei den Sinneseindrücken, beim motorischen Angebot, bei geistigen Herausforderungen und dem sozialen Miteinander im Blickpunkt. Hier muss so früh wie möglich schon im Elementar- und Primaralter unterstützend angesetzt werden. Und die natürlichen Vorlieben der Kleinen für großräumige Bewegungen, Klatsch- und Fingerspiele mit Gesprächsmöglichkeiten sollten genutzt werden.

Erzieherinnen, Lehrerinnen und andere pädagogische Kräfte haben gelernt, interdisziplinär zu arbeiten. Es ist ihr Beruf, in ihren sozialpädagogischen und erziehungswissenschaftlichen Konzepten Erkenntnisse aus Physiologie, Psychologie, Soziologie und der jungen Wissenschaft Gehirnforschung zu verbinden. Und trotzdem wird die Suche nach neurobiologischen „Rezepten“ für gedeihliches Lernen durch die Erkenntnisfülle der Hirnforschung neu entfacht. Diese Suche nach Lehr-Lern-Rezepten ist wahrlich nicht neu. Der Büchermarkt mit seiner Vielzahl an Ratgebern scheint diesen Wunsch auch zu bedienen. Mit Rezepten funktioniert das normalerweise so: Hat man seine Haut verletzt, kommt ein Pflaster drauf.

Beim Lernen und Lehren aber tut es nicht gleich weh. Das heißt: Lernende und Lehrende merken mitunter erst nach Jahren, dass sie sich nicht ganz auf dem optimalen Lern- oder Lehrpfad befinden oder befunden haben. Zudem ist jedes Kind einzigartig, denn die menschlichen Gehirne weisen individuelle Unterschiede auf. Es gibt in der Pädagogik keine Rezepturen, zusammengestellt wie Fertigsoßen, die dem Sprössling einfach übergekippt werden können – sodass anschließend der fertige Mensch entsteht. Es gibt für die

Vielfalt der Kinderpersönlichkeiten aber durchaus Prinzipien, die gedeihliches Lernen und sozial verträgliches Verhalten möglich werden lassen; nämlich hirngerechtes Vorgehen mit ...

- Selbsterarbeitung und verstehendem Lernen,
- Erlebniseffekten,
- An- und Entspannung als den beiden Polen des Lernens,
- Ermutigung und Lob,
- Gelegenheiten zum Querdenken,
- individuellem Arbeitstempo und anderem mehr.

Bei dieser Entfaltung der ganzen Persönlichkeit in allen ihren Teilbereichen muss die Arbeitsweise des jeweiligen kindlichen Gehirns Berücksichtigung finden – durch individuelle Förderung. Kurz: Es gibt keine neurobiologischen Rezepte für gedeihliches Lernen, sondern eine ganzheitliche Persönlichkeitsentfaltung, bei der die Arbeitsweise des Gehirns bedacht werden muss.

Lernen wird zwar durch das Gehirn *ermöglicht*, aber *gesteuert* wird es durch die Umgebung. Wissenschaftliche Erklärungen für erfolgreiches Lernen müssen deshalb das Kind als ganzheitliches Wesen mit all seinen sensorischen, motorischen, emotionalen, sozialen und kognitiven Fähigkeiten mit den von der Umgebung an ihn gestellten Anforderungen integrieren. Letztere dürften mit Laboruntersuchungen schwerlich erfassbar sein. Und doch sehen sich alle Praktiker in der Erziehung täglich mit diesen Anforderungen nach Verknüpfung konfrontiert und suchen gangbare Lösungswege.

Allenthalben wird nun nach Literatur gefragt, die darlegt, wie und wann das menschliche Gehirn lernt, welche praktischen Schlussfolgerungen für unsere Kinder daraus zu ziehen sind und wie Lernvorgänge sich positiv beeinflussen lassen. Nur – wo sind sie, die Veröffentlichungen mit neuropädagogischen Konsequenzen und konkreten Themenvorschlägen für den Arbeitsalltag mit Kindern? Es mangelt auch an Material zur Bedeutung der Hirnforschung für Erziehung und Unterricht, welches für Nichtfachleute ohne Weiteres zugänglich ist.

Meines Erachtens liegt das nicht zuletzt daran, dass es derzeit noch wenige Foren gibt, die sich in allgemein verständlicher Weise diesen Themen widmen. Denn tritt erst einmal die Ansicht in den Vordergrund, man könne hirnphysiologische Vorgänge in ihrer Bedeutung für Lernen und Verhalten denjenigen, die das in ihre Unterrichtsvorhaben integrieren sollen, nicht vermitteln, dann wird es schwer sein, mutige Vorreiter zu finden, solches anzugehen. Was derzeit auf Kongressen im präventiven und rehabilitativen Bereich in Form von Vorträgen und Workshops zur Bedeutung der Hirnforschung für Entwicklung und Lernen im Elementar- und Primarbereich möglich ist, sollte auch von Verlagen aufgegriffen werden und in Buchform erscheinen.

Themenspezifische Literaturvorschläge zur Einführung

(Nähere Angaben siehe Literaturverzeichnis am Schluss des Buches)

1. Literatur zu bildgebenden Verfahren der Hirnforschung:

Bundesministerium für Bildung und Forschung (Hrsg.): *Lehr-Lern-Forschung und Neurowissenschaften: Erwartungen, Befunde und Forschungsperspektiven*

Greenfield, Susan: *Reiseführer Gehirn*

Spitzer, Manfred: *Lernen*

2. Literatur zu Strukturen und Funktionsweisen des Gehirns:

Buchner, Christina: *Der Räuber Thalamus und andere Geschichten*

Gegenfurtner, Karl: *Gehirn und Wahrnehmung*

Greenfield, Susan: *Reiseführer Gehirn*

Herrmann, Christoph, und Fiebach, Christian: *Gehirn & Sprache*

Herschkowitz, Norbert: *Das vernetzte Gehirn. Seine lebenslange Entwicklung*

Markowitsch, Hans-Joachim, und Welzer, Harald: *Das autobiographische Gedächtnis*

Moll, Gunther, und Dawirs, Ralph, und Niescken, Svenja: *Hallo, hier spricht mein Gehirn*

3. Literatur zu kinderhirngerechtem Lernen:

Blakemore, Sarah-Jayne, und Frith, Uta: *Wie wir lernen*

Buchner, Christina: *Neues Lesen – neues Lernen. Vom Lesefrust zur Leselust*

Bundesministerium für Bildung und Forschung (Hrsg.): *Lehr-Lern-Forschung und Neurowissenschaften: Erwartungen, Befunde und Forschungsperspektiven*

Friedrich, Gerhard, und Preiß, Gerhard: „Pädagogik. Lehren mit Köpfchen"

Goddard Blythe, Sally: *Warum Ihr Kind Bewegung braucht*

Neubauer, Aljoscha, und Stern, Elsbeth: *Lernen macht intelligent*

Preiß, Gerhard (Hrsg.): *Neurodidaktik. Theoretische und praktische Beiträge*

Spitzer, Manfred: *Lernen*

Spitzer, Manfred: *Musik im Kopf*

4. Literatur zur Entwicklungspsychologie im Kindesalter:

Charlton, Michael, und Käppler, Christoph, und Wetzel, Helmut: *Entwicklungspsychologie*

Goddard, Sally: *Greifen und BeGreifen*

Herschkowitz, Norbert, und Chapman Herschkowitz, Eleonore: *Klug, neugierig und fit für die Welt*

Pauen, Sabina (Hrsg.): *Entwicklungspsychologie im Kindes- und Jugendalter*

2. Überleitung
Große Visionen und kleine Schritte hin zu einer gehirnorientierten Pädagogik

Hirngerechtes Lernen versteht sich als ein besonders effektiver Weg, der mit Prinzipien wie Freude, Neugier, Ereignisorientierung, Ganzheitlichkeit und mit viel Freiheit für die lernenden Kinder von deren natürlichen Ressourcen ausgeht. Ziel ist, dass sie sich selbst und ihre Mitwelt immer besser verstehen können.

Erziehenden und Lehrenden in Institutionen wie im privaten Bereich sollten die Erkenntnisse der jüngsten Hirnforschung in den Grundzügen geläufig sein. Denn sie müssen wissen, wie Kindergehirne bei Lernen und Verhalten arbeiten und wie diese Arbeitsweise für eine gesunde Entwicklung auch wirklich genutzt werden kann. Beim hirngerechten Lernen handelt es sich um ein besonders wirkungsvolles Lernen, bei dem die Kapazitäten eines jeden Kindes besser als bislang ausgeschöpft werden können. Damit bleiben die Kinder nicht unter den Obergrenzen ihrer Lern- und Verhaltensmöglichkeiten stecken.

Der Grundstein dafür wird vornehmlich im Elternhaus gelegt. Dieser Ansatz muss jedoch in den Einrichtungen des Elementar- und Primarbereiches weitergeführt werden. Für Kindergärten, Tagesstätten, Grundschulen und private Einrichtungen der Lernförderung sind aus heutiger Sicht vorrangig drei Aufgabenkomplexe zu bewältigen:

- Zunächst einmal geht es um die *Förderung individualisierten Lernens* über Kompensation kindlicher Unzulänglichkeiten in allen Erfahrungsbereichen. Dies ist heute ein besonders dringliches Anliegen; derzeit vorrangig als sensorische, motorische und sprachliche Qualifizierung *en vogue.* Solches beginnt beispielsweise damit, dass die kleinen Kinder spürfähiger werden, und zwar über den Gebrauch *aller* ihrer Sinne, statt vorrangig nur mit Augen und Ohren der Welt zu begegnen. Vielfältige Bewegungsanlässe machen Spürerfahrungen möglich und steigern motorisches Geschick. Die Förderung individualisierten Lernens beinhaltet weiterhin Sprechanlässe als Sprachförderung und als Erweiterung sozialkommunikativer Fähigkeiten und vieles mehr.
- Damit ist bereits der zweite Aufgabenkomplex tangiert, die *Förderung sozial-integrativen Lernens.* Kinder mit unterschiedlichem sozialem

Hintergrund bringen mitunter sehr verschiedenartige Sichtweisen mit, mit denen sie sich selbst und ihre Umwelt wahrnehmen. Hier gilt es, die Kleinen an für sie neue Wahrnehmungs- und Interpretationsweisen im Sinne von Arten des Orientierens heranzuführen, samt dem Erwerb sozialer Fähigkeiten und für sie neuer Problemlösungsstrategien. Andere Kinder, denen solche Formen der Weltorientierung bereits geläufig sind, werden ihrerseits lernen, sich zu öffnen für die Sichtweisen von Kindern mit anderem kulturellem und sozialem Hintergrund und ihnen behilflich sein.

- Schließlich geht es um *selbstverantwortliches Handlungs- und Planungsvermögen*. Hier lernen die Kinder, sich neuen Aufgaben zu stellen und diese angemessen zu bewältigen. Denn nur wenn sie „echten Vorhaben" (als Projekten mit Erkenntnisinteresse für diese bestimmte Kindergruppe) gegenüberstehen oder wenn solche für sie arrangiert werden, lernen sie konstruktiv mit Problemen umzugehen und nach gangbaren Lösungen zu suchen.

  Dreh- und Angelpunkt für gedeihliches, hirngerechtes Lernen ist dabei die *Freude*, die Freude am Tun und am Gelingen eigener, neugierig angegangener Vorhaben. Eine als lustvoll empfundene Handlung setzt positive Kräfte frei, die ihrerseits wieder freudvolles Tun möglich machen. Ein Kind, das an einer Aufgabe Spaß hat und positiv gestimmt ist, bringt dieses Gefühl unmittelbar mit seinem ganzen Körper zum Ausdruck. Dann hüpft der ganze Kerl (motorisch), dann erhöht sich sein Muskeltonus, ohne in Verspannung umzuschlagen (sensorisch), er trällert ein Lied und teilt sich seiner Mitwelt spontan mit (rhythmisch und sprachlich), geht unerschrocken ein neues Vorhaben an (kognitiv) und verweigert sich dabei nicht den Wünschen der Mitspielenden (sozial und kommunikativ). Wird die Freude zum Lernprinzip, ist ein wahrhaft neuropädagogischer Ansatz eingeleitet. Denn es herrscht derzeit unter Wissenschaftlern Einigkeit über die beflügelnde (bei übertriebenen Belohnungen auch süchtig machende) Wirkung, die nach neuesten Erkenntnissen der Hirnforschung von dem Botenstoff Dopamin ausgeht und das Gehirn auf Trab bringt (siehe Kapitel 3.1.1).

Emotionen wirken sich auf alle Bereiche der Kinderpersönlichkeit aus – wie in Abbildung 3 erläutert. Wie die Komponenten Sensorik, Motorik, Soziabilität, Kognition und Sprache bei einem fröhlichen Menschen (mit positiven Emotionen) „mitgerissen" werden, wurde bereits dargestellt. Sie können einander ebenso auch im negativen Sinne beeinträchtigen: So erkennt man ein trauriges Kind nicht nur an seinem schleppend-schlurfenden Gang (motorisch), seinen herabhängenden Schultern und einer nach vorne gebeugten, insgesamt spannungsarmen Körperhaltung (sensorisch), sondern auch an seinem traurigen Blick und seinem wortlosen Sichabwenden von den anderen (wenig sozial und kommunikativ) und an seiner Teilnahmslosigkeit gegenüber seiner Mitwelt (kognitiv und sprachlich).

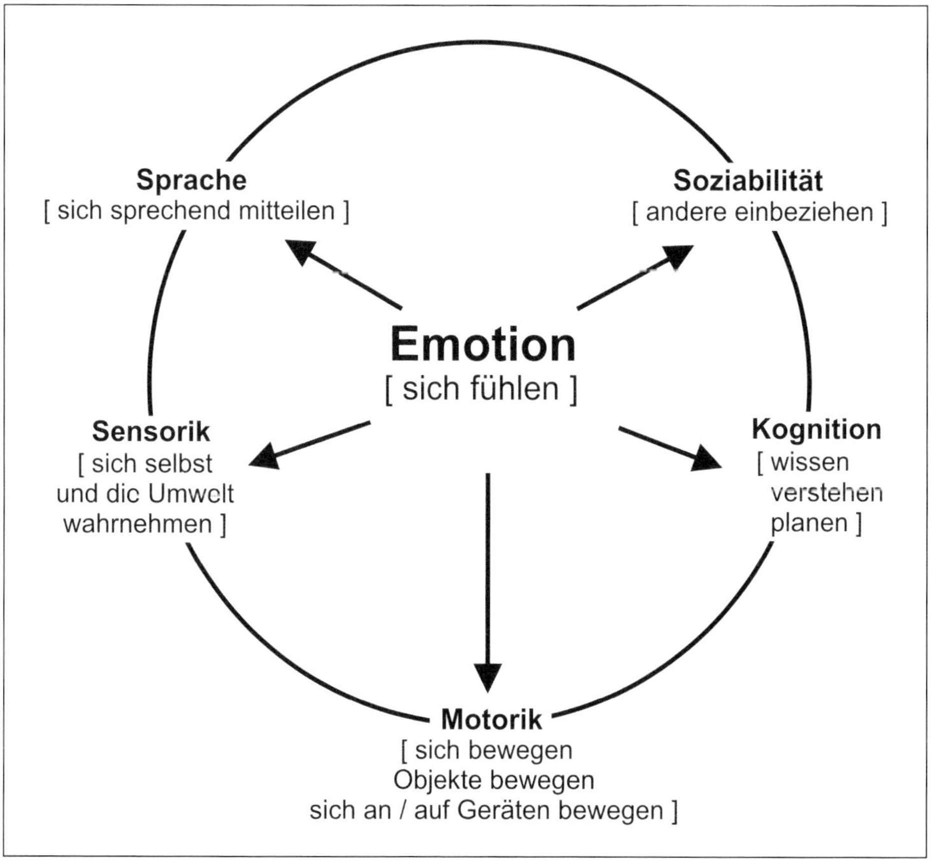

Abbildung 3: Emotionen wirken sich ganzheitlich aus

Doch wenden wir uns wieder den positiven Emotionen zu und weiteren lernförderlichen Voraussetzungen. So ist zur Ausführung eines Planes ein gewisses Aufmerksamkeitsniveau erforderlich, zudem positive Gestimmtheit und explorationsfördernde Lebensumstände, damit man den Spannungsbogen von der Planung bis zur Ausführung des Vorhabens halten kann. Hierzu gibt es in den letzten Jahren wichtige neue Erkenntnisse aus der Hirnforschung; denn man kann Aufmerksamkeit, Motivation, Gefühle wie Freude oder Angst und die Wirkungen einer entspannenden Atmosphäre als Nervenaktivitäten im Gehirn mit spezieller Kernspintomografie (funktioneller Magnetfeldresonanztomografie = fMRT), mit Elektroenzephalografie (EEG) und weiteren bildgebenden Verfahren sichtbar machen.

Damit erscheint ein ganzheitlicher Förderansatz sinnvoll, der die erwähnten Möglichkeiten des Mitförderns und die enorme Formbarkeit von Gehirnen nutzt. Er bringt Lernen und Verhalten von Kindern so voran, dass deren natürliche Ressourcen (wie Begeisterungsfähigkeit und Bewegungsdrang) stärker als bislang üblich ausgeschöpft werden. Ausgangspunkte sind Können und Vorlieben der Kleinen statt ihrer Defizite. Das wird möglich, wenn man die am Lernen beteiligten hirnphysiologischen Prozesse beleuchtet und die Lernwege danach ausrichtet.

Als Pädagogen wie auch als Eltern sollten wir im Hinblick auf solch eine „neurodidaktische“ Entwicklungsförderung und Lernhilfe folgende Eckpunkte nicht aus den Augen verlieren:

- Zunächst informieren wir uns selbst über Funktionsweisen des kindlichen Gehirns,
- dann klopfen wir die neuesten hirnphysiologischen Erkenntnisse ab auf relevante Aspekte für die Arbeit mit Kindern und
- anschließend leiten wir pädagogische Strategien ein, die freudvolles, ereignis- und erlebnisorientiertes Lernen und selbstständiges Erkunden zu Grundelementen des kindlichen Verhaltens werden lassen.

In der Kleinschrittigkeit des Alltags sollten uns Pädagogen wie Eltern niemals die Fernziele aus dem Blickfeld geraten (auch wenn wir uns wegen anscheinend widriger Umstände manchmal aus der Verantwortung stehlen möchten). Ein klein wenig in der angestrebten Richtung ist *immer* möglich. Jede alltägliche Lernsituation ist ein Stück des Weges hin zu den Fernzielen der Erziehung. Deshalb sollten wir täglich aufs Neue ...

... die Lehr-Lern-Situation analysieren,

... festlegen, was wir an dem betreffenden Tag vorrangig erreichen wollen,

... einen hirngerechten Weg für das konkrete pädagogische Vorhaben (themenspezifisch) auswählen und einleiten.

* * *

Begründet im ganzheitlichen Förderansatz spannen die Themenschwerpunkte im dritten Teil dieses Buches einen weiten Bogen.

Sie beginnen im Kapitel 3.1 mit dem Themenschwerpunkt „Motorik – Sprache – Musik“ als der Dreierbeziehung aus Sichbewegen, Sprechen und Musizieren mit gegenseitigen Fördermöglichkeiten über Bewegungs- und Singspiele, Klatschverse, Unsinntexte oder Fühlbilderbücher mit Sprechanlässen.

In Kapitel 3.2 stehen mit dem Themenschwerpunkt „Senso-Motorik“ die Entwicklungsbereiche Sensorik und Motorik im Betrachtungsmittelpunkt, wie sie im Elementar- und Primaralter auch ontogenetisch, von der Entwicklung der Kinder her Vorrang haben. Denn Kinder erforschen sich und ihre Mitwelt über alle ihre Sinne und über verblüffend variantenreiche Bewegungsvorhaben – mal ausagierend und mal innehaltend und nachspürend.

Kapitel 3.3 befasst sich mit Raum- und Zeitorientierung. Denn erst aufbauend auf den Erfahrungen aus Sensorik (als Empfinden) und Motorik (sich bewegen, Geräte bewegen, sich auf / in / mit Geräten bewegen) lassen sich Raum und Zeit erschließen. Hier lernen die Kinder über das Finden ihrer bevorzugten Körperseite und über aktives Erkunden von Räumen und Zeitspannen, sich in ihrer dreidimensionalen Welt zu orientieren. Erst dann folgt eine behutsame Einführung in das Kartenverständnis.

Aufmerksamkeit und Gedächtnis als Themenschwerpunkt des Kapitels 3.4 bilden den Abschluss. Denn erst wenn alle vorab besprochenen Funktionskreise des Gehirns dargelegt sind, erschließen sich komplexe Abläufe wie selektive Aufmerksamkeit und Abspeicherungs- und Erinnerungsmechanismen und deren neuronale Entsprechungen.

Bei den Praxisbeispielen in Kapitel 3 wird der jeweilige Themenschwerpunkt vor dem hierfür erforderlichen Hintergrund neurowissenschaftlicher Erkenntnisse dargestellt. Ich beabsichtige keine Gesamtdarstellung hirnphysiologischen Basiswissens (und damit auch keine Theorieüberfrachtung). Wer sich umfassend über die Funktionskreise unseres Denkorgans informieren möchte, sei auf die Literatur verwiesen, die im Literaturverzeichnis zu Kapitel 1 angegeben ist. Neurophysiologische Grundkenntnisse sind nur in dem Umfang dargestellt, wie sie für das bestimmte Themenfeld Bedeutung haben.

Auf diese Weise werden die ganz konkreten, alltäglichen pädagogischen Situationen mit Erkenntnissen der Hirnforschung begründet, sodass Frucht bringendes, verstehendes Lernen – auch in Gruppen von Kindern mit unterschiedlichen Voraussetzungen – möglich wird und alle Kinder ihrem jeweiligen Entwicklungsalter gemäß „abgeholt“ werden können.

In diesem Zusammenhang vorab ein Hinweis zu den *Altersangaben* bei den praktischen Vorschlägen: Alle Spiele, Lieder, Übungen oder Erkundungen können Sie als Pädagogen oder Eltern grundsätzlich durch Variationen in der Ausgestaltung für eine breite Altersspanne anpassen. Daher gebe ich vorwiegend an, *ab* welchem Alter sie angeboten werden können. Solche Altersangaben können ja nur grobe Richtwerte sein, weil Entwicklungsalter und numerisches Alter mitunter stark differieren. Außerdem mögen Altersbegrenzungen nach oben hin (... bis 10 J.) als willkürlich angesehen werden, da manche Aktivitäten auch älteren Schülern oder Erwachsenen noch Spaß machen können.

Im Übrigen sind die pädagogischen Arrangements nicht als strikt zu befolgende Anweisungen zu verstehen, vielmehr als Beispiele und Anregungen. In diesem Sinne: Gestalten Sie Ihre pädagogischen Vorhaben selbst! Derartig kreatives Herangehen wird sich wohltuend auf die Kinder übertragen.

3. Anleitung
Hirngerechtem Lernen einen Platz im Kinderalltag geben

3.1 Themenschwerpunkt Motorik – Sprache – Musik

3.1.1 Von der Dreierbeziehung aus Bewegen, Sprechen und Musizieren

Vom Flüstern einer Silbe bis zum Fällen eines Baumes, alles ist Bewegung.
(Charles Sherrington; Neurophysiologe, 1859–1952)

Freudvolles Lernen beim Rhythmikspiel

Das Spiel ist die ureigenste Lernform für Kinder, weil es – wie keine andere Vorgehensweise – ihre Bedürfnisse einbezieht. Denn sind sie erkundungsfreudig, so gehen sie auch neugierig mit sich selbst und ihrer Mitwelt um. Sie erscheinen motiviert um der Sache willen, die sie fasziniert, die ihnen Handlungserfolg bringt und mitunter auch besser gelingt, als sie es erwartet haben. Dann sind Kinder aus sich selbst motiviert. Dabei springt ihr körpereigenes Belohnungssystem an. Dieses Belohnungssystem mit seinen Hirnstrukturen (dem limbischen System) und seinem Hirnstoffwechsel (hier: Botenstoff Dopamin) spielt beim Lernen eine wichtige Rolle. Es liefert die Motivation zu handeln oder schafft ein Gefühl der Befriedigung; so bei der Dopaminflutung:

Ausgehend von der Dopaminausschüttung in einem Kerngebiet des Hirnstamms und in einem Nervenknoten im oberen Teil des Mittelhirns (Nucleus tegmenti; vom latein. *nucleus* = Knoten, *tegmentum* = Haube) verläuft die Dopaminflutung auf zwei Wegen (siehe Abbildung 4). Einmal geht sie über das Gefühlssystem (hier: Nucleus accumbens, zuständig für jegliche Art von „Lust auf…") in Richtung Stirnhirn. Zum anderen wird auf direktem Weg das Stirnhirn geflutet. Dort kommt es unter dieser hohen Dopaminkonzentration zum Ausschütten körpereigener Opioide, die Hochgefühl, Antriebskraft und Energie hervorbringen und positive Nervenvernetzungen im Stirnhirn

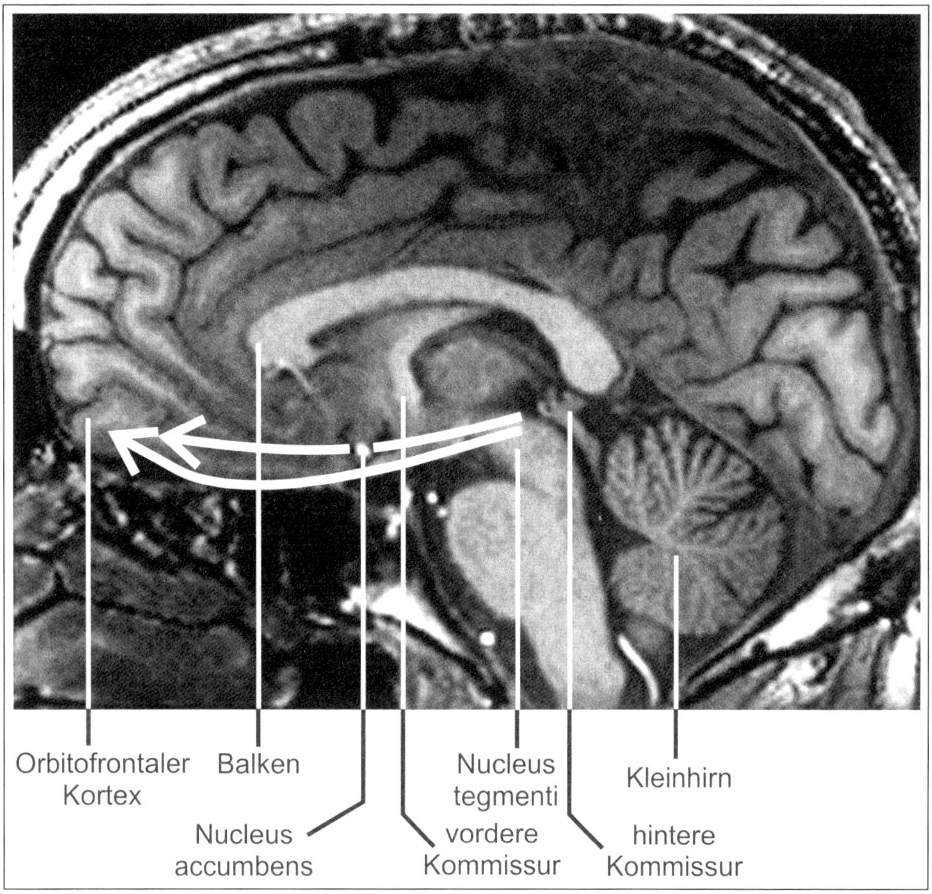

Abbildung 4: Dopaminschleifen

entstehen lassen. Sie sind ganz wichtig für eine förderliche kindliche Entwicklung und hirngerechtes Lernen. Denn was man sich durch erfahrendes Handeln, aus sich selbst motiviert, angeeignet hat, merkt man sich und behält es nachhaltiger, weil es im ganz persönlichen Zusammenhang der Selbst- und Weltorientierung steht.

Eine gelungene Bewegung beispielsweise wird mental abgespeichert. Außerdem ermutigt dieser selbst erarbeitete Bewegungserfolg zu weiteren Handlungsvarianten und fördert neben vielfältigen Bewegungsmustern auch Selbstvertrauen und Wohlgefühl. Diese und andere Wirkzusammenhänge bilden die Grundlage dafür, dass Bewegungsspiele und Spiellieder als basale Orientierungshilfen auf drei Ebenen förderlich sind: auf der Spür-Spaß-Achse (psycho-sensorisch), der Bewegungs-Spaß-Achse (psycho-motorisch) und der Sprach-Spaß-Achse (kognitiv und sozial-kommunikativ). Ausgelebt wird das über Musizieren als frühkindliche, ursprüngliche Aktionsform mit positiven Gefühlen. Auf allen diesen Ebenen dient Sprache hintergründig als Werkzeug, wird von den Kindern jedoch vorrangig als Spielzeug benutzt, in Kombination mit Singen und Unsinnstexten. Für die Kinder steht der Spaß am Spiel im Vordergrund; unter diesem weiten Mantel können zahlreiche Lernintentionen mittransportiert werden.

Rhythmikspiele im Kinderalltag helfen, von den Stärken der Kleinen auszugehen, anstatt Defizite bewusst werden zu lassen und sie über Trainingsprogramme gezielt – aus dem ganzheitlichen Erleben der Kinder herausgelöst – anzugehen. Hier wird angesetzt, *bevor* sich eine geringfügige Einschränkung bereits zu einer Beeinträchtigung manifestiert hat. Die Stärken im Kindergarten- und Grundschulalter liegen vorwiegend im Bewegungsdrang, in der Begeisterungsfähigkeit und im Spaß am Spiel.

Das Mit-Lernen von Bewegen und Sprechen nutzen

„Mit-Lernen" meint einerseits, dass bei bestimmten Fertigkeiten das Training der einen Hirnregion auch anderen, angrenzenden Hirnregionen zugutekommt, und zwar aufgrund der Nervenverknüpfungen zwischen tiefer gelegenen, verarbeitenden Arealen. Andererseits erfolgt Mit-Lernen beim häufigen Gebrauch von Hirnbereichen mit Doppelfunktionen und gemeinsamen Hirnnervenbahnen, weil hier multifunktionell geübt werden kann. Das ist besonders bei manuellen Tätigkeiten und Sprechen möglich und förderbar. Gerade in frühen Kinderjahren sind solche zeitgleichen (simultanen) Reifungsprozesse zu beobachten, wie beispielsweise der Vokabelspurt beim Laufenlernen. Für dieses Mit-Lernen finden sich in der Literatur zahlreiche synonym verwendete Begriffe wie Overflow, Transfereffekt, Cross-Training, kreuzmodaler Einfluss.

Transfereffekte von Bewegungs- und Sprachentwicklung ergeben sich, weil Sprechen auch Bewegen bedeutet und weil der Sprechvorgang als Mund- und Rachenmuskelarbeit wie auch die Ganzkörperbewegung gemeinsame Hirnnervengebiete, sogenannte Schnittareale, haben. Die Scans bildgebender Verfahren können das sichtbar machen. Bislang gab es durchaus Autoren, die auf dieses Mit-Lernen hinwiesen und dessen Bedeutung besonders für die Arbeit mit jungen Kindern sahen, jedoch benannten sie keine konkreten Schnittareale, die für Sprechen und Bewegung zugleich zuständig sind. Solches können Neurobiologen aufgrund modernster bildgebender Verfahren jetzt tun, weil die beim Sprechen und bei Handbewegungen aktiven Areale in Gehirnscans visualisierbar sind. Übrigens: Sprechen ist besonders eng verwandt mit Hand- und Fingergeschick, viel weniger mit Bewegungen der Beine.

Ein wohlbekanntes Beispiel des Mit-Lernens auf Reflexebene soll zur Verdeutlichung angesprochen werden, da es auf gemeinsame Verschaltungswege der Hirnnerven bei Mund- und Handgeschicklichkeit hinweist: der

Palmar-Reflex. Dabei handelt es sich um die Koppelung eines Handreflexes an die Mundmuskulatur: Saugen und Faustschluss. In späteren Jahren sind beim Kind häufig Reste dieses Palmar-Reflexes beobachtbar, beispielsweise beim Malen, Schreiben oder Trommeln zusammen mit Zungenbewegungen. Es kann bei fehlender Hemmung des Palmar-Reflexes (ab zweitem bis drittem Monat) das Sprechen in Mitleidenschaft gezogen sein, da die fortgesetzte Beziehung zwischen Hand- und Mundbewegungen die Entwicklung der unabhängigen Kontrolle über die Muskeln an der Vorderseite des Mundes verhindern kann, mit undeutlicher Aussprache als Folge.

Überbleibsel dieses kreuzmodalen Einflusses zwischen Feinmotorik und Mundmuskelarbeit sind sogar noch bei Erwachsenen zu beobachten, wenn sie einen Nähfaden in ein Nadelöhr einfädeln wollen – mitunter ein diffiziles Unterfangen, begleitet von Zungenbewegungen und ausgeprägtem Grimassieren. Vermutlich liegt es auch daran, dass im sensorischen und motorischen Hirngebiet die Areale für Hand, Mimik und Sprechmuskeln nahe beieinanderliegen.

Gemeinsame Hirnwege für Sprechen *und* Bewegen

Moderne Untersuchungen zur Verortung von Sprachfunktionen im Gehirn zeigen eine sehr hohe Unterschiedlichkeit zwischen den Menschen bei der Organisation von Sprache. (Zum Beispiel „ticken" Linkshändergehirne anders, aber ebenso funktionstüchtig.) Bei aller Vorsicht vor holzschnittartiger Funktionszuweisung zu einzelnen Spracharealen und übriger Motorik kristallisiert sich ein gemeinsamer *Mainstream* mit neuronalen Schnitt- und Schlüsselarealen heraus.

Für Sprache wie für die gesamte Motorik geht der Impuls vom Stirnhirn aus. Es gibt generell die Bewegungsbefehle für absichtsvolle Tätigkeiten. In der prämotorischen Hirnrinde (siehe Abbildung 5: PM) entsteht der Plan, eine Bewegung auszuführen. Und in der linken Schläfengegend dieses prämotorischen Rindengebietes laufen Informationen aus den Sinnesorganen, aus der Muskulatur und von Assoziationszentren zusammen. Hier entstehen die Absichten für willkürliche Sprech- und Bewegungsaktionen, die dann der motorischen Hirnrinde (siehe Abbildung 5: MI) vermittelt werden. Prämotorische Gebiete generieren die konkreten Bewegungsabsichten und liefern der motorischen Hirnrinde die passenden neuronalen Programme zur Bewegungssteuerung. Prämotorische und motorische Rindenareale geben gemeinsam die konkret-motorischen Impulse für die Muskelarbeit (auch für kontrollierte Gesichts- und Artikulationsmuskeln) in Richtung Motoneuronen im Rückenmark; das sind Nervenzellen, die bis zu den Muskeln in den Endorganen reichen.

Der motorischen Hirnrinde zugeordnet sind die Basalganglien, eine große Ansammlung von Nervenzellkörpern, die um die inneren Hohlräume des

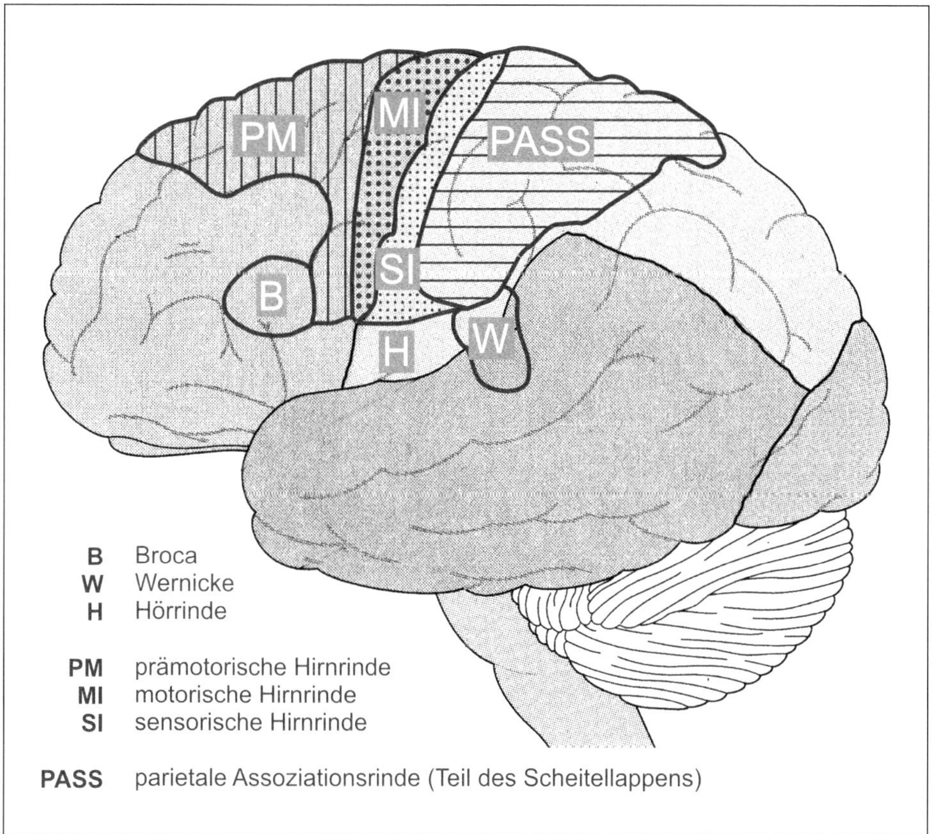

Abbildung 5: Motorische Strukturen im Großhirn

Gehirns herum gelegen sind. Sie wissen, wie ein bestimmter Bewegungsplan in der Reihenfolge seiner Teilbewegungen auszusehen hat, auch beim Artikulieren. Aber nur die motorische Hirnrinde steuert die einzelnen Muskeln an, die für den jeweiligen Bewegungsablauf wie auch für die Motorik der Lautbildung zuständig sind.

Es kommt der vordere Teil des Scheitel- oder Parietallappens hinzu (siehe Abbildung 5: PASS), auch ein Schnitt- oder Schlüsselareal von Sprechen und manuellen Bewegungen. Er setzt erinnerte Bewegungen in Gang, indem er gelernte Fingerfertigkeit wie auch Sprechbewegungen aus dem Gedächtnis abruft.

Broca (siehe Abbildung 5: B) stellt ein ganz wichtiges Schnittareal von Sprechen und Handbewegungen dar. Es bildet schläfenwärts den Ausläufer der prämotorischen Rindenfelder. Dort wurden 1990 erstmals sogenannte Spiegelzellen entdeckt. Sie sind beim Bewegen, Vorstellen und sogar beim reinen Beobachten von Bewegungen anderer Menschen beteiligt. Sie haben die Aufgabe, das eigene Denken, Handeln und Fühlen zu verarbeiten und zugleich die Gefühle und das Tun anderer zu spiegeln. Damit stellen sie auch Schlüsselneuronen dar für Empathie und zwischenmenschliche Kommunikationsfähigkeit. (Nebenbei bemerkt: Bei Autisten funktioniert dieses Spiegelzellensystem nicht richtig.)

Mit Spiegelzellen auch im Broca-Areal können Menschen aufgrund reiner Handlungsbeobachtung neue Nachahmungsaktionen sofort korrekt ausführen, ohne den betreffenden Ablauf vorher selbst auch nur einmal ausprobiert zu haben: Lernen durch Abschauen. Mitgedachte Aktivitäten können so auch ungeübt perfekt ausgeführt werden – natürlich nur bei guter optischer Differenzierungsfähigkeit. Dies wird beispielsweise im Leistungssport bei Turnern als mentales Bewegungstraining durch Videobeobachtung von Bewegungsabläufen genutzt. Bereits ganz junge Kinder verfügen über dieses besondere, auf Anhieb korrekte Nachahmungstalent aufgrund von Spiegelzellen: So können Dreijährige Essbesteck halten; sie können Eierschalen anschlagen, ohne dass der Inhalt herausplatscht, oder Bälle mit nachgeahmter Wurfhaltung zielgenau in eine Box werfen.

Dass das Broca-Areal beim Sprechen *und* bei Fingeraktivitäten beteiligt ist, stellte sich erst in jüngster Zeit heraus und macht es so spannend für Mit-Fördern von Sprechen *und* Bewegen. Da wir Sprache vorrangig durch Nachahmung erwerben, dürften die Spiegelzellen im Broca-Areal wesentlich daran beteiligt sein, dass dieses Gebiet als unser Sprechzentrum gilt. Außerdem ist Broca beteiligt an der Rhythmikwahrnehmung und an visuell-räumlichem Erfassen. Damit erscheinen Rhythmikspiele in Form von Klatsch- und Fingerspielen als vortreffliche Übungen, dieses Areal vielfältig zu stimulieren und es hinsichtlich Mit-Förderung von Handfertigkeiten, Sprechen und Musik zu nutzen (siehe Folgekapitel).

Vom Stirnhirn und Scheitellappen in Richtung Rückenmark existiert auch eine Direktverbindung entlang des Rückenmarks, die Pyramidenbahn. Ihre Hirnnervenfasern, die Motoneuronen aus prämotorischer, motorischer Rinde und vom Scheitellappen, innervieren bezüglich des Sprechens nur die Sprechmuskeln und sorgen für schnelle Reihenfolgebewegungen. Bezüglich der restlichen Motorik steuern sie direkt die Muskeln der Hände, Finger, Arme und Schultern an. Unsere Beine werden über die Direktbefehle wesentlich sparsamer versorgt, wie oben schon erwähnt. Deshalb sind Handfertigkeitsspiele mit Sprech- und Singbegleitung angezeigt.

Bei der Motorik und auch beim Sprechen geht der neuronale Verlauf außer über die Pyramidenbahn auch in Richtung Kleinhirn, mit einer Rückkoppelungsschleife zur prämotorischen und motorischen Rinde, besonders beim Erlernen neuer Aktionen. Das Kleinhirn sorgt für Bewegungsgenauigkeit: Es arbeitet als Trainer, der aufpasst, dass die neuen Bewegungsprogramme, auch Sprechmuskelprogramme, korrekt gelernt werden.

Gemeinsame Hirnwege für Sprechen *und* Bewegen *und* Musizieren

Wenn wir Musik hören oder selbst musizieren, sind etliche weit verteilte Hirnareale aktiv. Im Denkorgan existiert kein spezielles Musikzentrum. Doch haben Sprache *und* Musik gemeinsam, dass sie etwas mitteilen wollen; beide haben einen Regelsatz für die passende Kombination ihrer Elemente, wofür in beiden Fällen anscheinend Broca- und Wernicke-Areal (siehe Abbildung 5: B und W) zuständig sind. Für andere Schritte der Verarbeitung von Sprache und Musik gilt Ähnliches: Auch hier gibt es Schnittareale. So sind beim Musizieren unter anderem motorische Hirnrinde und Kleinhirn angeregt; grenzt doch die motorische Hirnrinde an die Hörrinde (siehe Abbildung 5: H), die im hinteren Schläfenlappenbereich gelegen ist. Zudem assoziieren bei Musik aktive Areale mit dem körpereigenen Belohnungssystem, also mit Dopaminflutung und Hochgefühlen.

Musik macht Spaß und Rhythmus animiert zum Mitmachen. Besonders die harmonischen Klänge finden Eingang und Durchlass durch die Filterstationen der Gefühlsstrukturen (hier: des Thalamus). Dergestalt emotional positiv vorgefiltert gelangen die konsonanten Melodien zu den Nervenzellen der primären Hörrinde. Da dieses ursprüngliche, positive Gefühlserleben von Musik unabhängig von bewusstem Musikverstehen funktioniert, sollten wir es bei den Kindern so früh und so oft wie möglich nutzen und somit die Neubildung von Nervenverbindungen (neuronale Plastizität) in den an Musik beteiligten Hirnregionen fördern.

Rhythmus im Zusammenhang von Musik, Bewegung und Sprache meint die einer musikalischen Komposition zugrunde liegende Gliederung des Zeitmaßes. Dabei kann der Klang auch auf einen Sprechrhythmus mit Tondauer und Tonwechsel reduziert sein. Selbst eine gewisse *bewusste* Sensibilisierung für Rhythmus ist in jungen Jahren bereits möglich, wie die praktische Arbeit mit Kindern zeigt (siehe unten: Wörter klopfen).

Somit ist der Rhythmus das Verbindungsglied bei den Wechselbeziehungen zwischen Musik, Bewegung und Sprache. Und Musik ist das Tor zu einem Förderansatz, dem man in Pädagogik und Freizeit wieder viel mehr Raum geben sollte als heute üblich, um Erlebnissituationen, Gestaltungs- und Lernprozesse in Gang zu setzen – besonders in Kindergarten, Grundschule und im täglichen gemeinsamen Musizieren in der Familie: „Singt mal wieder!", zum Beispiel beim Autofahren, bei der Hausarbeit, beim Spaziergang, vor dem Schlafengehen ...

Damit schließt sich die Kreisrelation; denn mit Musik und Sprache ist wiederum Bewegung auf vielfältige Art und Weise beeinflussbar: Musizieren kann anregen und auffordern, aber auch beruhigen, entspannen und ordnen. Zum Ordnen oder zum strukturierenden Effekt von Musik sei noch Folgendes angemerkt: Kinder im Elementar- und Primaralter mögen Marschmusik, auch

Volksmusik. Dann fangen sie spontan an, im Rhythmus zackig Schritt vor Schritt zu setzen und ihre Arme mitzuschwingen. Kinder lieben klare Strukturen. Mit den eindeutigen Rhythmikvorgaben der Marschmusik kommen sie gut klar und sie können diese spontan in Bewegung umsetzen.

Praktische Vorschläge: Kinder im Rhythmus

Im Folgenden werden Rhythmikspiele für den Kindergarten vorgestellt. Es handelt sich dabei vor allem um traditionelle Lieder, die Gemeingut sind und bei denen trotz umfangreicher Nachforschungen kein Urheber festgestellt werden konnte. Variationen im Spielverlauf, in Melodie- und Medieneinsatz sind nicht nur möglich, sondern erwünscht. Denn im Praxisalltag mit Kindern ist es stets notwendig, das für sie Förderliche zu erkennen, es spielerisch aufzugreifen, um mehr oder minder kreativ umdenkend zu einem situationsangepassten Spielarrangement zu kommen. Gemeint ist damit: Jedes Kreisspiel kann in Einzel- und Partnerarbeit umgestaltet werden, wenn das betreffende Kind noch nicht bereit ist für Kreisspiele mit anderen. Jeden Klatschrhythmus kann man auch mit sich selbst spielen, unter Benutzung der eigenen Hände oder eines Klangholzes und der Wand, des Fußbodens oder eines umgedrehten Kochtopfes. Kinder sind dabei besonders findig. Lassen wir es zu!

Es wird mit Bedacht auf tradiertes Reim- und Liedgut zurückgegriffen, da solches den Erwachsenen meist bekannt und damit leicht nachzusingen ist. Kreislauf- und Hüpfspiele bleiben hier unbesprochen, weil es in unserem Kontext vornehmlich um das Mit-Fördern von Finger- / Handmotorik und Sprechen geht.

Spieltyp 1: Fingerspiele

2–3 J. *Da kommt ein Bär.*
Wo kommt der her?
Wo geht der hin?
Bimmelimmelim!

(Tradierter Kinderreim, nach mündlicher Überlieferung)

Der Reim soll rhythmisch betont gesprochen werden. Lassen Sie die Kinder in Partnerarbeit spielen: Zeige- und Mittelfinger marschieren den Arm des gegenüberstehenden Partners hinauf bis zur Schulter – bei „Bimmelimmelim" wird am Ohrläppchen geläutet.

* * *

Ab 3 J. *Fünf Freunde sitzen dicht an dicht.*
Sie wärmen sich, sie frieren nicht.
Der Kleinste sagt: Ich muss jetzt geh'n.
Der Zweite sagt: Auf Wiederseh'n.

Der Dritte hält es nicht mehr aus.
Der Vierte läuft zur Tür hinaus.
Der Fünfte ruft: He, ihr – ich frier'!
Da wärmen ihn die andern Vier.

(Tradierter Kinderreim, nach mündlicher Überlieferung)

Dieses Fingerspiel sollte ein Erwachsener zusammen mit dem Kind spielen; das Kind soll Ihre Bewegungen nachahmen: Sie richten die Finger einer Hand auf und knicken nacheinander den kleinen Finger, den Ring- und Mittelfinger ein; mit dem Zeigefinger spielen Sie „Weglaufen"; zuletzt bilden Sie eine Faust. (Ab 5 J. können Kinder das wohl auch alleine.)

* * *

Die Spinnenleiter

4–9 J.

Eine kleine Spinne krabbelt an der Wand.
Kommt dann der Regen, wäscht sie in den Sand.
Scheint dann die Sonne über Stadt und Land.
Eine kleine Spinne …

Abbildung 6

(Aktuell beliebtes, in der Praxis in zahlreichen Varianten verbreitetes Kinderlied; Urheber unbekannt; nicht zu verwechseln mit dem Lied „Eine kleine Spinne" von D. Jöcker und A. van Bebber, Verlag Menschenkinder – von diesem unterscheidet es sich in Text und Melodie deutlich.)

Der Daumen der einen Hand und der Zeigefinger der anderen begegnen sich im Wechsel, fortlaufend aufsteigend als Fingertreppe (langsam üben!). Dann beschreiben die Finger den fallenden Regen. Schließlich werden sie wie Sonnenstrahlen fächerförmig gespreizt. Danach beginnt wieder die Fingertreppe ...

* * *

Ab 3 J. *In einem kleinen Apfel, da sieht es lustig aus.*
Darinnen sind fünf Stübchen grad wie in einem Haus.
In jedem Stübchen wohnen zwei Kernlein braun und klein.
Sie liegen drin und träumen vom hellen Sonnenschein.
Sie träumen auch noch weiter gar einen süßen Traum,
wie sie einst werden hängen am schönen Weihnachtsbaum.

(Gemeingut)

Spielanleitung: Ein erwachsener Spielpartner führt zusammen mit dem Kind zum Liedtext passende Handbewegungen aus. (Ab 5 J.: Kind alleine)

Strophe 1: mit Daumen und Zeigefinger kreisförmig einen Apfel darstellen, den Giebel eines Hauses formen.

Strophe 2: zwei Finger hochstrecken, beim Träumen die Hände unter den geneigten Kopf legen wie im Schlaf, sich wiegen.

Strophe 3: wieder mit Daumen und Zeigefinger Äpfel darstellen; beidhändig den gezackten Umriss eines Tannenbaums andeuten.

In einem kleinen Apfel

Tempo ca. 155 BPM

Abbildung 7

* * *

Zehn kleine Kinderfinger fahren in das Mus. Ab 3 J.
Hat die Mutter sie entdeckt, ruft sie: Jetzt ist Schluss!

Zehn nasse Kinderfinger malen an die Wand.
Hat es einer doch geseh'n, sind sie weggerannt.

Zehn kalte Kinderfinger war'n in Schnee und Eis,
krabbeln unter ihren Po und werden wieder heiß.

Zehn kecke Kinderfinger schleichen um die Eck',
kitzeln einen Kinderbauch und rennen ganz schnell weg.

Zehn verdreckte Kinderfinger kommen müd' nach Haus,
waschen sich mit Seife ab und ruhen sich dann aus.

(Zur Melodie von: „Zehn kleine Negerlein"; aus: Birgit Jackel, 1999)

Spielanleitung: Kleine Kinder sollten von Erwachsenen direkt angeleitet werden – ab 8 J. sollten sie es alleine können.

Strophe 1: Zeigefinger in einen imaginären Mustopf stecken und dann zum Mund führen.

Strophe 2: beidhändig gegenläufige Fingerkreise in die Luft malen.

Strophe 3: mit steif ausgestreckten Fingern ungelenk auf den Oberschenkeln „laufen" und sich draufsetzen.

Strophe 4: mit den Fingern Schleichbewegungen zum Spielpartner / zum Nachbarn im Sitzkreis machen und dessen Bauch kitzeln.

Strophe 5: mit den Fingern trippeln, Waschbewegungen ausführen; Hände im Schoß ruhen lassen.

Spieltyp 2: Kniehopser-Spiele

Eine kleine Dickmadam fuhr in einer Eisenbahn. Ab 2 J.
Eisenbahn, die krachte. Dickmadam, die lachte.

(Gemeingut)

Abbildung 8

Das Kind sitzt auf den Oberschenkeln des Spielpartners, beide einander zugewandt, und hopst im Takt auf und ab; bei „lachte" wird es mit dem Oberkörper nach rückwärts abgekippt, im rhythmischen Sprechen wird dies begleitet als lang gezogenes, im Ton abfallendes Wort (Glissando). Dann wird das Kleine durchgekitzelt.

* * *

Ab 2; 6 J. *Ich kenne einen Cowboy, der Cowboy, der heißt Bill.*
Und wenn der Cowboy reiten will, dann steht sein Pferd nicht still.
Und so reit' der Cowboy, der Cowboy, der reit' so (trabt, saust)
und so reit' der Cowboy, der Cowboy, der reit' sooooo.

(Gemeingut)

Je nach Gangart (mal sanft, mal schwungvoll) lässt der Spielpartner das Kind mit Oberschenkeldruck passend zum Lied hoch hüpfen; bei „sooooo" wird der Oberkörper des Kindes nach rückwärts abgekippt, mit Glissando; dabei an den Händen halten und eventuell zusätzlich den Kopf im Nacken stützen.

Spielvariante: Während des Singens auf einem Trampolin hüpfen. (Ab 3 J.)

Ich kenne einen Cowboy

Abbildung 9

* * *

Ich hüpfe wie ein Wasserfloh: hier und da und auf dem Klo,
ich hüpfe wie ein Wasserfloh: hier und da und nirgends.

Ab 3 J.

Ich hüpfe wie ein Mäusekind: hier und da und ganz geschwind,
ich hüpfe wie ein Mäusekind: hier und da mit Rückenwind.

Ich hüpfe wie ein Frosch im Teich: hier und da und immer gleich,
ich hüpfe wie ein Frosch im Teich: hier und da und superweich.

(Text: Birgit Jackel; Musik: Andreas Knoll)

Hierbei kann das Hüpftempo des Kindes den Rhythmus bestimmen, je nach Entwicklungsstand variierend.

Variationen: Auf einem Hüpfball mit Griffhörnern sitzend singen; oder als Finger-, Hand- und Armgeschicklichkeitsspiel: eine Spielfigur führen.

Ich hüpfe wie ein Wasserfloh

Tempo ca. 100 BPM

Abbildung 10

* * *

Spieltyp 3: Klatsch- und Klopfspiele

3–5 J. *Komm mit mir ins Tippseland (Sägeland, Trommelland ...),*
das Tippseland ist schön.

(Für pädagogische Zwecke bearbeitete, veränderte Fassung in Anlehnung an: „Komm mit mir ins Klatscheland“ von A. Straffer, in: Lorna Lutz Heyge, 1993; vergriffen, heutiger Rechteinhaber für dieses Buch nicht zu ermitteln.)

Je zwei Rundstäbe aus Holz zum „Tippsen“ benutzen, deren Enden gegeneinander klopfen; am Ende einer jeden Strophe kräftig tippsen, trommeln, hämmern – denn mit Material „Krach“ zu machen bereitet mächtig Spaß!

Abbildung 11

* * *

Klopfspiel

3–9 J.

Auf einer großen Trommel, mit Triangel, auf einem Tambourin oder mit einem Kochlöffel auf einem umgedrehten Kochtopf klopfen und dazu sprechen, zum Beispiel:

„Blu - me", „Ha - se", „Lauf - rad" ...

Bewusstmachung: Bei einsilbigen Wörtern dehnen Kinder gerne zu: „Hu - uhn", „Ro - hock", um das Wort zweisilbig und damit leichter klopfbar zu machen. Man kann hier durchaus fragen: „Sagst du sonst auch „Hu - uhn" oder wie? Also klopfe hier bitte nur ein Mal."

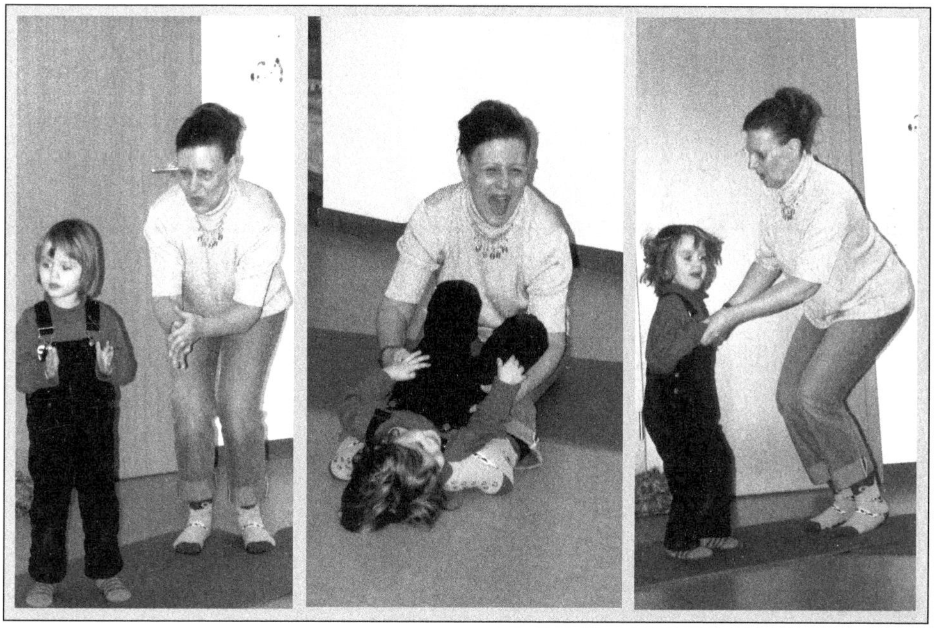

Abbildung 12: Hüpf-, Klatsch- und Kniehopser-Spiele in einer Eltern-Kind-Gruppe des Musikgartens „Musik total", Salmünster

Themenspezifische Literatur

1. Literatur zu Effekten des Mit-Förderns:

Bastian, Hans Günther: *Kinder optimal fördern – mit Musik*

Hannaford, Carla: *Bewegung – das Tor zum Lernen*

Jackel, Birgit: „Auch Sprache ist Bewegung"

Neuweiler, Gerhard: „Der Ursprung unseres Verstandes"

Njiokiktjien, Charles: „Neurobiologische Prozesse der normalen Entwicklung als Basis für Vorbeugung und Behandlung"

Schaller, Katrin: „Gesunde Paukenschläge"

Spitzer, Manfred: *Musik im Kopf*

Weinberger, Norman: „Wie Musik im Gehirn spielt"

2. Literatur zu Spiegelzellen:

Bauer, Joachim: *Warum ich fühle, was du fühlst*

Jäger, Ludwig: „Ohne Sprache undenkbar"

Ramachandran, Vilayanur, und Oberman, Lindsay: „Der blinde Spiegel Autismus"

Rizzolatti, Giacomo; Fogassi, Leonardo, und Gallese, Vittorio: „Spiegel im Gehirn"

3. Literatur für die Praxis:

Jackel, Birgit: *Rituale als Helfer im Grundschulalter*

Jackel, Birgit: *Kinder orientieren sich*

Jackel, Birgit: „Vom Spielsinn des Sinnesspiels in der logopädischen Arbeit mit Kindern"

Mehr Zeit für Kinder e. V. (Hrsg.): *Sprich mit mir!*

Straffer, A.: „Komm mit mir ins Klatscheland"; in: *Gemeinsam Musizieren* von Lorna Lutz Heyge

Struck, Veronika, und Mols, Doris: *Atem-Spiele*

Struck, Veronika, und Mols, Doris: *Das MundWerk*

3.1.2 Vom Sinnesreiz der Unsinnstexte und Witze

Der Witz sitzt rechts.

(Mathias Wais, 2001, S. 34)

Das Glück sitzt links.

(John Ratey, 2001, S. 275)

Über Witze und Unsinniges

Kinder wie Erwachsene, die sich das Lachen bewahrt haben, lieben Witz und Unsinn. Um die heilsame Wirkung des Lachens weiß man nicht erst, seit die Lachforschung sich explizit dieser Gemütsverfassung zugewendet hat und Klinik-Clowns in Kinderstationen von Krankenhäusern schwer kranke Kinder aufmuntern. Sie versuchen durch Unbeschwertheit auf Zeit die kindeigenen Gesundheitsressourcen zu stärken.

Beim Witz ist das Erschließen des Sinnzusammenhangs aus der verbal gegebenen Konstellation einiger Einzelelemente gefordert. Er lebt geradezu von dieser Konstruktion einer Ganzheit aus Sprachfragmenten und Andeutungen. Hier geht es um das Erschließen eines Zusammenhangs zwischen vorgegebenen Teilen, der selbst nicht verbalisiert wird. Die Pointe ist das Detail, welches nur erkennbar wird, wenn es als Aha-Erlebnis mit den vorangegangenen Andeutungen schlagartig zu einer unvermuteten Quintessenz verschmilzt. Dabei bedient man sich unter anderem der Doppelsinnigkeit oder

der Anspielung, des freien Umgangs mit Worten und Ideen ohne moralische Zensur. Die Sinnaussage des Witzes ist in jedem Fall verblüffend, weil unerwartet.

Beim Unsinn hingegen wird die Logik außer Kraft gesetzt. Damit ist plötzlich alles möglich. Der Leser oder Zuhörer misst seine realen Erfahrungen und Vorstellungen von dieser Welt (als seine mental gespeicherte Erinnerung an seine Mitwelt) an der Unsinnsaussage – und die Diskrepanz erheitert. Realitätserfahrung und Unsinnstext stehen mit dieser Diskrepanz auch in Konkurrenz zueinander. Denn gerade die Umkehr logischer Erfahrungen macht alles möglich: eine Konstruktion ohne Sinnaussage eben.

Gemeinsam haben Witz und Unsinn, dass beide durch ihr Spielen mit Sprache gewordener nichtalltäglicher Weltsicht erheiternd und erleichternd wirken. Gegenstand des Witzes kann dabei die mangelnde Perfektheit des Menschen sein, die bis zur Schrulligkeit herauskristallisiert wird, in Kombination mit Situationskomik und Sprachklitterei. Beim Unsinn wird ein momentgebundenes Loslassen aus den Realitäten und damit Zwängen des Alltags möglich. Ob Witz oder Unsinn – der Mensch lacht.

Lachen und Weinen sind wohl die prägnantesten Ausdruckserscheinungen der Mimik. Beide sind wichtig bezüglich ihrer Entladungswirkung (eine innere Spannung abbauend) als auch ihres kommunikativen Wertes (mit-wirkend; im Sinne von: andere Menschen ansteckend). Man sagt, bei Kindern lägen Lachen und Weinen besonders nahe beieinander. Wirken sie auch in stärkerem Maße ansteckend als bei Erwachsenen? Es scheint so, da kindliches Verhalten unreflektierter ist als das Erwachsener und unmittelbar mit dem jeweiligen Gefühlszustand korrespondiert. Beim gesund entwickelten Kind zeigt sich dessen Unbeschwertheit und Lebensfreude noch direkt körperlich und ganzheitlich; spricht man doch von „Rosinen im Kopf – Schmetterlingen im Bauch – und Hummeln in der Hose“.

Lachmuskeltraining

Beim Lachen wird durch die Zuckungen des Zwerchfells die Ausatemluft in unserer Luftröhre durch den Kehlkopf emporgepresst. Die Stimmbänder werden von Muskeln angezogen, sodass die hindurchströmende Luft schwingt und die typischen Lachgeräusche entstehen können: lauthals lachen. Zudem ermöglichen über dreißig Gesichts- und Halsmuskeln die fein abgestuften Gefühlsäußerungen von Freude bis Trauer. Allein um jede Mundhälfte sind elf Muskeln angeordnet, die die Form der Mundöffnung beeinflussen. Die beiden Lachmuskeln dienen dazu, die Mundwinkel zu dehnen und auseinanderzuziehen. Ein weiteres Muskelpaar bewegt die Mundwinkel nach oben. Aber bei einem echten Lachen als Ausdruck eines unbeschwerten Gemütszustandes lachen auch die Augen mit. Das heißt, es arbeiten dabei unter anderem auch die Muskeln zum Schließen der Augen.

Bei dem stoßweise erfolgenden, tiefen Ausatmen des Lachenden gibt es auch noch positive Nebenwirkungen auf die Atmung. Denn es ziehen sich zusätzlich zur sonst passiven Ausatmung weitere Muskeln zusammen und sorgen für erhöhten Ausstoß verbrauchter Luft. So erhöht Lachen den normalen Luftaustausch und sorgt für Tiefenatmung und damit vermehrte Sauerstoffaufnahme beim nächsten Einatmen, was wiederum den Blutsauerstoffgehalt erhöht. Unser Gehirn benötigt besonders viel Sauerstoff, sodass die Gehirnaktivität nach ausgiebigem Lachen steigen kann.

Gesamtkörperlich entsteht durch das Lachen eine „Wohlspannung", die sich auf alle Bereiche des vegetativen Nervensystems förderlich auswirkt: auf Muskel-, Skelett-, Organ-, Stoffwechsel- und Nervenebene. Damit sind Witz und Nonsens in Wort und Rhythmikspiel mehr als reines Lachmuskeltraining.

Lachen steckt an

Auf die „Dopamindusche" im Gefühlssystem (Nucleus accumbens im limbischen System) und Stirnhirn mit Hochgefühl und Energieschub wurde bereits hingewiesen (siehe Kapitel 3.1.1). Auch Witz und verdrehte Welten im Nonsens verfehlen diesbezüglich ihre Wirkung nicht. Noch weitere chemische Substanzen aus Regionen des Hirnstamms verändern die Arbeitsweise zahlreicher Schaltkreise im Gehirn und lösen spezifische Verhaltensweisen aus – auch Fröhlichkeit und Lachen.

Zudem sind Erleichterung und Lachen ansteckend. Dafür zeichnen die im Gehirn an zahlreichen Stellen vorhandenen Spiegelzellen verantwortlich. Sie machen es möglich, über reine Beobachtung der Mimik unseres Gegenübers im eigenen Gehirn die gleichen Funktionsschleifen in Gang zu setzen wie beim Lachenden selbst. Folge: Über die Fähigkeit des Mitfühlens (Empathie) entsteht Mitlachen. Die Mimik des Gegenübers bei dessen freundlichem Gesichtsausdruck und Lachen bewirkt im eigenen Gehirn eine spontan positive Gefühlsreaktion des Mandelkerns und des cingulären Kortex, einer innen liegenden Struktur des Gefühlssystems, die in das Stirnhirn hineinragt.

Hinzu kommt die Aktivierung der Basalganglien; eines tief im Inneren des Großhirns gelegenen Knotenbereiches zur Kontrolle automatisierter Bewegungsmuster, hier der Lachmuskelaktivierung. Da Basalganglien und Stirnhirn eng verknüpft arbeiten, wird auch der Stirnbereich direkt mittig über den Augen aktiv (orbitofrontaler Bereich). Als Teil des erweiterten Gefühlssystems ist er mitbeteiligt an der Emotionsverarbeitung. Hier wird entschieden, wie man sich in einer bestimmten Situation verhalten wird, auch im Hinblick auf Mitgefühl.

Dabei verarbeitet und speichert das linke Stirnhirn die glücklichen Momente und das rechte negative Emotionen wie Angst, Wut und Ungerechtigkeit. Also sitzt das Glücksgefühl links! Das heißt aber auch, dass Menschen mit einer gesteigerten Aktivität der linken Hirnhälfte grundsätzlich positiver gestimmt sind als rechtsaktive – so das Ergebnis von Studien des Neurowissenschaftlers Richard Davidson von der Universität von Wisconsin (USA).

Wieso aber sitzt laut Ausführungen des Ergotherapeuten Mathias Wais der Witz rechts? Nun, gemeint ist das Erfassen der Pointe, wozu nur die rechte Gehirnhälfte in der Lage ist. Die Sprachareale der linken Hirnhälfte sammeln die Einzelteile (einzelne Begriffe und deren Bedeutungen), während nur die rechte Hirnhälfte sie derart kreativ kombinieren kann, dass ein unkonventioneller Schluss möglich wird: Der Witz wird verstanden. Dies ist bei Kindern erst ab einem gewissen Entwicklungsalter möglich. Ab dem dritten Schuljahrgang zeigen sie besonderes Interesse an Witzen; Unsinniges kommt bereits bei viel Jüngeren gut an.

Zusammenfassend halten wir fest: Mandelkern, Basalganglien, cinguläres Kortexareal und orbitofrontaler Stirnbereich bewerten die visuellen Informationen aus der Mimik und Gestik eines anderen Menschen und deren Bedeutung für das eigene Gefühlsleben. Durch freundliche Miene und Lachen werden positive Emotionen und kognitive Prozesse bei Spiel- und Lernkameraden ausgelöst sowie sozial verträgliches Verhalten gesteuert. Wer im Alltag mit Kindergruppen arbeitet, der weiß, wie ansteckend Kichern und Lachen wirken. Zudem erzeugt die gemeinsame Gefühlsentladung Entspannung bei allen „Kichererbsen“ als Grundlage für Wohlverhalten in der Gruppe und hirngerechtes Lernen.

Praktische Vorschläge: Witzige Abzählverse und Klatschspiele

Abzählreime kann man klopfen, klatschen, stampfen, mit dem Finger anstipsen – mit Fäusten, offenen Handflächen, Zeigefingern, Füßen – auf Tische, Fußböden, Bauch, Brust, Oberschenkel oder Po ... Was zählt, ist der Rhythmus in Silben und Personenzuordnung oder auch Silben und Materialzuordnung. Neben der Geschicklichkeit der Finger werden zudem Raumlagen, Hand-Augen-Koordination, Zeit- und Raumgefühl sowie Aufmerksamkeit und Konzentration angesprochen – und natürlich die Freude an Witz und Nonsens.

Im Elementar- und Primaralter sollte bewegten Reimen mehr Raum gegeben werden als derzeit üblich. Sind sie doch für die Kinder bis zum Ende der Grundschulzeit nicht nur wegen ihrer lustigen Texte interessant, sondern sie fördern die kleine Kinderpersönlichkeit auch ganzheitlich. Beispielsweise sind beim Erstschreibenlernen grob- und feinmotorische Systeme beteiligt. Sie bilden eine funktionelle Einheit im reibungslosen Zusammenspiel von Rücken-, Nacken-, Arm- und Handmuskulatur. Das Zusammenwirken dieser Muskeln und Muskelgruppen sowie das Ausschalten hemmender Funktionen muss bei der feinmotorischen Arbeit bereits vor Beginn des Schreiblehrgangs berücksichtigt werden. Deshalb heißt es in den ersten Wochen für die Erstklässler, nicht mit dem Schreibenlernen von Buchstaben anzufangen, und auch nicht, es bei einigen halbherzig dargebotenen Schwungübungen zu belassen. Hier muss mit einer Bandbreite an feinmotorischen Übungen zur Verbesserung der grafomotorischen Fähigkeiten in Form von Kräftigungs- und Lockerungsübungen angesetzt werden. Auch Abzählverse erscheinen hier als ein probates Mittel.

Mit voranschreitender kindlicher Entwicklung sollte der Schwierigkeitsgrad gesteigert werden, von einfachen Fingerspielen bis hin zu Abzählversen und Klatschspielen im Gesichtskreis oder in Gummihopsen. Selbst in den ersten beiden Grundschuljahren ist die Zuordnung von je einer Silbe zu je einem Objekt oder Mitspieler noch nicht so gefestigt, dass das abzählende Kind nicht öfter mal ein anderes ausließe, in der falschen Richtung weiterzählen würde oder sich selbst vergäße. Sogar bei acht- und neunjährigen Kindern eignen sich Finger- und Klatschspiele nicht nur als Pausenfüller, sondern können durch gemeinsames Spielen im Unterricht „hoffähig“ gemacht werden, sofern Sprachform und motorisches Geschick altersgemäß gefordert werden. Man denke nur an den hohen Schwierigkeitsgrad der Bewegungskoordination bei dem Spiel „Kniechen, Näschen, Öhrchen“, wenn erst Oberschenkel berührt werden, dann gleichzeitig die rechte Hand zur Nase und die linke Hand dahinter zum rechten Ohr geführt wird und nach der Oberschenkelberührung alles seitenverkehrt weitergeht – in schnellem Wechsel, versteht sich ...

Bewegte Reime sind Rhythmikspiele mit Handgeschick. Hier hilft die in einen Rhythmus gebundene Sprache, Raum- und Zeitgefühl zu entwickeln. Denn die Zeit, die der rhythmische Rahmen setzt, muss im Bewegungshandeln des Klatschens, Klopfens oder Fingerdeutens optimal genutzt werden. Dabei heißt es, sich in hohem Maße zu konzentrieren und aufmerksam zu sein, um die Text- und Bewegungsfolgen zu erlernen, zu speichern und motorisch wie verbal fehlerfrei wiederzugeben. Bei den folgenden Beispielen für Abzählverse und Klatschspiele handelt es sich um ein Spiel für Spiel variierendes Bündel an Fördermöglichkeiten. Ganzheitliches Mitfördern ist hier das Lernprinzip. Einige Fördermöglichkeiten werden bei jedem Spiel angegeben.

Abzählverse

(Alle hier aufgeführten Verse sind Gemeingut und den Kindern abgeschaut.)

3–8 J. *Ene, mene, ditschen, datschen,*
einen auf den Popo klatschen,
einen noch dazu
und aus bist du!

(Fördert Sprachspaß, Erfassen der Situationskomik, Silben-Objekt-Zuordnung, Aufmerksamkeit, Raumlage, Merkfähigkeit – hier: Merken von Sprache ohne Sinn)

* * *

Eins, zwei, drei, ritsche, ratsche, rei, 6–8 J.
Ritsche, ratsche Pfefferkorn,
Herr Müller hat sei' Frau verlor'n.
Er hat sie nicht gefunden.
Ich glaub', sie ist verschwunden.

(Fördert Sprachspaß und Erfassen der Situationskomik, Silben-Objekt-Zuordnung, Merkfähigkeit, Aufmerksamkeit, Raumlage)

* * *

Eins, zwei, drei, vier, fünf, 6–8 J.
strick mir ein Paar Strümpf';
nicht zu groß und nicht zu klein,
sonst musst du der Fänger sein.

(Geht leicht von der Hand, deshalb auch für kleine Kinder geeignet; fördert Silben-Objekt-Zuordnung, Merkfähigkeit, Aufmerksamkeit, Raumlage)

* * *

Eins, zwei, drei, vier, fünf, sechs, 5–8 J.
hinter'm Ofen sitzt die Hex'.
Hexenhäuschen, Hexenhaus –
und du bist raus.

(Geht leicht von der Hand, deshalb auch für kleine Kinder geeignet; fördert Silben-Objekt-Zuordnung, Merkfähigkeit, Aufmerksamkeit, Raumlage)

* * *

Eins, zwei, drei, vier, fünf, sechs, sieben, 6–8 J.
wo ist meine Frau geblieben.
Ist nicht hier – ist nicht da,
ist wohl in Amerika.

(Fördert Sprachspaß und Erfassen der Situationskomik, Silben-Objekt-Zuordnung, Aufmerksamkeit, Raumlage)

* * *

Ich und du, 7–9 J.
Müllers Kuh,
Müllers Esel
der bist du.

(Erfordert besonderes Zähl- und Deutegeschick, sonst ist der Zählende plötzlich „ich" und „du" zugleich und macht sich selbst zum Opfer des Sprachspaßes. Geeignet erst für ältere Kinder. Fördert vorausschauendes Denken bezüglich der Abzähltechnik, Sprachspaß und Erfassen der Situationskomik.)

* * *

7–9 J. *Eins und zwei und drei,*
das Huhn, das legt ein Ei.
Der Dotter fällt heraus
und du bist raus.

(Erfordert Sprechgenauigkeit und setzt Sprachverständnis auf Syntaxebene voraus; denn der Rhythmus zerfällt, sobald das rückbeziehende „das" (hier kursiv gesetzt) ausgelassen wird. Geeignet erst für ältere Kinder.)

Abbildung 13: Synchrones Sprechen und Klatschen

Klatschverse

Sie ändern sich während ihres Bespielens in der Art des Beklatschens wie im Text. Deshalb gibt es eine Vielzahl an Varianten zwischen Hamburg und München, zwischen früher und heute. Ein Beispiel dieser Wandlungsfähigkeit ist „Charlie Chaplin" (Gemeingut), der in Kapitel 3.2.1 zum Einsatz kommen wird und der als „Robin Williams" (Gemeingut) in der Klatschspielsammlung von Wilhelm Kelber-Bretz auftaucht.

Char-lie Chap-lin fuhr nach Spa-nien, 8–10 J.
um drei Mäd-chen was zu sa-gen.
Ers-te hieß Cha-cha-cha, (Po wackeln)
zwei-te hieß O-la-la, (Hüftschwung)
drit-te hieß A-me-ri-ka. (Mit Händen Kreis beschreiben)
Char-lie Chap-lin, das geht so:

Char-lie Chap-lin … (Fußschrägstellungen, bis niemand mehr steht)

* * *

Ro-bin Wil-liams fuhr nach Spa-nien, 8–10 J.
kauf-te sich drei hüb-sche Da-men,
die ers-te sag-te: O-la-la,
die zwei-te sag-te: Cha-cha-cha,
die drit-te sag-te:

Ro-bin Wil-liams …

(Begleitbewegungen analog wie oben)

Weitere Klatschspiele mit Bewegungserklärungen finden sich bei Wilhelm Kelber-Bretz; mit Bewegungserklärungen sowie über Hand-Pfeil-Symbolik visualisierte Klatschfolgen bei Birgit Jackel.

Fortsetzungsgeschichte mit Sprach- und Bewegungsspaß: Ein Stadtspaziergang 8–9 J.

Diese Geschichte können Sie den Kindern etwa wie folgt erzählen (oder vorlesen) und dabei mit ihnen zusammen die vorgeschlagenen Bewegungen ausführen:

Wir machen gerade Urlaub in einer fremden Stadt. Neugierig gehen wir Kinder auf unsere eigene Entdeckungsreise. Gleich an der ersten Verkehrsampel begegnet uns eine Gruppe von Leuten, die dort steht und plaudert:

Ein Trottel und ein Trampel, 8–9 J.
die steh'n an einer Ampel.
Da kommt die Tante Tina
mit ihrer Tochter Trina.
Sie ratschen hin – sie ratschen her,
ans Weitergeh'n denkt keiner mehr.

(Tradierter Klatschvers, Gemeingut)

* * *

Wir setzen unseren Weg fort und kommen an einer Gaststätte vorbei, die uns anlockt, weil sie so ähnlich aussieht wie Pippi Langstrumpfs Villa Kunterbunt. So etwas ist doch kein Gasthaus, oder etwa doch? Gespannt schauen wir durch die Fenster in die Gaststube:

Ab 9 J.

Drinnen saßen stehend Leute,
schweigend ins Gespräch vertieft,
als ein totgeschoss'ner Hase
auf 'ner Sandbank Schlittschuh lief.

Und auf einem roten Hocker,
der blau angestrichen war,
saß ein blond gelockter Rocker
mit kohlrabenschwarzem Haar.

Neben ihm 'ne alte Schrulle,
zählte kaum erst sechzehn Jahr',
in der Hand 'ne Butterstulle,
die mit Schmalz bestrichen war.

Und verliebt sprach er zu ihr:
Mein geliebtes Trampeltier,
Augen hast du wie Korallen,
die dir aus dem Kopfe fallen,
und 'ne Nase, sag ich dir ...,
alle Kälber gleichen dir.

(Altes Spottgedicht, hier in selbst bearbeiteter Fassung, kursiert in verschiedenen Versionen, Autor unbekannt. Anmerkung des Verlags)

* * *

Na, es muss doch in dieser Stadt auch ganz normale Leute geben, denken wir und laufen zu einem Spielplatz. Wir hören zu, was das wohl für ein Klatschspiel ist, das die Kinder dort mit viel Gekicher und Gelache hersagen: .....

Ab 9 J.

Morgens um viere
vor meiner Türe,
da steht ein riesengroßer Teddybär.

Der will mich beißen,
ich geh' auf Reisen
zu meiner Ur-Ur-Ur-Ur-Großmama.

Die hat 'ne Ziege,
wenn ich die kriege,
reiß ich ihr alle viere Beine aus.

Sie kommt ins Krankenhaus.
Dort wird sie operiert,
mit Ketschup eingeschmiert.
Dann wird sie rausgeschmissen
mitsamt dem Federkissen.
Da ruft sie: Au, au, au, du Sau!

(Tradierter Klatschvers, Gemeingut)

Hier klatscht nur das eine Kind auf die senkrecht gestellten Handflächen des Partnerkindes. Dabei stört es die Kinder wenig, dass sich nicht alles reimt und die Zeilen teilweise auch noch verschieden lang sind. Die Freude am Unsinn steht für sie im Mittelpunkt.

* * *

Kopfschüttelnd gehen wir weiter. Da drüben ertönt lustige Tanzmusik und wir sehen eine fröhliche Menschengruppe ein Straßenfest feiern. Wir reihen uns in den Reigen ein. Ganz einfach sind die Laufschritte im Kreistanz: erst seitlich nach rechts und dann alles nach links, erst langsam und dann ganz schnell. Dazu singen wir:

Robinson

Tempo ca. 110 BPM

Abbildung 14

Ab 9 J.

Robinson, Robinson, fuhr mit einem Luftballon
in die Höh', in die Höh', mit der Jungfrau Salomé.
(Acht Beistellschritte nach rechts)

Eins – zwei – drei – vier –,
(Vier langsame Beistellschritte nach rechts)

Mädchen, wenn du tanzen willst, dann tanze doch mit mir!
(Sieben hopsende Beistellschritte nach rechts)

fünf – sechs – sieben – acht –,
(Vier langsame Beistellschritte nach links)

Mutter, mach die Lampe aus, dann sag ich dir gut' Nacht!
(Sieben hopsende Beistellschritte nach links)

(Gemeingut)

* * *

Jetzt sind wir völlig außer Atem vom Tanzen und Lachen und wollen uns in einem Park etwas ausruhen. Vom Teich her hören wir einen Frosch lauthals quaken. Und wer kommt da anstolziert? Ein Storch. Wir verhalten uns mucksmäuschenstill und belauschen das Gespräch der beiden:

Ab 9 J.

„Quak – Quak“, so tönt es weithin vernehmlich aus dem breitgezogenen Froschmaul.

(Mit über die Zähne gezogenen Lippen: „Opa-Sprache“ oder „Zähneversteck-Sprache“)

Fragt der Storch: „He, Frosch, gibt es hier leckere Breitmaulfrösche?“

Erschrocken zieht der Frosch eine spitze Schnute und kontert (in Schnutensprache):

„Broitmaulfrösche, dü gübt's hür nücht“, und springt geschwind davon.

Da können wir uns vor Lachen nicht mehr halten und spielen selbst Storch und Frosch, mit Storchengang und Froschgehopse, Opa-Sprache und Schnutengeschwätz.

* * *

Nach diesem Erlebnis im Park zieht uns der Pausenlärm eines Schulhofs an. Dort spielen Kinder. Wir hören:

Ab 9 J.

Eins und zwei und drei und vier,
Rektor Huber trinkt viel Bier.
Seine Frau kommt früh nach Haus.
Wie geht die Geschichte aus?

(Klatschvers; Text: Birgit Jackel)

* * *

Na so was, denken wir und beschließen, aus dieser seltsamen Stadt raus und aufs Land zu gehen. Aber ach, gleich als Erstes treffen wir ein gritzegrünes Schwein, einen lila Elefanten, einen Hahn, der die Regenwürmer küsst und eine Katze, wie sie ein Mäuslein zur Sahnetorte einlädt. Verkehrte Welt eben. Vielleicht fällt euch auch noch etwas Verrücktes ein!

(Andreas Knoll: „Rambazamba auf dem Bauernhof" ...) 3–9 J.

Themenspezifische Literatur

1. Literatur zum „Mit-Fühlen" durch Spiegelzellen:

Bauer, Joachim: *Warum ich fühle, was du fühlst*

Ramachandran, Vilayanur, und Oberman, Lindsay: „Der blinde Spiegel Autismus"

Rizzolatti, Giacomo; Fogassi, Leonardo, und Gallese, Vittorio: „Spiegel im Gehirn"

Singer, Tania, und Kraft, Ulrich: „Zum Mitfühlen geboren"

2. Literatur zur Verarbeitung von Emotionen:

Ayan, Steve: „Intime Botschaften"

Damasio, Antonio: „Gefühl und Bewusstsein"

Greenfield, Susan: *Reiseführer Gehirn*

Mehr Zeit für Kinder e. V. (Hrsg.): *Kluge Gefühle*

Ratey, John: *Das menschliche Gehirn*

Wais, Mathias: *Neuropsychologie für Ergotherapeuten*

3. Literatur mit Praxisbeispielen:

Jackel, Birgit: *Rituale als Helfer im Grundschulalltag*

Jackel, Birgit: *Kinder orientieren sich*

Kelber-Bretz, Wilhelm: *Fingerspiele neu entdecken*

Knoll, Andreas (Hrsg. Musikschule „Musik Total"): *Rambazamba auf dem Bauernhof. Die Geschichte von Freddy, dem gritzegrünen Schwein*

3.1.3 Vom Fühl- und Sprachspaß mit einem ganz persönlichen Bilderbuch

Ich berühre die Welt – die Welt berührt mich.

(Félicie Affolter, 1987)

Berühren, umfassen und benennen

Der Säugling kommt in erster Linie als Spürwesen zur Welt und lernt, sich mithilfe seiner Basissinne zu orientieren. Mit zunehmendem Alter greift er hinaus in seine Umwelt, um sich im Raum zurechtzufinden und ihn für sich zu strukturieren. So schafft ein Kind sich seine ureigenen Bedeutungsräume. Grob- und Feinmotorik bilden damit die Wahrnehmungs- und Erfahrungsvoraussetzung für den treffenden lexikalischen Gebrauch von Wörtern. Das Anwenden von Begriffen dient der Objektbenutzung.

Je früher in der Vorschulzeit Kinder bei der Materialerfassung und -benennung beispielsweise das Rau-Griffige von Baumrinde ausgiebig be-griffen haben, um so eher können sie das lexikalisch passende Adjektiv zur Rinde verinnerlichen und benutzen. Oder: Wenn sie sich unter dem Begriff „glitschig“ etwas vorstellen sollen und ihn richtig anwenden wollen, sind praktische Erfahrungen mit Glitschigem wie nasser Seife, feuchtem Laub oder nass-lehmigem Untergrund unabdingbar.

Zum Be-greifen gehört mehr als bloßes Anfassen mit Zangen- und Pinzettengriff. Um-fassen im Sinne ausgiebigen, differenzierten Handlings ist notwendig: eben um-fassend, damit wahre Spürinformationen entstehen können. Legte doch die Schweizer Psychologin und Psychotherapeutin Félicie Affolter bereits 1987 ihre Vier-Stufen-Folge eines jeden Lernvorganges vor, die bis heute an Gültigkeit nichts verloren hat:

- Wird ein für das Individuum neuartiges Material betastet, so steigt die Spannung im Inneren des Berührenden, seine Muskeln spannen sich an und er möchte zunächst gerne zurückweichen vor dem Fremden. (Stufe 1: Zurückweichen mit Anstieg des Muskeltonus)
- Durch Be-greifen und Um-fassen des Gegenstandes entsteht dann ein Vertrautwerden mit dieser gespürten Neuinformation und der Körpertonus verändert sich wieder in Richtung Normalität. (Stufe 2: Vertrautwerden samt Wohlspannung)
- Beobachten tritt hinzu und die Augen-Hand-Koordination verbessert sich; der Umgang mit dem neuen Objekt wird vertrauter und damit geschickter, was wiederum die Spürinformationen vertieft. (Stufe 3: Vertiefendes Spüren)

- Zunächst im Arbeits- und dann im Langzeitgedächtnis abgespeicherte Spürinformationen bezüglich bestimmter Objekte wecken spezielle Erwartungen, wenn derart bekannte Materialien wieder in das Handlungsfeld des Individuums treten. (Stufe 4: Wiedererkennen mit bestimmter Erwartungshaltung)

Steht bei Affolter in der Rehabilitation die *geführte* Bewegung im Vordergrund, die dann auf Lernstufe 4 ihre selbstständige Fortsetzung findet, gilt die gleiche Stufenfolge des Lernens auch bei gesund entwickelten Kindern für selbst organisiertes Erkunden und damit Vertrautwerden mit der Umwelt und deren Geschehnissen. Regeln werden zunächst als Berührungsregeln erfahren, die alle taktilen Reize ordnen helfen, wodurch dann in veränderten Situationen bestimmte Erwartungen gegenüber dem dort vorzufindenden Material aufgestellt werden können.

Auch Fühlbilderbücher sind somit Angebote der Umwelt im Sinne von Gelegenheiten zum Handeln, die als Gegenstände mit speziellen taktilen Oberflächen und visuellen Mustern in Kombination mit Sprache zur Verfügung gestellt werden und die es zu verinnerlichen gilt. Dabei werden die Materialerfahrungen schließlich in Sprache gefasst, gedächtnisgespeichert, allzeit abrufbar und später im kommunikativen Miteinander in allgemein gültige Sprachstrukturen eingebunden.

Was aber ist von Fühlbilderbüchern zu halten, in denen synthetische Materialien Tierfelle und -häute imitieren sollen? Stellen Fühlbilderbücher mit plüschfelligen Hasenrücken, Affenbäuchen, Gefieder von Entenküken, mit kunstledernen Elefantenohren und Schildkrötenpanzern oder seidigen Stoffteilen für Fantasieblumen auch Materialien dar, die zunächst über geführtes Berühren zusammen mit einer Bezugsperson zum Lernen über Spüren und Sprechen im Sinne Affolters anleiten?

Es kommt hierbei zwar auch zu Verhaltensänderungen beim Kleinkind auf dem Wege über die vermittelten Spürinformationen. Die Bezugsperson führt zunächst in das Befühlen und Betasten ein, indem sie eventuell die Hand des Kindes über das glatte Kunstfell der Kuh oder den Plüschflausch der Ente im Fühlbuch führt und den Vorgang verbal begleitet: „Ganz zart und weich fühlt es sich an deinen Fingerchen an.“ Oder der Erwachsene lässt das kleine Kind den Flausch mit dessen Wange berühren und verbalisiert das Geschehen mit einfachen Worten: „Das ist zart und weich.“

Man beachte: „*Das* ist zart und weich“ bedeutet keineswegs das Gleiche wie „Das Entenküken ist zart und weich“! Dieser Unterschied ist eventuell Erwachsenen einsichtig, keinesfalls aber dem Kind. Deshalb scheinen Zweifel angebracht bei derartigen Fühlbilderbüchern für die ganz Kleinen. Letztere können bei den synthetisch erzeugten Materialien allerhöchstens Weiches von Hartem oder Stacheligem unterscheiden lernen, keinesfalls aber eine stimmige, der Natur entsprechende, Zuordnung von Objekt (hier:

Entenküken) und Berührungsqualität (hier: weich wie Federflaum) lernen. Hygienisch mag das Ganze wohl gut vertretbar sein, realistisch im Sinne einer Objektzuordnung ist es jedoch keineswegs. Die Wirklichkeit wird hoffentlich eines Besseren belehren; denn weder ist das Entenküken rundum flaumig, noch fühlt sich sein Federflaum wie Plüschstoff an. Und vorne kann es mächtig knapsen!

Bereits ab dem Zeitpunkt, von dem an nicht mehr alles von den Händchen unmittelbar zum Mund wandert, um dort erkundet zu werden, kann man Bilderbücher mit zuvor gereinigten Naturmaterialien selbst zusammenstellen und gemeinsam befühlen (*ausschließlich* unter Aufsicht eines Erwachsenen! Gefahr des Verschluckens von Kleinteilen!): Tannenzapfenschuppen, Vogelfedern, Schilfgras, Schnirkelschneckenhäuser, Baumrinde, gegerbtes Kuhfell (oder Kaninchenfell), Webteppich oder garantiert saubere Stoffe wie die vom Regenschirm, Regenponcho, von der Cordhose, dem T-Shirt oder der unbenutzten Höschenwindel (– auf Pappseiten aufgeklebt und diese mit einer Kordel zusammengeknotet). Die Materialien sollen dem Kind aus seiner täglichen Umgebung bekannt sein. Dann können die Fühlerlebnisse wirklich verinnerlicht werden und der Erwachsene kann das Betasten verbal begleiten: „Ganz zart und weich fühlt sich die Vogelfeder an deinen Fingerchen an.“ Oder: Der Hase Mucki im selbst gebastelten Fühlbilderbuch trägt Kleidungsstücke und hat Spielsachen, die das Kind selbst auch besitzt (siehe Abbildungen 15 bis 19, Seite 62 ff.).

Erste Materialerfahrungen des Kindes – sprachliche Zuwendung der Bezugsperson

Ob passive Bewegungsführungen oder eigene Bewegungsimpulse – beides ergibt für das Kind einen Sinn. Aus pädagogischer Sicht sind Fühlbilderbücher bereitgestellte Materialien, an denen das Kleine zunächst sein Fühlempfinden rein körperlich differenziert, um dann allmählich den verschiedenen Fühlerlebnissen im selbst gebastelten Buch mit realen Materialien Objekt- und Eigenschaftsbezeichnungen zuzuordnen.

Beim gemeinsamen Materialbefühlen sitzt das Kind eng an seine Bezugsperson geschmiegt, spürt deren Nähe und Wärme, fühlt sich sicher und geborgen. Es genießt das gemeinsame Erkunden. So dient auch beim Spüren mit Fühlbildern die Nischensituation als positive Gefühlsgrundlage und Unterstützung – sei es in der Familie oder im Kinderhort –, aus der sich das frühkindliche Explorationsverhalten entfalten kann. Daraus ergibt sich dann seine Erkundungsbereitschaft. Diese Möglichkeit, im anregungsreichen Umfeld eigenen Erfolg zu erleben, zählt zu den Voraussetzungen eines positiven Selbstkonzeptes. Das Kind macht erste Materialerfahrungen. Das behutsame Führen baut den zunächst erhöhten Muskeltonus bei der Berührung von Neuem und Fremdem rasch wieder ab und die wechselnden

Materialwiderstände beispielsweise von Tannenzapfen, Strohgeflecht und Seidenband werden zu Erfahrungen – sie werden gefühlsmäßig bewertet, abgespeichert und wieder abrufbar im Zusammenwirken von:

- Gefühlsstrukturen des Gehirns (limbischem System),
- Arbeitsgedächtnis (Hippocampus und präfrontalem Kortexareal) und
- Repräsentationen im Langzeitgedächtnis (Stirnhirn und Scheitellappen).

Beim nächsten Erspüren der Materialien wird das Kleine bereits mit bestimmten Erwartungen die einzelnen Tastfelder berühren. Mit der Zeit sucht es gezielt die Berührungsqualitäten bestimmter Sachen auf. Die stets gleichen Worte, mit denen der Erwachsene die Spüreigenschaften der Objekte benennt, führen hin zum lexikalischen Gebrauch der passenden Begriffe als der semantischen Strukturebene des komplexen Gefüges Sprache.

Generell gilt für das frühe Kindesalter: Die Häufigkeit sowie die Art und Weise, wie Bezugspersonen bereits mit dem kleinen Kind sprechen, spielen eine entscheidende Rolle für den Umfang des Wortschatzes, über den es für den Rest seines Lebens verfügt; denn je häufiger und differenzierter mit dem Kind gesprochen wird, um so stärker sind seine Nervenverknüpfungen im Hinblick auf sein Basisvokabular.

Hirnphysiologische Zusammenhänge zwischen Berühren, Empfinden und Sprechen

In den ersten beiden Lebensjahren ist ein Sprachareal in der rechten Großhirnhälfte wichtig für die Sprachentwicklung, und zwar für die Wörterproduktion mit ihren Funktionen Lautbildung und lexikalischer Gebrauch von Begriffen. Die Materialbezeichnungen, die wir hier beispielhaft betrachten, umfassen einerseits die Benennung als Substantiv und andererseits die zuzuordnenden Eigenschaften in Form von Adjektiven. In dem rechtshirnigen Sprachareal im Schläfenlappen können zu keinem Zeitpunkt Sätze produziert und rekonstruiert werden. Das ist lebenslang die Leistung der linken Großhirnhälfte. Sie gewinnt mit ihren Spracharealen Broca und Wernicke für die Sprachentwicklung erst ab dem zweiten und dritten Lebensjahr an Bedeutung. Dann geht es – über die Lautproduktion zur Objektbezeichnung hinaus – auch um Syntax und Sprachverständnis. Den Sinnunterschied der Sätze „Anna kitzelt Emil“ und „Emil kitzelt Anna“ kann nur die linke Großhirnhälfte erfassen, weil sie die Einzelheiten steuert. (Die weitere Verortung der Sprache im Groß- und Kleinhirn wurde bereits in Kapitel 3.1.1 erläutert.)

Hirnphysiologisch lässt sich die Koppelung von Sensorik, Motorik, Sprache und Emotion erklären durch die spezielle Position der an taktilen Erfahrungen, an manuellem Handling, am Sprechen und an unmittelbarer, unbewusst ablaufender Gefühlsregung beteiligten Areale im Großhirn: Sie liegen eng beieinander und sind Struktur für Struktur unter- und nebeneinander geschichtet, angefangen bei der Großhirnrinde mit prämotorischem, motorischem und sensorischem Rindenareal und den sich schläfenwärts anschließenden Spracharealen Broca und Wernicke bis zu den tiefer innen gelegenen Hirnstrukturen mit den Gefühlsfunktionen des limbischen Systems (siehe Abbildung 5).

Die Hippocampus-Gebiete als Hirnstrukturen für das Arbeitsgedächtnis liegen rechts und links an den Innenseiten der Schläfenlappen (siehe Abbildung 24) – umgeben von limbischen Strukturen der Gefühlsverarbeitung: Stirnhirnwärts verlaufen die Gefühlsareale bis zur Nasenwurzel (orbitofrontaler und cingulärer Kortex; siehe Kapitel 3.1.2). So erhält jede Berührung (Sensorik) und jede Bewegung (Motorik) eine ganz persönliche Gefühlsspurung, die mit ins Gedächtnis überführt wird. Aus diesem funktionellen Zusammenhang heraus wird auch einsichtig, weshalb man den Hippocampus zum limbischen oder Gefühlssystem gehörig ansieht.

Je sensorisch genauer die Umweltsignale aufgenommen und verarbeitet werden können, je präziser die Sprechmuskelleistungen sowie Hand- und Armmotorik gelingen, desto positiver ist das emotionale Erlebnis, das sich spontan einstellt. Auf kreuzmodale Förderbarkeit wurde an anderer Stelle bereits hingewiesen. Hier sei – ergänzend zur Prävention – auch die Chance des multidisziplinären „Beübens“ in der logopädischen, ergotherapeutischen und motopädischen Behandlung genannt; ein ganzheitlicher Ansatz. Jedoch darf dabei niemals aus dem Auge verloren werden, dass gestörte Sprachmuster oder Bewegungsmuster immer zusätzlich spezieller Therapien mit spezifischen Trainingsprogrammen seitens qualifizierter Fachkräfte bedürfen.

Zeitfenster für Spracherwerb – verschiedene Strukturebenen der Sprache umfassend

Das Zeitfenster für den Spracherwerb wird in der Literatur übereinstimmend für das Alter vom zwölften Lebensmonat bis etwa zum fünften, spätestens sechsten Lebensjahr angegeben. Vom Ende des ersten Lebensjahres bis hin zu achtzehn Monaten erwirbt das Kind sowohl die wesentlichen phonologischen Kontraste als auch die Sprachmelodie (Prosodie) seiner Muttersprache. Jetzt erfolgt ein sprachlicher Entwicklungssprung, auch als „Vokabelspurt“ bezeichnet: Lautfolgen werden nun in bedeutungstragender Funktion gebraucht.

In diesem Zeitabschnitt macht das Kleinkind *zwei* ganz wesentliche und von seinen Eltern hocherfreut beobachtete Fortschritte: Es beginnt zu sprechen *und* zu laufen. Aber nichts gelingt ohne Anstrengung, weder in der Motorik noch beim Sprechen. So muss sich das Kind auch beim Spracherwerb jeden

Etappensieg erkämpfen: Aus „Apa“ wird mit der Zeit ein deutliches „Opa“ (Lautproduktion) und nach der anfänglich fälschlicherweise als „Meise“ bezeichneten Ameise kann durch verbesserte Lauterkennung (phonematische Differenzierung) und Hinhorchen auf prosodische Merkmale dann auch „Ameise“ gesprochen werden, wenn das „A“ als zum Wort gehörig herausgehört wird.

Der Anstieg des Wortschatzerwerbs unterliegt dabei außerordentlichen Schwankungen. Die Wortformenentwicklung wird vornehmlich bestimmt durch Imitation, wobei das gemeinhin ausgezeichnete phonologische Arbeitsgedächtnis und die Spiegelzellen für Nachahmung (im Broca-Areal) es dem Kind ermöglichen, neue Wortformen schon nach wenigen Wiederholungen dauerhaft in sein geistiges Lexikon zu überführen. Gleiches gilt im späteren Entwicklungsverlauf für die Syntaxebene.

Die oben beschriebene Objektbenennung umfasst nur einen Teilbereich des komplexen Strukturgefüges Sprache; jedoch einen fundamentalen – und zwar denjenigen, der sich bald nach Ausbildung der Sprechmuskeln und bald nach den ersten Lautbildungen zeigt: Semantik – zuerst zum Benennen von Objekten, als früher Schritt auf dem langen Weg hin zu charmantem Kommunikationsgeschick. Diese kommunikative Kompetenz braucht den Sprachdialog als Übungsfeld, um das ihr zugehörige Sprachverständnis ausbilden zu können.

Im Entwicklungsverlauf des Kindes geht das Sprachverständnis der Fähigkeit, selbst zu sprechen, zeitlich voraus; es bleibt aber lange an die jeweilige Situation gebunden, ehe es sich von konkreten Handlungsabläufen lösen kann. Kreativer Umgang mit Materialien stellt dabei ein Mittel auf dem Weg zum Sprachverständnis dar, im Sinne des Schaffens von Gelegenheiten dialogischer Sprachförderung. Gilt doch Sprachverstehen als Schlüsselvariable für sprachliche Weiterentwicklung überhaupt. Denken Sie an das oben genannte Beispiel von Anna und Emil – und wer da wen kitzelt ... In diesem Sinne fördert ein dialogisches und vielseitiges Umgehen mit Tast- und Fühlbilderbüchern mit einem Gesprächspartner oder in der Spielgruppe bereits im Kindergartenalter den sprachlichen Ausdruck in komplexen Handlungssituationen und bezieht zudem zahlreiche Sprachgenres mit ein.

Beim Betrachten von Fühlbilderbüchern geschieht das, was in der Fachliteratur als „triangulärer Blickkontakt“ bezeichnet wird: betasten – anschauen – eine Benennung erwarten. Hier bekommt das Kind ein Wort in überschaubarem Kontext, den es selbst mitsteuern kann; zudem in herausgehobener Intonation vom Mitbetrachter präsentiert, häufig mehrfach. Dabei hat es die Gelegenheit, das Wort wiederholend zu üben. Spätestens nach dem Entwicklungsschritt des Vokabelspurts kann das Material auch umgekehrt beübt werden, indem die Bezugsperson fragt: „Was ist denn das?“, und das Kleinkind mit dem passenden Begriff antwortet, beispielsweise „Latz, ... Ente“

oder im Zweiwortsatz: „Ente hupft.“ (Die Ente hüpft ins Wasser.) Fühleigenschaften wie „weich“, „rau“, „glatt“ werden früh als Fühlerlebnisse differenziert und jetzt in den aktiven Wortschatz übernommen.

Bevor der Erwachsene die kleinen Textteile jedoch vorliest, braucht das Kind beim ersten Umgang mit dem Fühl- und Sprachbilderbuch genügend Zeit, die einzelnen Seiten zu betrachten und die Ausstanzungen oder Fühlfelder zu erspüren. Der Erwachsene schildert das abgebildete Geschehen zunächst mit seinen eigenen Worten in klaren, kurzen Sätzen entsprechend dem ganz persönlichen Erfahrungs- und Sprachrepertoire des betreffenden Kindes. Das Verweilen auf den einzelnen Seiten ist besonders wichtig. Mit Verbalisierungen wie: „Weißt du noch, wie das Kaninchenfell sich anfühlt? – Ganz weich …“, werden Berührungserfahrungen in Erinnerung gebracht. Und wieder plädiere ich für Naturmaterialien, damit die Berührungsqualität im Fühlbilderbuch mit der Realität kongruent ist. Auch in diesem Rückschluss festigen sich Berührungsqualität und Begriff – Begriff und Berührungsqualität.

Praktische Vorschläge: Bilderbücher zum Fühlen und Benennen

Auf den Farbseiten dieses Buches (siehe Seite 62 ff.) stelle ich Ihnen ein selbst hergestelltes „Fühl-Bilderbuch“ vor: „Mein Hase Mucki“.

7–8 J. Objektbenennung und Objektqualität im Leselernalter

Sobald das Grundschulkind – mit ungefähr sieben Jahren – liest, kann man ein ganz persönliches Fühl- und Sprachbilderbuch zusammen mit ihm erstellen oder für es basteln. Auch gemeinsames Anschauen und Lesen zusammen mit Spürerfahrungen in der Kindergruppe bereiten Fühlspaß und Kommunikationsspaß; sie können somit auf sensorischer wie sprachlicher Ebene fördern. (Siehe Abbildung 16, Seite 62)

Hinter den vier farblich unterschiedlichen Klappstreifen verbergen sich verschiedene Eigenschaftswörter, von denen nur zwei zum Fühlmaterial passen; die beiden anderen sind extrem abwegig. Als Selbstkontrolle dient die Farbe; denn die beiden Pappstreifen in der jeweiligen Grundfarbe der Seite verdecken die Eigenschaftswörter zu den „richtigen“, materialangemessenen Berührungsqualitäten. (Siehe Abbildung 17, Seite 63)

Die verschiedenen Bilderbuchseiten wiederholen in ihren Texten morphologische und grammatikalische Strukturen. Nur die Gegenstände (Substantive) und passenden Eigenschaften (Adjektive) ändern sich von Seite zu Seite.

Von Satzbauplänen und Sprachregeln ab dem zweiten Schuljahrgang

Bestimmte Satzbaupläne werden bereits im Kindergartenalter durch ständiges Wiederholen innerhalb eines Bilderbuches ganzheitlich eingeübt. Selbst längere Sätze können auf diese Weise reproduziert werden. Da die meisten Kinder bei ihrem Spracherwerb sowohl analytisch als auch ganzheitlich vorgehen, sind die sich Seite für Seite wiederholenden und dabei nach gleichem Satzbauplan kontinuierlich verlängerten Sätze syntaxfördernd – wie beispielsweise in dem Fühl- und Sprachbilderbuch-Klassiker „Die Raupe Nimmersatt" von Eric Carlè.

Eine zweite Version des selbst erstellten Fühl- und Sprachbilderbuches „Mein Hase Mucki" ist für Acht- bis Neunjährige gedacht, zum Üben von Satzstruktur *und* Eigenschaftswörtern. Auf acht Seiten finden sich persönliche Gegenstände des Hasen zum Befühlen und Benennen. Am Anfang (Seite 1) ist der Wenn-Satz vollständig gegeben. Hier muss nur nachgespürt werden. (Siehe Abbildung 18, Seite 63) 8–9 J.

Seite für Seite erscheint dann der Wenn-Satz mehr und mehr gekürzt und muss im Analogieschluss syntaktisch sowie über die Spürerfahrung semantisch ergänzt werden (siehe Abbildung 19, Seite 64):

Seite 1: *Mein Hase Mucki hat eine Lederhose mit Hirschhornknopf.*
Wenn er über das Leder streicht, fühlt es sich glatt an.

Seite 2: *Mein Hase Mucki hat ein T-Shirt mit Blume.*
Wenn er über das T-Shirt streicht, fühlt es sich ... an.

Seite 3: *Mein Hase Mucki hat eine Hose mit Knöpfen.*
Wenn er über die Knöpfe streicht, fühlen sie ... an.

Seite 4: *Mein Hase Mucki hat eine Einkaufstasche.*
Wenn er über den Rand streicht, fühlt ... an.

Seite 5: *Mein Hase Mucki hat einen Schal aus Seide.*
Wenn er über den Stoff streicht, ... an.

Seite 6: *Mein Hase Mucki hat eine Spieldecke mit Fransen.*
Wenn er über die Fransen ..., ... an.

Seite 7: *Mein Hase Mucki hat ein rotes Springseil.*
Wenn er über ..., ... an.

Seite 8: *Mein Hase Mucki hat ein Kopfkissen aus Fell.*
Wenn er ..., ... an.

Abbildung 15: Ein selbst hergestelltes Fühl- und Sprachbilderbuch

Abbildung 16: Probeseite aus der Version zum Üben von Eigenschaftswörtern mit Wörterauswahl rückseitig

Abbildung 17: Satzergänzung durch Eigenschaftswort auf dem farblich passenden Pappstreifen als Selbstkontrolle

Abbildung 18: Fühlbild „Lederhose" mit Text

Abbildung 19: Fühlbild „T-Shirt" mit Text

Zu den einzelnen Seiten gibt es farblich passende Leisten mit einer Auswahl von jeweils vier Eigenschaftswörtern. Auf den Rückseiten von Seite eins bis acht stehen die objektangemessenen Eigenschaftswörter als Selbstkontrollmöglichkeit.

Die Seite mit den Arbeitsanweisungen ist folgendermaßen gestaltet:

Suche dir ein passendes Eigenschaftswort oder zwei passende Eigenschaftswörter zu jeder Seite aus.

Kontrolliere auf den Rückseiten, ob du richtig gewählt hast. Das Smily zeigt die richtigen Möglichkeiten.

Zum T-Shirt: weich, flauschig, zart, glitschig.

Zu den Knöpfen der Latzhose: ölig, uneben, viereckig, rund.

Zur Einkaufstasche: faltig, gewellt, wackelig, rutschig.

Zum Seidenschal: gestrickt, hart, wabbelig, glatt.

Zur Fransendecke: stachelig, rund, weich, kitzelig.

Zum Springseil: geflochten, rau, seifig, dick.

Zum Kaninchenfell-Kopfkissen: flauschig, kuschelig, drahtig, schmierig.

Warum ein ganz persönliches Fühl- und Sprachbilderbuch?

Die im hier beschriebenen Fühl- und Sprachbilderbuch gestalteten Objekte sind völlig austauschbar – auf den täglichen Objektumgang des Kleinkindes, des Kindergarten- oder Grundschulkindes ausgerichtet. Sie orientieren sich an der altersabhängigen Interessenlage. Beim häuslichen Gebrauch eines solchen selbst erstellten Buches für ein ganz bestimmtes Kind gilt: Jedes Kind ist anders. Deshalb wird das persönliche Fühl- und Sprachbilderbuch eines jeden Kindes auch einzig in seiner Art sein; eben speziell zugeschnitten auf dieses eine Individuum. Sind die konkreten Objekte je nach erfahrener Mitwelt des Kindes ausgewählt, dann findet keine Sekundär- oder Medienerfahrung statt, bei der später die primäre Fühlerfahrung nachgereicht werden müsste. (Beispiel für solche „künstliche" Erfahrung: Elefantenohren aus Kunstleder – sie sind kontraproduktiv.) Hier herrscht Zeitgleichheit zwischen realer Fühlerfahrung und passender Benennung. Darin liegt der Vorteil des selbst zusammengestellten Bild- und Fühlmaterials sowie der Textwahl. Gekaufte Bücher können bezüglich der Erfahrungsnähe zu jedem Kind und seinem Sprachentwicklungsstand nur Annäherungswerte erzielen, keinesfalls aber lauter Treffer.

Basteln auch Sie einmal in Ihrem Arbeitsbereich oder ganz privat *mit* einem oder *für* ein Ihnen nahe stehendes Kind ein persönliches Fühl- und Sprachbilderbuch – Sie werden erstaunt sein, welche Freude auch Sie dabei haben können.

Themenspezifische Literatur

1. Literatur zu Spürerfahrungen:

Affolter, Félicie: *Wahrnehmung, Wirklichkeit und Sprache*

Fischer, Klaus: „Vom Sinn der Sinne: Zum Wahrnehmungsbegriff in der Psychomotorik"

Jackel, Birgit: „Ich bin da"

Jackel, Birgit: „Kindliche Berührungserfahrungen und kommunikative Kompetenz"

Janssens, Albert: *Entwicklung fördern. Ein Arbeitsbuch für Eltern und Erzieher*

Koenigs, Renate: *Fantasie, Poesie & Bewegungsgeschichten begleiten Dich durch das Jahr*

2. Literatur zur Sprachentwicklung und -förderung

Cárdenas, Barbara: *Pfiffigundes Sprachwelt. Erst-, Zweit- und Schriftspracherwerb vorbereiten, beobachten, fördern*

Buchner, Christina: *Neues Lesen – neues Lernen. Vom Lesefrust zur Leselust*

Dittmann, Jürgen: *Der Spracherwerb des Kindes. Verlauf und Störungen*

Fischer-Olm, Anna: *Mit schöner Sprache durch das Jahr. Ein multisensorieller, sprachfördernder Lehrgang für Kindergarten, Vorschule und Grundstufe*

Herrmann, Christoph, und Fiebach, Christian: *Gehirn und Sprache*

Mehr Zeit für Kinder e. V. (Hrsg.): *Die ersten Jahre*

Mehr Zeit für Kinder e. V. (Hrsg.): *Sprich mit mir*

3.2 Themenschwerpunkt Senso-Motorik

3.2.1 Vom Spielsinn des Sinnesspiels

Die Menschen in unserer Gesellschaft laufen Gefahr, zu reinen Augen- und Ohrenwesen zu verkrüppeln.

Über Sinnesspiele freudvoll lernen

Es gibt zwei Arten des Spiels mit den Sinnen: Zum einen geht es dabei um *Sinnesseparierung und -ausgrenzung* mit bewusstem Wahrnehmen über bestimmte Sinne. Besonders Tasterfahrungen werden bereits ab dem Kleinkindalter mit zum Fühlen animierendem Spielzeug und Fühlbilderbüchern kommerzialisiert, mit zum Teil fragwürdiger Sinnhaftigkeit dessen, was die Kleinen damit wirklich erspüren (siehe Kapitel 3.1.3). Im Kindergarten folgen dann Riech- und Schmeckspiele, Klangoasen, Krabbelsäcke und Waldtage mit Tast-, Muskel-, Gleichgewichts-, Riech- und Schmeck-Erlebnissen, in der Grundschule schließlich ein „Parcours für die Sinne". Bei einem „Fußmarsch durch Afrika" beispielsweise sollen dann die Fußsohlen spürfähig gemacht werden, mit Materialboxen, angefüllt mit Bambus, Gras, Steinen, Erde, Sand und vermeintlichem „Kameldung" (feuchtem Torf). Anschließend kommen die so geschundenen Füße in eine ganz spezielle Waschstraße. Die Kinder haben Freude daran, werden spürfähiger, sensibler und lernen, mit sich selbst und ihre Mitwelt feinsinniger umzugehen. So weit der pädagogische Anspruch (siehe Kapitel 3.2.2).

Zum anderen gibt es *Sinnesspiele zur ganzheitlichen Selbsterfahrung*, bei denen die Kinder sinnesintegrierende Erfahrungen machen können: Ihre Nervenzellen üben im Verbund auf verschiedene Reize gleichzeitig und angemessen zu reagieren, mit dem Ziel eines multisensorischen Lernens. (Fachleute nennen so etwas „multimodal" = viele Modalitäten betreffend.) Dabei erleben sie sich selbst als „sinn-voll"; voll von sinnlichem Erleben am ganzen Körper. Sie bekommen eine Ahnung von dem, was es in ihrem eigenen Körper zu erspüren gibt, und lernen zudem auszufiltern, das heißt, die Außenwelt „vorsortiert" aufzunehmen, durch eine Aufmerksamkeit, die auf situationsgebunden wichtige Vorgänge und Details gerichtet ist. Dies ist eine Form verständnisvollen und hirngerechten Lernens – begrifflich gefasst als Sinn erfassendes, Bedeutungen und Zusammenhänge begreifendes Dazulernen. Solches kann erfolgen, da die vielfältigen Einzelerfahrungen zu einem Objekt oder Ablauf in verschiedenen Großhirnarealen abgespeichert werden und das Gelernte aus vielen Hirnregionen abrufbar und damit besser erinnert wird.

Beispielsweise lässt sich das *umfassende* Kennenlernen dessen, was einen Apfel ausmacht, nur realisieren über das Sehenswerte seiner Schale (Farbnuancen und Unebenheiten), das Klangstarke beim Hineinbeißen (Knackgeräusche im Kopf als Resonanzraum), das Fühlbare (raue oder glatte Schale), das Schmackhafte und Duftaromatische (würzig, süß, sauer, saftig) und nicht zu vergessen das Muskelstarke beim Balanceakt des Pflückens, wenn der Apfelpflücker aufpassen muss, dass er auf seiner Leiter nicht ins Kippen gerät (siehe Abbildung 20).

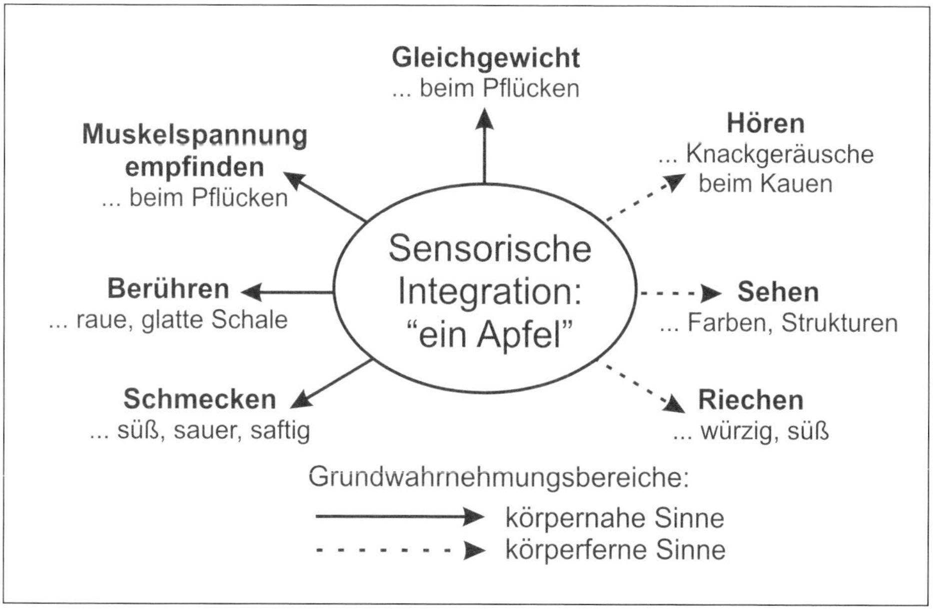

Abbildung 20: Körpernahe und körperferne Sinneswahrnehmungen als Repräsentationen dessen, was einen Apfel (ganzheitlich gesehen) ausmacht

Wie bereits dargestellt, geht die Entwicklung der Kleinkinder aus von deren Sensorik und Motorik. Hier gilt es über Sinnesspiele alle Sinnessysteme zu sensibilisieren, um ihnen Spürerfahrungen zu ermöglichen. Damit wirkt man auch der Tendenz unserer heutigen Mitwelt entgegen, die bereits kleine Kinder mit Seh- und Hörinformationen überschüttet und die Basissinne verkümmern lässt. So aber kann über eine sichere Sensorik eine Kreisrelation in Gang gesetzt werden, die angemessene Bewegungsantworten, gute Gefühle, gruppendienliches Verhalten, Sprachförderung und kognitive Fähigkeiten spielerisch mitzieht.

Sinnesspiel ist Bewegungsspiel

Die Senso-Motorik im Elementar- und Primarbereich kann besonders über großräumige Bewegungsspiele gefördert werden. Solch raumgreifendes Bewegen trainiert vorrangig Tast- und Muskelsinn. Sie sind in der gesamten sensorischen und motorischen Hirnrinde durch eine Vielzahl von Nervensträngen vertreten. Werden die einzelnen kortikalen Repräsentationen bestimmter Körperteile dort stärker sensibilisiert, so verdichtet sich damit das zugehörige Netzwerk ihrer Hirnnerven. Tast- und Muskelsinn fördern zusammen mit dem Gleichgewichtssinn breit gefächert sowohl die Körperwahrnehmung als auch die Orientierung in der Umwelt. Einen liegenden Baumstamm muss man beklettern und darauf balancieren, um zu er-laufen, was es bedeutet, auf etwas Rundem im Gleichgewicht zu bleiben. Gleiches gilt für andere Sinneserfahrungen. Oder können Sie den Geschmack eines Puddings durch reines Anschauen erfassen? Er könnte auch aus Versehen mit Salz zubereitet worden sein ...

Diese Formbarkeit des Gehirns (als Vergrößerung stark benutzter Areale für die Hände in senso-motorischen Rindenarealen) wurde bereits in Kapitel 1 am Vergleich von Geigern und Klavierspielern dargestellt.

Mit den Sinnen spielen bedeutet auch immer Bewegung und Sprechen zu spielen. Sprechen als Muskelarbeit mit Sprache ist auch Bewegung und Gesichtsmimik wie Gestik sind motorische Abläufe. Lustige Sinnesspiele trainieren nebenbei die Sprechwerkzeuge und auch sprachliche Fähigkeiten wie Fertigkeiten. Derartiges Üben der Sprechwerkzeuge geschieht spielerisch beispielsweise in Pustespielen, beim Kirschkernwettspucken, beim Wachsenlassen von Seifenblasen und beim Ansaugen leichter Materialien mithilfe von Trinkhalmen, aber auch bei Nonsens-Singtexten wie „Drei Chinesen mit dem Kontrabass“ oder zusammen mit manuellen Arm- und Handbewegungen in Klatschspielen. Damit haben Sinnesspiele einen wichtigen Anteil an der ganzheitlichen Selbst-, Sach- und Sozialerfahrung bereits der Kleinsten. Sie bedürfen keines speziellen Aufwands, können überall und jederzeit gespielt werden und lockern nicht zuletzt angespannte Situationen auf, sodass die Kinder sich danach wieder ausgeglichen und gelockert auf eine neue Sache konzentrieren können.

Vom Sinnesreiz bis zur Reaktion

Jedes Sinnessystem hat seine eigene Art Rezeptoren, die seine speziellen Reize empfangen und dann über elektrische Sensoneuronen und chemische Überbrückungsstellen hirnwärts zur Weiterverarbeitung leiten. Beispielhaft soll hier die Reizweiterleitung und Verarbeitung beim Tastsinn beschrieben werden. Weshalb gerade beim Tastsinn? Nun, die Haut ist das größte Organ des Menschen und die Rezeptortypen darin sind vielfältig und auch vielfältig spezialisiert. (Siehe Abbildung 21)

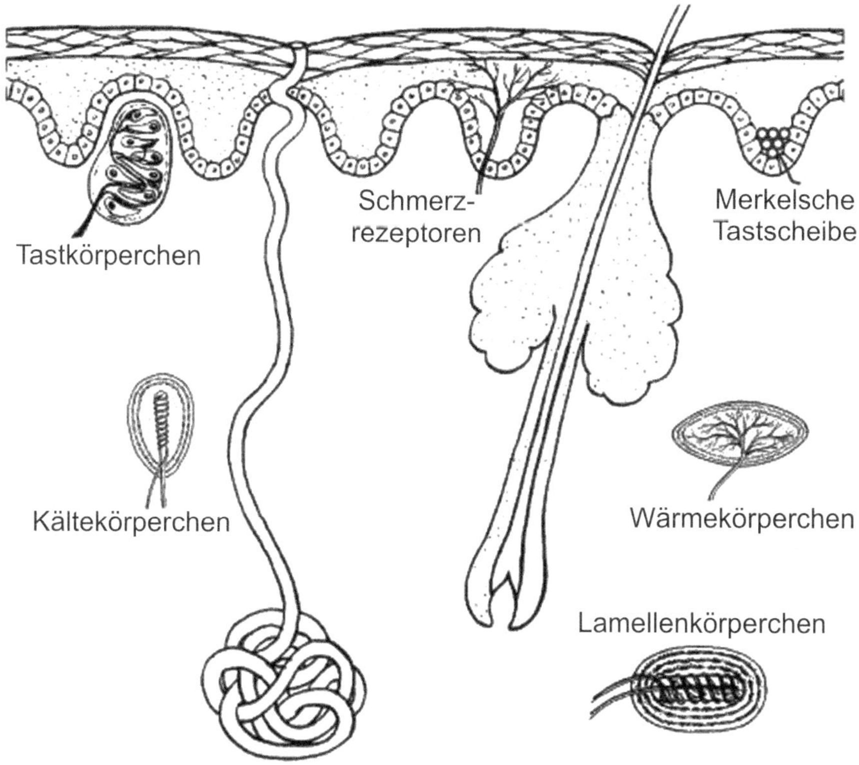

Abbildung 21: Sinneszellen der Haut

Die Sinneszellen der Haut gehören zur Gruppe der Mechanorezeptoren. So benannt werden alle Sinneszellen, die sensorische Reaktionen auf mechanische Krafteinwirkungen registrieren und kontrollieren. Die Mechanorezeptoren der Haut nehmen *äußere* mechanische Einwirkungen auf die verschiedenen Hautschichten auf (im Gegensatz zu den *inneren* mechanischen Einwirkungen beim Muskelsinn). Diese Empfängerzellen melden Berührung, Schmerz, Temperatur und als Druckrezeptoren in der Unterhaut auch stärkere Berührungen. Ihre sensorischen Bahnungen verlaufen nicht entlang spezieller Leitbahnen, sondern über zahlreiche Synapsen in Serie in diffuser Verbindung hin zu den Spinalganglien in unmittelbarer Nähe des Rückenmarks. Diese Ganglien enthalten die Zellkörper der Sinneszellen der Haut sowie die Zellkörper aus Muskeln und Gelenken als sensorisches Nervenfaserbündel. Sie leiten also taktile und propriozeptive Signale an die Nervenzellen im Rückenmark weiter, gehen auch gemeinsam in das Stammhirn ein und innervieren schließlich die sensorische Hirnrinde. Die Ganglien für die Gliedmaßen enthalten dabei mehr Nervenzellen als diejenigen für den Rumpf. Dies hat seine Analogie in den entsprechend unterschiedlich großen Arealen für Extremitäten und Rumpf im sensorischen Rindenfeld.

Im Thalamus als dem „Tor zum Großhirn", oben auf dem Mittelhirn gelegen, wird sortiert und für den Durchlass gewichtet. Die als wichtig eingestuften Sinnesinformationen gelangen in die sensorische Hirnrinde. Aus Strukturen des limbischen Systems (besonders aus dem Gefühlsareal Mandelkern) bekommen die sensorischen Impulse ganz persönliche Gefühlskomponenten, sodass der Hippocampus stets ganz individuelle, emotional besetzte Gedächtnisinhalte zwischenlagert und an den präfrontalen Kortex weiterreicht, der sie zur Langzeitspeicherung in den Großhirnarealen vorbereitet: Kinder wissen, wie Omi riecht ..., wie es bei Onkel X riecht oder im Bad ... Unbewusste Assoziationen steigen beim Wiederaufrufen hoch und erzeugen blitzschnell ganz bestimmte Gemütsverfassungen.

Im prämotorischen Rindenfeld der linken Schläfengegend laufen dann die Informationen aus den Sinnesorganen, aus der Muskulatur und von Assoziationszentren zusammen und es entstehen die Absichten für willkürliche Bewegungs(re)aktionen, die schließlich der motorischen Hirnrinde vermittelt werden (siehe Kapitel 3.1.1).

Praktische Vorschläge: Eine Weltreise zu vielerlei Sinneswahrnehmungen

6–10 J. Diese Fantasiereise für die Primarstufe können Sie den Kindern etwa wie folgt vorlesen oder erzählen:

Stellt euch vor, ...

... ihr habt von euren Eltern zum Geburtstag ein Buch über die verschiedenen Länder auf dieser Erde bekommen. Darin sind Bilder von Tieren und Menschen, die ihr noch nie gesehen habt. Immer wieder schaut ihr euch die Bilder an und träumt davon, selbst einmal dort zu sein. Also beschließt ihr, eine Weltreise zu unternehmen, um alle diese Länder mit ihren Menschen und Tieren, die ihr so oft in dem Buch betrachtet habt, endlich mit eigenen Augen sehen zu können. Auf eurer Reise wollt ihr die erste Strecke mit dem Zug zurücklegen und fahrt in die Schweiz. Dort unternehmt ihr gleich am nächsten Tag eine große Bergtour. Weil ihr aber wenig trainiert seid, schafft ihr den Auf- und Abstieg nicht an einem Tag. Ihr müsst in einer Berghütte übernachten. Andere Bergwanderer sind auch da. Am Abend sitzt ihr gemütlich beisammen. Plötzlich ruft einer:

Wer hat nur den Keks aus der Dose geklaut?
Wer, ich?
Ja, du.
Niemals.
Wer dann?
Der/Die X.
Der/Die X hat den Keks aus der Dose geklaut ...
Wer, ich? ...

Ab 8 J.

(Klatschvers, Gemeingut)

Spielanleitung: Die Mitspieler sitzen im Gesichtskreis und klatschen abwechselnd auf die Oberschenkel und die Hände. Der „Keksklauer" wird namentlich genannt ..., er benennt seinerseits einen neuen Keksklauer.

* * *

Am nächsten Morgen brecht ihr alle zusammen auf und steigt ab ins Tal. Von der Schweiz aus fahrt ihr mit dem Bus nach Spanien. Unterwegs steigt Charlie Chaplin zu. Ihr fragt ihn, was er in Spanien wolle ...

Abbildung 22: Klatschspiel „Charlie Chaplin"

Ab 8 J.

Char-lie Chap-lin fuhr nach Spa-nien,
um drei Mäd-chen was zu sa-gen.
Ers-te hieß Cha-cha-cha, *(Mit Po wackeln)*
zwei-te hieß O-la-la, *(Hüftschwung)*
drit-te hieß A-me-ri-ka. *(Mit Händen Kreis beschreiben)*

Char-lie Chap-lin, das geht so:

Char-lie Chap-lin … (Fußschrägstellungen, bis niemand mehr steht)

(Klatschvers, Gemeingut)

Spielanleitung: Die Mitspieler stehen im Gesichtskreis und klatschen abwechselnd gleichzeitig an die Hand des rechten und des linken Spielnachbarn, dann in die eigenen Hände … Bei „Char-lie Chap-lin, das geht so" erst die Zehen, dann die Fersen auswärts drehen (Beine spreizen); in dieser Stellung die zweite Klatschrunde beginnen …

* * *

Von Spanien aus startet ihr mit einem Heißluftballon in Richtung Afrika. Eigentlich wollt ihr zu den Löwen und Tigern. Bei dem Ballon müsst ihr aufpassen, dass er nicht kaputtgeht, da ihr ja über das Mittelmeer fliegt. Oh, welch ein Pech, euch geht das Gas aus. Nein, nicht über dem Mittelmeer. Ihr müsst irgendwo in Zentralafrika notlanden. Als ihr aussteigt, merkt ihr, dass ihr euch mitten unter einem unbekannten Volksstamm befindet. Die Menschen sind zwar sehr freundlich, benehmen sich aber doch etwas merkwürdig. Als ihr die jammernden, sich kratzenden und verrenkenden Leute fragt, antworten sie: „Frau Said ist krank." Ihr wollt wissen: „Was hat sie denn?"

Ab 8 J.

Spiel: „Frau Said ist krank"

Spielanleitung (analog zu „Ich packe meinen Koffer"): Die Mitspieler sitzen im Gesichtskreis. Der Spielleiter sagt: „Frau Said ist krank." Sein linker Mitspieler fragt: „Was hat sie denn?" Der Spielleiter benennt eine Krankheit mit deutlich sichtbarem Symptom (zum Beispiel Windpocken). Alle kratzen sich am ganzen Körper. Der nächste Spieler wiederholt die erste Krankheit in Wort und Geste (alle Mitspieler bewegen sich mit) und fügt eine weitere Krankheit mit skurrilem Symptom hinzu …

* * *

Ihr habt nun erst einmal genug von Afrika – es gibt ja noch sooooo viele Länder zu sehen. Nun kauft ihr euch ein Schiff und wollt damit nach China reisen. Das ist ein langer, langer Seeweg. Schließlich geht ihr in Shanghai an Land. Lauter Wolkenkratzer! Hättet ihr euch doch einen

Stadtplan gekauft! Natürlich verlauft ihr euch hoffnungslos. Wie gut, dass ihr einen Freund habt, der euch um alle Hochhäuser herumlotst.

Hochhaus-Ausweichspiel

Ab 8 J.

Material: Bodenfliesen oder Zeitungspapier, Augenbinden

Spielanleitung: Die Hochhäuser werden im Raum verteilt. Die Spieler finden sich zu Paaren zusammen, jeweils ein Partner bekommt die Augen verbunden. Der zweite muss den Blinden von einer Startlinie bis zum Ziel durch den Raum führen, wobei er nur mit Worten dirigieren darf. Stößt der Blinde trotzdem an ein Hochhaus, ruft der Partner: Aua! Es können mehrere Paare gleichzeitig aktiv sein. Nach dem ersten Durchgang werden die Rollen getauscht.

* * *

Dann geht die Reise mit dem Fahrrad ein Stück landeinwärts. Hier kommt ihr in einen Ort, wo gerade ein großes Fest vorbereitet wird. In dem allgemeinen Durcheinander trefft ihr auf einen völlig verzweifelten Teehändler, dem die hastenden Menschen seinen Teestand umgeworfen haben. Teedosen und die Beschilderungen der verschiedenen Teesorten sind durcheinandergeraten. Ihr helft ihm beim Sortieren, indem ihr die einzelnen Teesorten erschnuppert.

Teesorten-Schnupperspiel

Ab 8 J.

Material: Teesorten (nicht mehr als fünf), zum Beispiel schwarzer Tee, grüner Tee, Fencheltee, Pfefferminztee, Hagebuttentee

Spielanleitung: An Dosen mit insgesamt fünf verschiedenen Teesorten schnuppern, die Teesorte bestimmen und die Dose auf das Schild mit dem Namen des betreffenden Tees stellen; zum Schluss die Namen auf den Dosenböden mit den Namen auf den Schildern vergleichen.

* * *

Jetzt habt ihr genug von China und seinen vielen Menschen. Ihr wollt mal wieder alleine sein und setzt mit eurem Schiff über in Richtung Amerika. Unterwegs taucht plötzlich ein Schwarm seltsamer Fische auf. Sie sind nackt, ganz ohne Schuppen. Ihr könnt sie klagen hören: „Wo sind unsere Schuppen? Wir brauchen zum Schwimmen unsere Schuppen! Gebt uns unsere Schuppen zurück!“

Ab 5 J.

Ansaugspiel

Material: Trinkhalme, bunte Papierschnipsel, Fischumrisse

Spielanleitung: Die Mitspieler saugen einen bunten Papierschnipsel an und legen ihn auf einem Schuppenfeld des Fisches ab; den nächsten Papierschnipsel ansaugen, … ablegen.

* * *

Die bald wieder gesunden Fische schwimmen zu ihrem Schwarm zurück und husch, ist der ganze Spuk vorbei. Bald seid ihr an der Küste Nordamerikas, fahrt in Richtung Süden nach Mexiko und schlüpft durch den Panamakanal nach Südamerika. Ihr wollt den Amazonas mit dem Boot stromaufwärts befahren, hinein in den Urwald. Am Nachmittag sucht ihr einen Lagerplatz. Es ist schwül. Kaum habt ihr ein Zeltdach über eurem Kopf, geht auch schon ein Tropengewitter nieder. Ihr lauscht ängstlich, wie die Tropfen auf euer Zelt niederprasseln: Rasch hintereinander hört ihr: „Pitsch, pitsch, pitsch …“ Nach einer Weile lässt der Regen nach. Die Abstände zwischen den Tropfen werden länger: Langsam hintereinander macht es: „Patsch, patsch, patsch …“ Schließlich lugt schon wieder die Sonne hervor und verdampft die Feuchtigkeit. Aber im Urwald regnet es zweimal: erst vom Himmel und dann tropft es vom Blätterdach: „Plop, plop, plop …“ Das erinnert euch an den Klopfvers:

Ab 7 J.

Wenn der Regen tropft

Der Ablauf, Lehramtsstudierenden abgeschaut:

(kurz / kurz / kurz / kurz / lang:)
Wenn der Regen tropft,
wenn er leise klopft,
(kurz / kurz / kurz / kurz / lang / lang:)
spielt er einen klei-nen
Rhythmus auf den Stei-nen
(kurz / kurz / kurz / kurz / kurz/ kurz / lang:)
auf der Straße vor dem Haus.
Plötzlich setzt der Regen aus.
(kurz / kurz / kurz / kurz / lang / lang:)
Denn nun scheint die Son-ne
auf die Regenton-ne.

* * *

Tja, jetzt ist eure Reise fast vorbei. Ihr seid in vielen Ländern gewesen, habt allerlei Abenteuer erlebt und begebt euch nun auf die Heimreise. Auf der letzten Etappe mit dem Zug gibt es zu wenig Sitzplätze. Da werden die Familien einfach jeweils auf einem Sitz „übereinandergestapelt", wie die Bremer Stadtmusikanten:

Im Kindergartenalter: Esel, Hund, Katze, Hahn

Im Grundschulalter: Vater, Mutter, Sohn, Tochter, Hund

Familien-Stapelspiel

Ab 7 J.

Material für noch nicht lesefähige Kinder: Stühle; Tierkarten in Rot, Blau, Grün, Gelb, Lila / Rosa mit jeweils einer Zeichnung eines Esels, eines Hundes, einer Katze und eines Hahnes. (Alle roten Tiere sitzen zuletzt aufeinander auf einem Stuhl, alle blauen ebenfalls ...)

Material für lesefähige Kinder: Stühle; Wortkarten „Vater Mayer" (Mayr, Meier, Mair ...), Mutter Mayer ...

Spielanleitung: Das jeweilige Familienmitglied muss seine (Tier-, Farb- oder Mayer-...) Familie finden. Alle Mitglieder einer Familie setzen sich aufeinander auf nur einen Stuhl. Die Familie, die zuerst richtig sitzt, hat gewonnen.

Themenspezifische Literatur

1. Literatur zu den Sinnessystemen, für Pädagogen und interessierte Eltern:

Fischer, Erhard: *Wahrnehmungsförderung*

Hannaford, Carla: *Bewegung – das Tor zum Lernen*

Jackel, Birgit: *Lustige Sinnesgeschichten für kleine und große Leute*

May, Sibylle: *Mit allen Sinnen*

Schmidt, Robert; Lang, Florian, und Thews, Gerhard (Hrsg.): *Physiologie des Menschen*

Zimmer, Renate: *Handbuch der Sinneswahrnehmung*

2. Literatur zur Sinnesförderung mit Kindern:

Fischer-Olm, Anna: *Alle Sinne helfen mit*

Jackel, Birgit: *Lustige Sinnesgeschichten für kleine und große Leute*

Jansen, Frank, und Scherer, Peter: *Forschend die Welt erobern*

Meier, Christine, und Richle, Judith: *Sinn-voll und alltäglich*

3.2.2 Von der Sinnesseparierung zur Sinnes-integration

Wir in unserer Sinnesfamilie arbeiten immer zusammen. Jeder liefert dem Gehirn seinen Teil an Informationen, auf den er spezialisiert ist. Das Gehirn sammelt, bewertet und fügt alle unsere Signale zu einer Gesamtinformation zusammen.

(Birgit Jackel, 2003, S. 9)

Sinneserfahrungen als „Reise zu sich selbst“

Wer kennt sie nicht, die verschiedenen Sichtweisen, mit denen Menschen Gleiches unterschiedlich betrachten und beurteilen? Begriffe wie „sinnvoll, es macht Sinn …“ bedeuten so viel wie: eine Erkenntnis bringen und logisch nachvollziehbar sein. Denn einen Sinn machen *solche* Wahrnehmungen und Handlungen, die unter Gebrauch der dem Menschen verfügbaren sensomotorischen, kognitiven und affektiven Strukturen allgemein als vernünftig und normal betrachtet werden. Immer ist der Prozess des Orientierens von der Reizaufnahme bis zur Reaktion durch seine Subjektivität so facettenreich wie die Vielfalt der Individuen. Das macht unsere Welt reich an variierenden Arrangements aus persönlichkeitsgebundenen Vorlieben und Abneigungen! Wäre dem nicht so, liefen die Frauen vielleicht alle im Faltenrock oder die Männer in Arbeitshosen umher, allüberall röche es nach Maiglöckchenparfüm und es gäbe nur noch Leberkäse zu kaufen, weil doch alle Menschen nur Leberkäse mögen … – eine grässliche Vorstellung!

Heute wird Wahrnehmen nach pädagogischem Erklärungsmodell begriffen als abhängig von der Person des Wahrnehmenden und dem wahrzunehmenden Objekt; Beeinflussungsfaktoren sind insbesondere Vorerfahrungen, Wissen, Emotionen, Entwicklungs- und Charakterbesonderheiten eines Menschen sowie die sozialen Strukturen seiner Mitwelt. Diese neurophysiologisch ausgerichtete Begriffsfassung von Wahrnehmung bringt eine daoistische Weisheit mit wenigen Worten auf den Punkt: Mit einem Brunnenfrosch kann man nicht über das weite Meer diskutieren. Er ist auf seinen hohlen Schacht konzentriert.

Die Reise zu sich selbst als ein Sich-über-sich-selbst-klar-Werden impliziert einerseits einen Auftrag zum Horchen in das Körperinnere und andererseits genaues Studieren der Signale aus der Mitwelt. Erfahrungen mit dem eigenen Körper sind immer auch Erfahrungen mit allen Sinnen bei selbstständigem Erkunden und Erleben in Zusammenhängen. Die Wahrnehmung als Teilbereich der Körpererfahrung ist ein Basiselement für die physische und psychische Entfaltung der Persönlichkeit. Dazu ist ein intaktes Wahrnehmungssystem notwendig, das alle Sinnesorgane einschließt.

Letztere brauchen Anregungen und Übung, sie müssen benutzt werden, um nicht zu verkümmern.

Die Großhirnrinde – eine „Wiese sinnlichen Wahrnehmens"

Primäre sensorische Kortex-Areale liegen über die gesamte Großhirnrinde nach Sinnesmodalitäten verteilt; beispielsweise liegt das primäre Rindenfeld für das Fühlen im sensorischen Kortex, das ebenfalls primäre Rindenfeld für das Sehen in verschiedenen Arealen des Hinterhauptslappens, das Hören in der primären Hörrinde und das Gleichgewichtsorgan im Innenohr und Kleinhirn. Die Nervenfasern des Muskelsinns ziehen, wie andere Sinnesreize auch, zum Rückenmark und treten von dort über den Hirnstamm in das Gehirn ein – jedoch *ohne* in einem eigenen, nur dem Muskelsinn zugehörigen Rindenfeld repräsentiert zu werden. Propriozeptive Meldungen und Geschmackssignale laufen ebenfalls in das sensorische Rindenfeld im Scheitellappen ein.

Die beidseitigen Areale für das Riechen liegen, ausgehend von der Basis des Stirnlappens, unter dem Schläfenlappen im Grenzgebiet zum limbischen System. So können Gerüche direkt in die Gefühlsstrukturen eingehen. Diese liegen an den nach innen gefalteten Rändern des Großhirns entlang des limbischen Saums. Um den Hirnstamm herum greifen die eingeschlagenen Großhirnlappen nach innen und das Areal für das Riechen liegt nasenwärts zum Areal für das episodische Gedächtnis. In Abbildung 23 sind nur die primären sensorischen Areale eingezeichnet, also die vorrangig für diese eine Sinnesmodalität oder für mehrere explizit ausweisbare Modalitäten zuständigen Areale. Aus dem Blickwinkel dieser grafischen Darstellung erscheinen die Sinnesareale spärlich. Zu einer „Wiese der Sinne" wird die Hirnrinde erst, wenn man die nach innen gefalteten Rindenfelder mit hinzurechnet (S. 78).

Und rechneten wir zu den primären Rindenfeldern noch die tiefer liegenden sekundären und tertiären Areale zur Weiterverarbeitung der verschiedenen Sinnesmodalitäten hinzu, hätten wir tatsächlich das Bild einer „überbordenden Wiese der Sinnesmodalitäten" mit den hirntypisch verschlungenen neuronalen Wegen. Diese jedoch sind selbst mit den heute zur Verfügung stehenden bildgebenden Verfahren der Hirnforschung noch nicht annähernd erforscht und lokalisierbar.

Das Zwischenhirn (= Dienzephalon) ist die Stelle höchster Bündelung aller über den Hirnstamm einströmenden Reize. Erst im weiteren Verlauf hin zum Großhirn kommt es zur Separierung in verschiedenen Arealen der Großhirnrinde. Damit ist klar, dass die „Wiese sensorischer Wahrnehmungen" – über die gesamte Fläche der Großhirnrinde verteilt – nicht der Ausgangspunkt der Reizaufnahme ist, sondern seine, in umrissenen Hirnbereichen lokalisierte, bewusste Empfindungsstation, die Endstation des Reizaufnahmezyklus (= afferenter Funktionskreis). Weiterverarbeitungen im Gehirn (= intermediärer

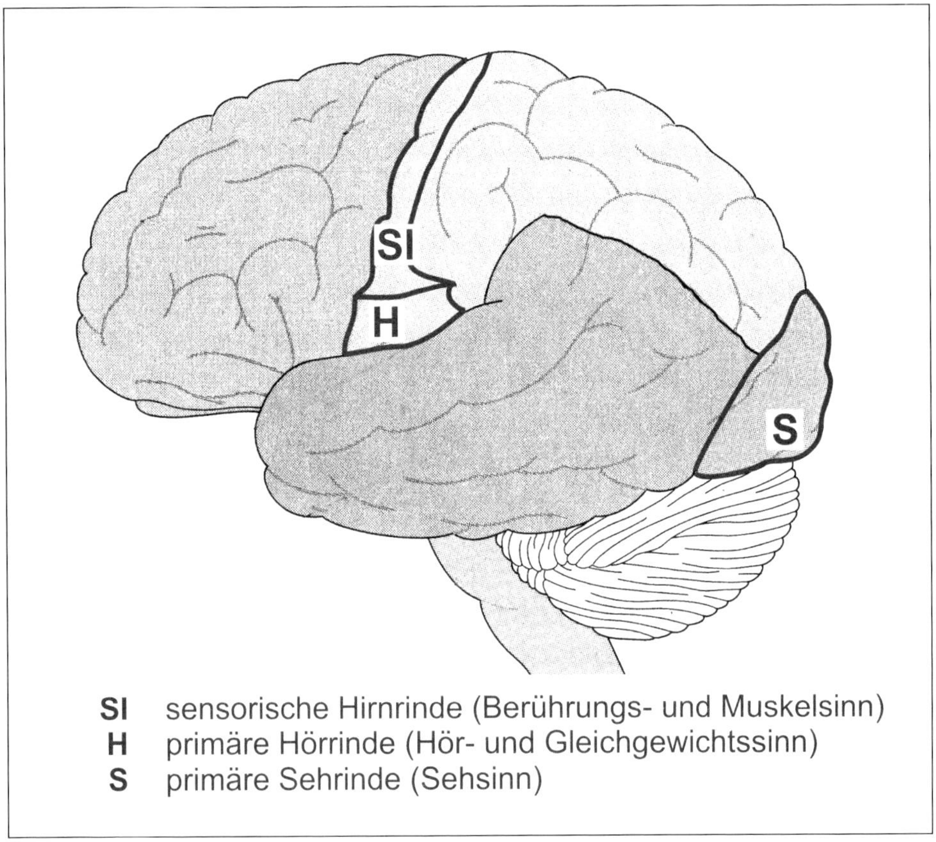

Abbildung 23: Großhirnrinde mit diversen sensorischen Arealen

Funktionskreis) und Handlungsreaktion (= efferenter Funktionskreis) werden folgen, sodass die bewusste sensible Wahrnehmung abgespeichert, erinnert und eventuell künftig auch vermieden werden kann.

Am Beispiel der taktilen Modalität heißt das: Abgesehen von der Bahnung des Schutzreflexmechanismus, zieht die aufsteigende Reizweiterleitung über die Vorderseitenstrangbahn des Rückenmarks, über das Stammhirn, die Regelstellen im Zwischenhirn und Großhirnmark bis hin zur sensiblen Großhirnrinde, dem sensorischen Kortex. Dort wird eine taktile Empfindung wahrgenommen. Damit entsteht die bewusste Berührungsempfindung für taktile Reizaufnahme.

Die Sinneswahrnehmungen eines einzelnen Sinnes werden in jedem Fall über Wahrnehmungen von anderen Sinnessystemen komplettiert – ein vielfältiges Zusammenspiel. Dies soll am Beispiel des Muskel- oder Tiefensinns verdeutlicht werden: Sensoren, die am Muskelsinn mitwirken, liegen als Propriorezeptoren in Muskeln und Sehnen (deshalb spricht man statt vom Muskelsinn auch von „Propriozeption"), aber auch als Mechanorezeptoren in der Haut (tief liegende Druckrezeptoren des Tastsinns) und im Gleichgewichtsorgan. Die Zusammenarbeit von Rezeptoren der Haut und Propriorezeptoren des Muskel- oder Tiefensinns ist besonders groß im Mund, in den Händen, Fingern und Füßen. Alle diese Meldungen werden im Gehirn zu den komplexen Wahrnehmungen der Körperstellung und -bewegung integriert.

Der Sehsinn komplettiert diese Sinneswahrnehmungen über den Muskelsinn dadurch, dass er Informationen zur Stellung des Körpers im Raum und damit in Bezug zu anderen Objekten liefert. Man spricht vom Raumschema; das jedes Kind für seine normale Entwicklung ausbilden muss. Bei einem weiteren Sinnessystem sind wiederum andere Familienmitglieder der Sinnesfamilie mitbeteiligt, um dem Menschen ein Gesamtbild seiner sinnlichen Wahrnehmungen aus seinem Körperinneren und seiner Mitwelt zu übermitteln.

Gefühlte Wahrnehmungen

Es ist nicht nur so, dass die Wahrnehmung als Sinnesintegration entsteht. Zudem leisten auch limbische Hirnstrukturen ihren Beitrag, indem sie den Sinnesreizen ganz persönliche emotionale Prägungen geben.

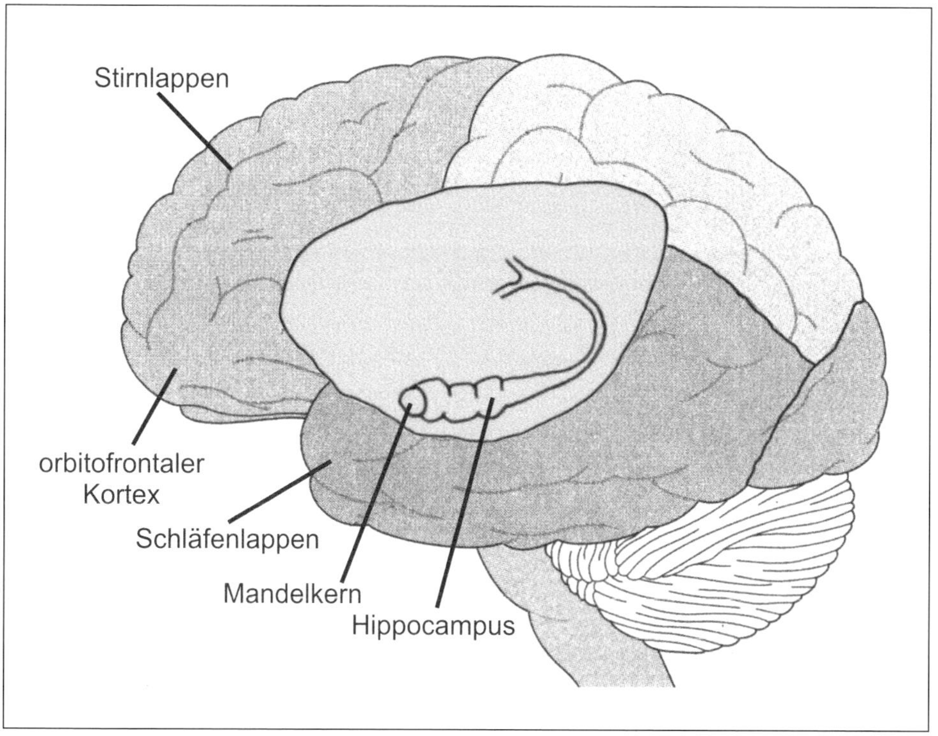

Abbildung 24: Strukturen emotionaler Bewertung: Mandelkern und orbitofrontaler Kortex

Ob wir nun schmecken, tasten und Druck empfinden, in Balance sind, sehen oder hören – alle diese Sinnesreize gelangen außer zu den entsprechenden sensorischen Feldern der Großhirnrinde auch zum Mandelkern (= Amygdala, als Kopf des Hippocampus; eine unreflektiert arbeitende Gefühlsstruktur). Nur das Riechen geht, wie bereits oben erwähnt, direkt in das limbische System ein. Der Mandelkern gibt den aufgenommenen Sinnesreizen ihre besondere emotionale Färbung. Und weiterhin mündet der Signalstrom über den orbitofrontalen Kortex, eine Stirnhirnstruktur direkt hinter den Augenhöhlen, in Bahnen, die dem Dopaminsystem angehören, mit ebenfalls emotionaler Bewertung: bei positiv eingestuften Reizen mit dopaminerger und damit freudvoller und Belohnung erwartender biochemischer Reaktion (siehe Abbildung 24).

Sinnesseparierung um der Sinnesintegration willen

Wenn nun alle Sinne als zusammenarbeitend begriffen werden sollen und vom Kind durch Übung erlernt wird, wie sie in Intensität, Auswirkungen und Abhängigkeiten voneinander angemessen einzuschätzen sind – welcher pädagogische Nutzen kommt dann einer Sinnesseparierung in bestimmten Spielen zu? In unserer zunehmend durch die Medien vermittelten Welt muss das selbstständige Erkunden und Erfahren mit allen Sinnen wieder gestärkt werden. Kinder müssen heutzutage häufig erst noch lernen, dass sie außer Augen und Ohren zum Erfassen ihrer Mitwelt auch Basissinne wie Tast-, Muskel- und Gleichgewichtssinn haben. Und sie müssen diese wieder spüren lernen, wie sie das als Kleinkinder ursprünglich getan haben.

Zum Erkennen der Wirkung eines bestimmten Sinnesreizes muss ein Kind sich dessen zunächst bewusst werden, um seine Bedeutung für sich und die Auswirkung auf seine Umwelt erfassen zu können. Zudem lassen sich Sinnesreize aus einzelnen Modalitäten auch ganz gezielt spielerisch „be-üben“. In unserer Zeit, in der soziale, räumliche und zeitliche Bedingungen und damit gesellschaftliche Strukturen sich dahingehend wandeln, dass das Erleben mit allen Sinnen seltener wird, können auch sinnesseparierende Wahrnehmungsspiele und solche, die gezielt einen bestimmten Sinn ausschalten, als animierendes Arrangement locken. Doch Achtung: Bei keinem Arrangement ist nur ein Sinn beteiligt. Vielmehr soll nur ein Sinn im Vordergrund des Bewusstsein stehen. Darin liegt die Intention von Spielen wie „Sinn-Schalter Sehen an!“ oder „Sinn-Schalter Sehen aus und Tasten an!“

Praktische Vorschläge: „Sinn-Schalter“ – Spiele mit einzelnen Sinnen

Im Folgenden wird es eine Auswahl an Handlungsanregungen zum Experimentieren mit einzelnen Sinnen geben, um die eigene Wahrnehmungsfähigkeit zu erweitern und auch ungewohnte Sichtweisen gewohnter Sachverhalte einnehmen zu können sowie um gewohntes Verhalten zu durchbrechen. Die Spielvorschläge verknüpfen sinnliches Erleben und kognitives Lernen. Sie sind geeignet für Einzel- und Gruppenspiele in Kindergarten und Schule oder an Geburtstagen und Sommerfesten.

1. Sinn-Schalter Gleichgewicht an!

Farbenhüpfen

Material: Hüpfpunkte in verschiedenen Farben; sie werden auf der Spielfläche ausgelegt.

Spielanleitung: Der Zauberer lässt nur diejenigen aus der Spielgruppe in seinem Bewegungsgarten spielen, die mit zehn Hopsern (bei geschlossenen Beinen) auf Hüpfpunkten einer Farbe zur anderen Seite kommen, ohne andere Kinder wegzudrängen. Ab 5 J.

Schwieriger wird das Spiel, wenn man dabei nur auf einem Bein hüpfen und stehen darf. Ab 7 J.

Über Stock und Stein Ab 7 J.

Material: Laufdollis, Teppichfliesen, Zeitungspapier, Springseile, Softbälle, Pappkartons

Spielanleitung: So etwa können Sie den Kindern das Spiel beschreiben: „Baut euch zusammen eine Spiellandschaft auf. Benutzt das vorhandene Material und Spielzeug. Die Teppichfliesen sind kleine Inseln zwischen reißenden Gebirgsbächen. Ihr müsst sie bei eurer Hindernisreise erreichen. Die Zeitungsseiten sind gefährliche Stromschnellen unten am Fluss. Ihr müsst sie umlaufen oder darüber hinwegsteigen. Entlang der Springseile als Wegmarkierungen könnt ihr an den steilen Felswänden entlangstelzen. Die Softbälle sind Felsbrocken, die mit den Laufdollis während des Laufens in Pappkartons (Öffnung seitlich aufgelegt) bugsiert werden ..."

2. Sinn-Schalter Hautsinn an!

Hand-Tast-Memory® für Anfänger Ab 4 J.

Material: Augenbinde; Bierdeckel oder Pappstücke gleicher Größe; Klebstoff, Streichhölzer, Wellpappe, Samt, Schleifpapier, Wollfäden ... Je zwei Pappteile sind mit gleichem Material zu bekleben.

(Sinn-Schalter Augen ausschalten!)

Spielanleitung: Ein Kind bekommt die Augen verbunden. Vor ihm liegen die Memory®-Teile. Es muss mit den Händen ertasten, welche beiden Pappteile zusammengehören, weil sie (bzw. die aufgeklebten Materialien) sich gleich anfühlen.

Fuß-Tast-Memory® Ab 4 J.

Material: Kissenbezüge (40 x 40 cm, aus gleichem Stoff, oder offene flache Schachteln), Augenbinden, Füllmaterialien wie Erbsen, Reis, Gardinenringe, Watte, Knöpfe, Schaumstoffteile, Bauklötze, bei offenen Schachteln auch Sand, Kies, Gras und anderes.

(Sinn-Schalter Augen ausschalten!)

Spielanleitung: Ein Kind geht barfuß über die in eine Reihe gelegten, befüllten Kissenbezüge und ertastet mit den Füßen die Inhalte. Beim nächsten Kind wird die Reihenfolge der Kissenbezüge verändert (siehe Abbildung 25).

Abbildung 25: Fußparcours

Ab 8 J.

Rätsel

„Es tut nicht richtig weh, es ist einem weder kalt noch besonders heiß an dieser Stelle, aber man muss sich ständig dort reiben. Wenn man nur an diese Körperstelle denkt, dann stellt sich bereits das Bedürfnis nach Reiben, Kratzen oder Schaben ein. Wie nennt man das, was man da empfindet? ..."

Lösung: Jucken oder „Es juckt."

(Es gibt keine Juckrezeptoren. Über das Jucken weiß man bislang wenig.)

Ab 6 J.

Welche Süßigkeit ist das?

Material: eine große Schüssel, Kopftuch, verschiedene Süßigkeiten (Kleinteile); mehr Süßigkeiten als Kinder

Spielanleitung: Die Kinder sollen Süßigkeiten allein an deren Form und Verpackungsart, also durch Tasten erkennen. In der Kreismitte steht die gefüllte Schüssel, mit dem Tuch abgedeckt. Im Uhrzeigersinn nacheinander dürfen alle je einmal in die Schüssel greifen (ohne das Tuch wegzunehmen), die Süßigkeiten ertasten und eine davon benennen (Marken- oder Produktname). Wer ein Teil richtig ertastet und benannt hat, darf es aufessen.

3. Sinn-Schalter Muskelsinn an!

Ab 8 J.

Krokodilmahlzeit

Sie als Spielleiterin erzählen: „... Bei einer Amazonasexpedition verirrt sich eine ganze Kindergruppe mit ihrem Führer in der Dichte des Urwalds. Sie hocken eng beisammen auf einem kleinen, trockenen Fleck – umgeben vom Flusswasser. Dort kommt es zur „Krokodilmahlzeit“ ...

Material: Betttuch oder große Tischdecke oder Schwungtuch; die Kinder sitzen im Gesichtskreis um das Tuch. Ihre Beine ragen darunter in den „Urwaldfluss" hinein, wo sich ein weiteres Kind als „Krokodil" bewegt.

Spielanleitung: Jedes Kind im Spielkreis fasst das Tuch am Saum und lässt es leicht wabern und wogen. Das Tuch bildet die Oberfläche des Urwaldgewässers. Das Krokodil bewegt sich auf dem Bauch unter dem wabernden Tuch und hält nach einer Mahlzeit Ausschau. Plötzlich fasst es ein Kind an den Beinen und will es unter das Tuch ziehen. Dieses Kind versucht durch Anspannen seiner Bein- und Gesäßmuskeln, dem Krokodil Widerstand zu leisten. Schließlich aber muss das Krokodil siegen und das schreiende Kind wird unter das Tuch gezogen (es darf schaurig schreien) – wo es seinerseits zu einem hungrigen Krokodil wird und zuschnappt.

Fünf Muskelprotze um einen Ball Ab 8 J.

Material: Sitzbälle oder Pezzibälle oder medizinische Luftballons (für Spielgruppen von fünf Mitspielern pro Ball)

Spielanleitung: Fünf Kinder stehen im Rückenkreis zueinander und lehnen sich mit ihren Rücken an einen Sitzball an. Langsam setzen sie sich gleichzeitig nieder (die Rücken bleiben am Ball), ohne dass der Ball weghopst. Dann stehen sie wieder gemeinsam – mit dem Ball im Rücken – auf. Welche Gruppe schafft das Auf und Nieder mehrmals?

Katzenbuckel Ab 5 J.

Spielanleitung: Sie als Spielleiterin erzählen: „Wir sind Katzen und schleichen durch den Garten. Da hören wir Geräusche und lauschen: Ein Hund! Kein Baum ist in Sicht, also gehen wir blitzschnell in Drohstellung, machen einen Buckel und fauchen den Hund böse an. Wir stützen den Körper mit Händen und Knien vom Boden ab. Dabei bilden die Arme und Oberschenkel senkrechte Säulen. Die Handflächen liegen in Schulterbreite auf dem Boden. Jetzt machen wir einen runden Rücken. Den Kopf ziehen wir dabei an die Brust heran und atmen ein. Dann strecken wir langsam den Rücken wieder durch, machen ein leichtes Hohlkreuz, atmen aus und fauchen gefährlich. Diese Drohstellung wiederholen wir dreimal – und: Der Hund nimmt Reißaus! ..."

Einladung zum Grimassieren Ab 5 J.

Spielanleitung: Sie können den Kindern den Ablauf wie folgt beschreiben: „Du hast mehr als 40 Gesichtsmuskeln. Jetzt sollst du einmal einige davon bewusst anspannen und ihnen dann wieder freien Lauf lassen. Benutze einen Handspiegel:

Zuerst sollst du versuchen, ein mürrisches Gesicht zu machen. Dazu schiebst du die Augenbrauen über der Nasenwurzel zusammen. Jetzt kommt ein erstauntes Gesicht an die Reihe und du hebst deine Augenbrauen zur Stirn hinauf; oder du hebst nur eine Augenbraue hoch.

Für ein ‚Trompeter-Gesicht' bläst du die Wangen auf und für ein ‚Trauer-Gesicht' ziehst du die Mundwinkel nach unten. Ein ‚Zitronenesser-Gesicht' spitzt den Mund und ein ‚Kuss-Gesicht' …"

4. Sinn-Schalter Geschmackssinn an!

Ab 8 J. ***Wie schmeckt's?***

Material: Apfel, Kartoffel (roh), Zwiebel, Augenbinde

(Sinn-Schalter Augen ausschalten!)

Spielanleitung: Apfel und Kartoffel werden in Würfel geschnitten, die Zwiebel halbiert. Einem Kind werden die Augen verbunden. Es kostet von den Apfel- und Kartoffelwürfeln. Kann es ihren Geschmack unterscheiden?

Warnen Sie die Kinder vorsichtshalber: „Schluckt aber die Kostproben nicht herunter – rohe Kartoffeln sollen giftig sein!"

Jetzt kommt die aufgeschnittene Zwiebel ins Spiel. Sie wird dem Kind mit der Schnittfläche unter die Nase gehalten: Einatmen bitte! Und wieder kostet das Kind von den Äpfeln und den Kartoffeln. Was schmeckt es nun?

Ab 8 J. ***Mit Nasenklammer schmeckt es anders***

Material: Apfel, Karotte, Kartoffel (roh), Reibe, drei Eierlöffel, Küchenmesser, drei Untertassen, Augenbinde, Wäscheklammer, Glas mit Wasser

(Sinn-Schalter Augen ausschalten!)

Spielanleitung: Die Kinder reiben von dem Apfel, der Karotte und der Kartoffel jeweils etwas ab und verteilen die Proben auf die Untertassen. Ein Kind bekommt die Augen verbunden und eine Nasenklammer aufgesetzt. Nun kostet es nacheinander von den Breisorten und bestimmt sie. Dann muss das Kind seinen Mund mit Wasser ausspülen, um wieder geschmacksneutral zu werden.

Der Versuch wird mit dem gleichen Kind wiederholt. Jedoch darf es jetzt die Nasenklammer abnehmen. Die übrigen Kinder notieren die Angaben des Kindes in beiden Versuchen. Anschließend werden sie im Gesprächskreis verglichen und erläutert: Ist der Riechsinn ausgeschaltet, dann ist es der Geschmackssinn auch …

5. Sinn-Schalter Geruchssinn an!

Ab 8 J. ***Küche oder Bad?***

Achtung! Bei diesem Spiel muss unbedingt ein Erwachsener anwesend sein und aufpassen, dass nichts, aber auch gar nichts, in den Mund gesteckt wird! Nur für Kinder der dritten und vierten Jahrgangsstufe.

Material: Essig, Kaffee, Spülmittel, Gewürzketschup, Duschgel, WC-Reiniger, Nagellackentferner, Zahnpasta …

Außerdem: allerlei kleine, verschließbare Plastikdosen, in denen die Riechproben versteckt werden; eine Augenbinde

(Sinn-Schalter Augen aus!)

Spielanleitung: Ihr öffnet mit verbundenen Augen jeweils eine Dose. Dann sollt ihr nur mit der Nase entscheiden, ob der Inhalt der Dose in der Küche oder im Bad vorkommt. Supernasen können die einzelnen Gerüche sogar genau benennen

Riech-Memory®

Ab 8 J.

Material: Pfeffer, Kaffee, Tee, Zitronensaft, Fisch- oder Wasserschildkrötenfutter (besonders eklig), Seife, Knoblauchzehe, Zwiebel (gewürfelt), Schnittlauch (frische Röllchen); außerdem: viele gleiche Dosen, Beschriftung am Boden der Dosen, je zwei Dosen mit gleichem Inhalt, mehrere Fünferpacks solcher Duftsets.

(Sinn-Schalter Augen aus!)

Spielanleitung: Einem Kind wird ein Fünfer-Duftset mit zwei mal fünf Dosen angeboten. Jeweils zwei Dosen enthalten den gleichen Duft. Es muss erschnüffelt werden, welche Dosen den gleichen Inhalt haben (= Duftpaare). Dabei darf die Luft nicht in vollen Zügen eingeatmet, sondern nur sich zugefächelt werden, sonst wird dem Tester übel! Die Anzahl der Dosenpaare in einem Spiel ist unbedingt niedrig zu halten. Stehen mehrere Duftsets zur Verfügung, können alle Tischgruppen einer Grundschulklasse oder alle Hortkinder gleichzeitig spielen.

Früchte oder Küchenkräuter riechen

Ab 4 J.

Material: Apfel, Pfirsich, Erdbeere, Ananas, Kiwi, Banane, Zitrone, Orange, Aprikose ... oder nur Früchte der Jahreszeit; außerdem: Messer, Untertassen oder große Teller, Augenbinde

(Sinn-Schalter Augen aus!)

Spielanleitung: Ein Kind bekommt die Augen verbunden. Auf einem großen Teller oder auf einzelnen Untertassen liegen aufgeschnitten verschiedene Obstsorten. Das Kind riecht und bestimmt sie.

Spielvarianten: nur Beerenobst; nur einheimische Früchte; Frisch- oder Trockenobst; (eher für Schulkinder:) frische Küchenkräuter und andere Gewürzpflanzen (Schnittlauch, Petersilie, Dill, Kresse, Basilikum, Knoblauch, Zwiebel ...)

Eine Vorlesegeschichte zum Riechen: „Vom Gesichtsknorpel mit den Schleimhaaren“

Ab 9 J.

Du hast dir deine Nase bereits ganz genau angeschaut. Du weißt, ob du eine Stupsnase oder eine Knubbelnase, einen langen Zinken oder einen schmalen Nasenrücken hast. Manchmal hättest du vielleicht gerne eine andere Nasenform. Tröste dich: Wenn du erwachsen bist, ist das nicht mehr wichtig für dich.

Jetzt schauen wir uns einmal ihr Innenleben genauer an. Die Nase ist nämlich ein sehr empfindliches Organ. Sie hilft dir nicht nur zu atmen, sondern auch Gerüche aufzunehmen und blitzschnell wiederzuerkennen. Weißt du, wie es riecht, wenn du nach Hause kommst, wie es bei Oma riecht, wie es in der Schule riecht? Ganz genau weißt du das, aber du hast keine passenden Wörter dafür. Der Mensch kennt tausende von Gerüchen, kann aber nur ganz wenige benennen.

Beim Einatmen strömt die Luft mit ihren Geruchsteilchen über die Schleimhaut ganz oben in deiner Nase. Dort lösen sich die Geruchsteilchen in der Riechschleimhaut auf und werden von den Riechzellen gierig aufgenommen. Sie leiten den Geruch weiter bis ins Gehirn. Dort erkennt ihn dein Gehirn blitzschnell und sagt: „Aha, das riecht wie Erdbeereis“, oder: „Bäh, das stinkt nach Kuhstall.“

Wenn du aber Schnupfen hast, magst du gar nichts essen. Warum? Wenn deine Nasenschleimhäute so große Schleimmengen hervorbringen, dringen die Geruchsteilchen nicht mehr bis zu deinen Riechzellen vor. Du riechst nicht, was du isst, und du schmeckst auch weniger. Denn Riechen und Schmecken hängen eng miteinander zusammen.

6. Sinn-Schalter Sehsinn an!

Ab 4 J. ***Kleidertausch***

Spielanleitung: Die Kinder lassen sich im Sitzkreis nieder. Ein Kind verlässt den Raum, die anderen tauschen fünf bis sechs Kleidungsstücke untereinander aus. (Zahl der Stücke und Schwierigkeitsgrad auf das Alter der Kinder abstimmen!) Das „Ratekind“ darf nun wieder hereinkommen und muss herausfinden, wer was mit wem getauscht hat. Auf einer Faschingsparty macht das Spiel besonderen Spaß!

Spielvariante: Maximal fünf Kinder stellen Schaufensterpuppen dar. Während ein Kind draußen wartet, verändern sie ihre Positionen. Das „Ratekind“ muss nach dem Hereinkommen herausfinden, welche Körperteile jetzt anders platziert sind.

Ab 4 J. ***Welche Süßigkeit fehlt?***

Material: kleine Süßigkeiten (mehr Süßigkeiten als Kinder), Servietten

Spielanleitung: In der Kreismitte liegen auf einem ausgebreiteten Tuch die Süßigkeiten. Bis auf eines der Kinder schließen alle die Augen. Dieses Kind darf sich ein süßes Teil wegnehmen und unter seine Serviette legen. Nun schauen alle wieder auf die Süßigkeiten, die auf dem Tuch liegen. Wer von den anderen zuerst die Lücke entdeckt und das fehlende Teil nennt, darf in der nächsten Runde zulangen. Jedes Kind sollte auf diese Weise insgesamt zwei Teile bekommen. Wer diese bereits unter seiner Serviette hat, hilft einem anderen Kind bei der süßen Raterei. Zuletzt wird alles verzehrt.

Spielvariante: mit Obststücken; mit bunten Bauklötzen in verschiedener Form

Puzzleteile verraten das ganze Bild

Ab 3 J.

Material: Postkarten mit groß abgebildeten Gegenständen aus der Erfahrungswelt der Kinder wie Teddy, Elefant, Huhn, Traktor, Flugzeug ...

Spielanleitung: Die Postkarten in Puzzleteile schneiden und ein für das gesamte Bild charakteristisches Teil offen hinlegen. Jetzt sollen die Kinder an diesem Einzelteil das ganze Bild erkennen und benennen können. Gelingt das nicht, wird ein zweites Puzzleteil aufgedeckt ...

Buntes Allerlei

Ab 5 J.

Material: eine Schachtel mit höchstens zehn unterschiedlichen Dingen (die den Kindern von ihrer Verwendung her bekannt sind)

Spielanleitung: Alle Mitspieler schauen sich 20 Sekunden lang (Spielleiter zählt langsam bis 20) die Schachtel mit dem Allerlei an und versuchen, sich die Dinge zu merken. Jetzt wird die Schachtel weggenommen.

Spielvariante 1: Die Kinder bekommen eine Abbildung von mehr als zehn Gegenständen, unter denen auch die oben gezeigten zehn sind, und sollen diese zehn ankreuzen. Ab 6 J.

Spielvariante 2: Die Kinder malen oder schreiben auf, was sie sich merken konnten.

Spielvariante 3: Es wird ein anderes Spiel dazwischengeschoben. Erst später dürfen die Kinder die erinnerten Gegenstände benennen. Ab 6 J.

Bei diesem Spiel muss vorab gesichert sein, dass allen Kindern die Gegenstände und deren Bezeichnungen bekannt sind. Zudem handelt es sich um ein enges Zusammenwirken von visuellem Erfassen und Merkfähigkeit, was eindeutige Rückschlüsse des Pädagogen auf eventuelle Unzulänglichkeiten eines Kindes nicht erlaubt.

7. Sinn-Schalter Hörsinn an!

Klanghölzer und Kastagnetten selber machen

Ab 5 J.

Spielanleitung: „Sucht euch im Wald trockene, harte Aststücke. Schneidet sie glatt ab, entrindet und poliert sie. (Achtung: Das Messer immer vom Körper wegführen! Kindergartenkinder überlassen die Arbeit mit dem Messer besser einem Erwachsenen!) ...

Jetzt legt ihr das Holz locker längs in die hohle Hand. So kann es gut schwingen. Mit dem anderen Holz schlagt ihr locker auf das erste. Beobachtet, welche Töne ihr mit unterschiedlich großen und dicken Ästen oder mit verschiedenen Holzarten erzeugen könnt ... Ab 6 J.

Kastagnetten könnt ihr herstellen, indem ihr Kokosnüsse mit einer Holzsäge in zwei Hälften teilt und aushöhlt. Ihr schlagt die beiden Hälften im Takt der Musik mit ihren Öffnungen aufeinander ..." Ab 9 J.

Variante: Wenn das Bearbeiten der Äste mit Kindergartenkindern zu langwierig erscheint oder die im heimischen Wald vorfindbaren (dünnen) Äste vielleicht keine besonders eindrucksvollen Klangerlebnisse bringen, kann das Gleiche auch mit den verbreiteten großen, naturbelassenen Bauklötzen probiert werden. Ab 4 J.

Ab 3 J. ***Rasseln und Geräuschröhrchen***

Spielanleitung: „Habt ihr einen Zierkürbis aus dem letzten Jahr lange genug trocken aufgehoben, dann hat er im Inneren kein Fruchtfleisch mehr und die harten Kerne rasseln beim Schütteln. Ein leises Geräusch erzeugt ihr mit einem teils mit Sand gefüllten und durch Korkstopfen (passend zugeschnitten) verschlossenen Rest eines Installationsrohrs (ungefähr 30 cm). Richtige Krachmacher-Dosen dagegen sind mit Steinen oder Muscheln gefüllte Cremedosen. Etwas sanfter klingen da Nüsse und Holzstückchen." (Beim Herstellen der Rasseln müssen Erwachsene den kleineren Kindern helfen. Nach Birgit Jackel, 2003)

Ab 3 J. ***Geräusche raten***

Material: Augenbinden, Wasser, Schüssel, Kieselsteinchen, Lachsack (Wer hat hier keinen?), Zahnbürste (neu), Locher, Papier, ein Puzzlespiel mit wenigen Teilen (altersgemäß, siehe unten)

(Sinn-Schalter Augen ausschalten!)

Spielanleitung: Du bist der Spielleiter und sitzt inmitten eines Rückenkreises. Du gießt Wasser aus, schüttest Kieselsteine in eine Schüssel, betätigst den Lachsack, putzt dir die Zähne (trocken), durchlöcherst mit dem Locher ein Blatt Papier ... Die anderen Kinder müssen heraushorchen, mit welchen Materialien die Geräusche erzeugt wurden.

Ab 3 J. ***Menschenmusik***

Spielanleitung: Die Kinder sitzen im Gesichtskreis. Das erste Kind produziert mit seinem Körper ein Körpergeräusch: in die Hände klatschen, mit dem Fuß aufstampfen, schmatzen, die Nase hochziehen, mit der Zunge schnalzen, pfeifen, fiepsen, grunzen, singen, mit den Fäusten gegen den herausgestreckten Brustkorb trommeln, sich auf die Oberschenkel klatschen, die Wangen aufblasen und draufschlagen, Luft schmatzend aus dem Mund strömen lassen, Luft herunterschlucken und aufstoßen (pfui!), mit den Fingernägeln knipsen, mit den Fingern schnipsen ...

Ab 7 J. Das nächste Kind in der Runde wiederholt das erste Körpergeräusch und darf ein weiteres hinzufügen und so weiter ... Es darf kein Geräusch vergessen werden und auch nicht die Reihenfolge vertauscht sein. Wem dennoch ein solches Missgeschick passiert, der legt ein Puzzleteil eines zerschnittenen Trompeters. Wenn am Ende der Spielrunde das Puzzle mit dem Trompeter ganz zusammengesetzt ist, hat dieser die Kinder überlistet. Die zweite Spielrunde beginnt am anderen Ende der Kinderkette.

Nach jedem Spiel sollten im Gesprächskreis die Eindrücke und Erfahrungen verbalisiert und ausgetauscht sowie (bei Bedarf) in altersgemäßen Sachtexten weitere Informationen zu den Sinnen gemeinsam erarbeitet werden. Dem Gespräch in der Gruppe und vertiefenden Sachinformationen kommen Schlüsselpositionen beim hirngerechten Lernen zu – auch bei Sinnesspielen.

Themenspezifische Literatur

1. Literatur für Pädagogen und Eltern zu den Sinnesmodalitäten:

Epping, Bernhard: „Nobelpreis Medizin: Riechen als Rechenexempel"

Hannaford, Carla: *Bewegung – das Tor zum Lernen*

Jackel, Birgit: *Lustige Sinnesgeschichten für kleine und große Leute*

Koch, Christof: *Bewusstsein – ein neurobiologisches Rätsel* (zum Thema Sehen)

Lorenceau, Jean: „Optische Illusionen: Die rätselhafte Wasserfalltäuschung"

Miedzinski, Klaus, und Fischer, Klaus: *Die neue Bewegungsbaustelle* (zum Tast-, Gleichgewichts- und Muskelsinn)

Ramachandran, Vilayanur, und Rogers-Ramachandran, Diane: „Illusionen: Wie kann man nur so blind sein?"

Ramachandran, Vilayanur, und Rogers-Ramachandran, Diane: „Illusionen: Vorsicht Lücke!"

Ramachandran, Vilayanur, und Rogers-Ramachandran, Diane: „Das Rechteck, das es nicht gibt"

Tomatis, Alfred: *Das Ohr – die Pforte zum Schulerfolg*

Warnke, Fred: *Was Hänschen nicht hört*

2. Literatur zu Sinnes- und Körpererfahrungen im Kindergarten:

Hannaford, Carla: *Was jedes Kind zum Wachsen braucht*

Jansen, Frank, und Scherer, Peter: *Forschend die Welt erobern*

Kempf, Hans-Dieter, und Pfänder, Birgit: *Kindergarten in Bewegung*

Schönrade, Silke: *Kinderräume – KinderTräume ... oder wie Raumgestaltung im Kindergarten sinn-voll ist*

Zimmer, Renate: *Alles über den Bewegungskindergarten*

3.2.3 Vom Wohlfühlen durch Anspannung und Entspannung

Wenn das Gefühl nicht mehr von innerer Ruhe beseelt ist, so entnervt seine Kraft den Menschen in seinem Innersten und plagt ihn mit finsteren Qualen in Tagen, in denen der heitere Weise lächelt.

(Johann Heinrich Pestalozzi, 1746–1827)

Erschöpft oder schöpferisch?

Wer an Entspannen denkt, der hat spontan meist Vorstellungen, die mit *Liegen* zu tun haben, und denkt vielleicht vorrangig an Faulenzen, an Nichtstun, und vergisst leicht die Kreativität, die aus solch entspannter Körperhaltung auf den Geist übergehen kann. Werden erschöpfte Kinder schöpferisch sein?

Im Zusammenhang damit stellt sich auch die Frage, was zeitlich unmittelbar *vor* einem Zustand des Entspanntseins getan wurde und im Organismus physiologisch ablief.

Man verbindet mit Entspannung eventuell auch noch *Sitzen* und erinnert sich an die Sitzmeditation von Zen-Buddhisten; von uns Europäern ist diese Sitzhaltung nicht spontan als bequem und damit entspannend nachvollziehbar. Auch der Geisteszustand der Meditation ist über Sitzmeditation sicher nicht mühelos zu erreichen. Wer aber denkt bei Entspannung an Muskeltonuserhöhung, an *Bewegung* wie Laufen oder an willentlich-bewusstes Anspannen bestimmter Muskelgruppen mit anschließendem Lockern und Nachspüren? – Wohl die Wenigsten.

Die Entspannung als In-Balance-Sein ist das Resultat eines ausgewogenen An- und Entspannens im Verlauf eines Tagesrhythmus; dann können sich gedeihliches Lernen und sozialverträgliches Verhalten einstellen. Es gibt vielerlei Wege körperbezogener Arbeit, die zu dem Befinden führen, das im allgemeinen Sprachgebrauch als „Sich-entspannt-Fühlen“ bezeichnet wird. Hier sollen einige senso-motorisch ausgerichtete Fördermöglichkeiten für den Elementar- und Primarbereich aufgezeigt werden, die Freude bereiten. Aus neurophysiologischer Sicht können sie als Lernen unter der „Dopamindusche“, als dopaminerge Psychomotorikschleifen oder als Schwingen im Alphanetz der Gehirnströme bezeichnet werden.

Innere Balance – Wellness – Wohlspannung

Innere Balance oder Harmonie meint die Einheit von Körper und Geist. Die Sehnsucht des Menschen danach ist bereits aus dem Altertum bekannt: Chinesische wie indische Lehren kannten den essenziellen Wechsel zwischen An- und Entspannung und entwickelten komplexe Kombinationen von Körperübungen zur Entspannung, Ernährung und Meditation.

Im Chinesischen spricht man von der Lebensenergie Qi, die bei innerer Harmonie in den Meridianen ungehindert fließt. Nach indischer und buddhistischer Sichtweise fließt diese Lebensenergie in Nadis und konzentriert sich in Energiewirbeln entlang der Wirbelsäule, den Chakras. Die westlich orientierte Medizin führt die innere Balance zurück auf die Wirkzusammenhänge des vegetativen Nervensystems, hier vorwiegend seines parasympathischen Teils.

Wellness, ein Kunstwort aus den englischen Begriffen *well-being* und *fitness,* meint ursprünglich auch die perfekte Ausgewogenheit zwischen Körper und Geist. Da Qi-Übungen und Hatha-Yoga ohne Einbeziehung der zugehörigen Weltanschauungen wirken, werden sie heute kombiniert mit anderen entspannenden Körperübungen, beispielsweise mit Autogenem Training, Progressiver Muskelrelaxation, Shiatsu, Bioenergetik oder kinesiologischen Übungen, und in Wellnessprogramme eingebunden. Damit stellen sich letztere dar als ein wohltuendes Gemisch aus alle dem, was gut tut. Aber

Vorsicht: Sie werden mitunter angeboten als facettenreiche Gebilde, unter deren verlockend schillernder Oberfläche verschiedene Branchen ganz Unterschiedliches transportieren.

Die Bandbreite dessen, was sich unter „Spannung" subsumieren lässt, reicht von der muskulär manifestierten Verspannung im Sinne eines Hartspanns über den Eu-Tonus als Wohlspannung bis hin zu Spannungslosigkeit, bei welcher der Körper völlig erschlafft ist. Was allgemeinsprachlich als Entspannung bezeichnet wird, meint den Zustand einer Wohlspannung. Auf Konstruktebene betrachtet erwächst innere Harmonie durch tätiges Üben stufenförmig aus Beruhigen (Stufe 1), Entspannen (Stufe 2) bis hin zu Meditieren (Stufe 3). Als Pädagogin mit vielen Jahren Schulpraxis, als Fortbildungsleiterin für Erzieherinnen und Mutter sowie Großmutter weiß ich, dass das Nahziel im Elementar- und Primarbereich zunächst einmal heißen muss: sich beruhigen, zur Ruhe kommen (runter von der Palme!). Beruhigen bedeutet im Praxisalltag schon sehr viel.

Unsere Kinder sollen zunächst lernen sich zu entspannen, um dann entspannt lernen zu können. Fernziel ist, ihnen geeignete Hilfsmittel in Form von Entspannungsübungen an die Hand zu geben, damit sie sich selbst gegen Überforderung und Stress helfen können. Solches zu lernen braucht seine Zeit und kann im Elementaralter allenthalben angebahnt und im Primaralter zu Teilen habitualisiert werden. Dabei muss allerdings das Elternhaus mithelfen und weitere Bausteine für innere Ausgeglichenheit in den Tagesrhythmus der Kinder einbauen wie: gesunde Ernährung, förderliche Bewegungsvielfalt, vertiefte Bauchatmung, anheimelnde Atmosphäre und Rückzugsmöglichkeiten zum Stillwerden, positives Denken und sichere Bindungen mit Ritualen zum Orientieren.

Was wir im Elementar- und Primarbereich erreichen können und wollen, ist eine zeitweilige, kurzzeitige Entspannung, damit die Kinder Energie auftanken, wieder aufnahmefähig werden für Neues und wir so ihrer Überforderung vorbeugen können. Grundstein ist der Aufbau eines stabilen Selbstwertgefühls. Daran müssen Erzieher, Pädagogen und Eltern (auch ältere Geschwister und Großeltern!) mitarbeiten, indem sie alle die Kinder mehr loben und kleine Pannen und Verhaltensrückschläge nicht dramatisieren, sondern zum jeweiligen Neuanfang ermutigen. Sind die Kinder älter, können wir Hilfestellungen zum Umdenken geben, als Bewältigungsstrategien für beängstigende Lebenslagen, und Entspannungstechniken vermitteln, um damit im Vorfeld von Angst und Stress den nicht willentlich steuerbaren Abläufen der Notfallreaktion den Boden zu entziehen.

Neurophysiologische Voraussetzungen des Entspanntseins

Zum Lernen brauchen wir den ruhenden Geist, das Nachspüren und den Schlaf, um aus dem Arbeitsspeicher des Hippocampus und des präfrontalen

Kortex Erlebtes und Erlerntes in die Großhirnrinde (Stirn-, Schläfen- und Scheitellappen) überführen und dort dauerhaft abspeichern zu können. Der Schlaf räumt das tagsüber neu Erlebte und Erlernte im Großhirn auf. Pausenlose neue Reizaufnahme überfordert uns und verhindert zum einen, dass Neues in Hippocampus und präfrontalem Kortex zwischengespeichert, und zum anderen, dass in Ruhephasen wie Schlaf davon entsprechende mentale Repräsentationen angelegt werden können. Denn was kurzzeitig nicht behalten wird, kann auch nicht in die Großhirnrinde überführt werden, zur Langzeitabspeicherung, mentalen Verarbeitung und für späteres Wiederabrufen. Bei Reizüberflutung bleibt für einen Konsolidierungsprozess einfach nichts mehr übrig (siehe Kapitel 3.4.3).

Um wach und aufnahmefähig für Neues zu sein, bedürfen wir eines ausgewogenen Tagesrhythmus mit ausreichend Erholungsphasen und genügend Schlaf. Nur dann oszillieren die Spannungspotenziale der Gehirnwellen im Alphabereich (als einem lernförderlichen senso-motorischen Rhythmus) mit einer Frequenz von 8 bis 12 Hertz, die die optimale Voraussetzung für neuerliche Aufnahmebereitschaft bildet. Dabei kommt es unter anderem zu gesteigerter Blutzufuhr im Gehirn, zu einem Ausgleich der Funktionen des Zentralnervensystems inklusive des vegetativen Nervensystems, zur Abnahme der Herzschlagfrequenz, zur Senkung des Blutdrucks und damit zum Wecken neuer Lebensgeister. Jetzt kann beim Aufmerken und Fokussieren auf einen neuen Gegenstand oder Vorgang – wie etwa beim Lernen – die Frequenz ins Betawellen-Band ansteigen, den bestmöglichen Zustand für das Initiieren einer bewussten Handlung.

In der Regel bleibt es in der auf Prävention ausgerichteten Literatur bei der Aufzählung sehr weniger Reaktionen des vegetativen Nervensystems aus der Gesamtkette der ungefähr 1400 bekannten biochemischen Einzelprozesse, die zusammen An- oder Entspannung bewirken. Dabei gilt es jedoch, das Zusammenspiel nervaler, organischer, metabolischer und hormoneller, muskulärer, skelettöser wie auch emotionaler Wirkfaktoren bei Verspannung und Wohlspannung detaillierter zu beachten. Denn hat man diese Wirkzusammenhänge vor Augen, wird deutlich, welche Möglichkeiten Körperübungen in Hinsicht auf Lernfreudigkeit, Bei-sich-selbst-Sein, Kreativität und Wohlspannung bieten.

Denken beruht im Wesentlichen auf chemischen Reaktionen und elektrischen Impulsen, die bei Hirnströmen im Alphawellen-Bereich besonders gut zu den beiden Hirnhälften gelangen können. In diesem beruhigten Zustand mit abgesenktem Blutdruck, langsamer Atmung und verringerter Ausschüttung von Stresshormonen verändern sich auch einzelne Funktionsweisen des Gehirns: Man erinnert rascher Vergessenes (Gedächtnisstrukturen arbeiten zuverlässig), die Interaktion zwischen beiden Gehirnhälften über die verbindenden Nervenfasern der vorderen und hinteren Kommissur funktioniert bei dieser Potenzialschwankung am effektivsten. Da jetzt die rechte Hemisphäre

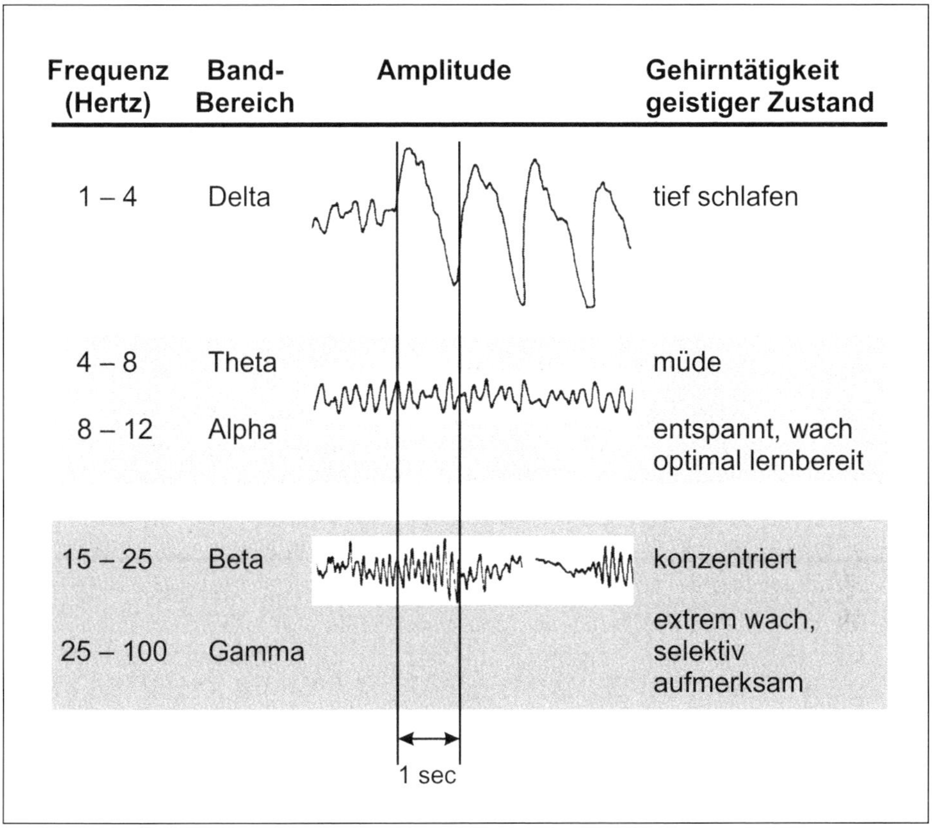

Abbildung 26: Hirnströme im EEG mit Referenzbereichen

aufgrund der erhöhten Leitfähigkeit der Nervenbahnen besonders angeregt wird, übernimmt sie die Führung des Denkens, sodass Gefühle und Kreativität mit in die kognitive Gesamtleistung einfließen können. Wahrnehmen, „Querdenken" und daraus resultierende Handlungsalternativen werden angedacht und angegangen.

Bereits im hellwachen und hoch konzentrierten Gehirn (bei Frequenzen des Betawellen-Zustands) ist die Verbindung beider Hirnhälften erschwert bis blockiert. Leider sind schulische Lernsituationen häufig von Betawellen-Dominanz begleitet oder in stressig empfundenen Phasen sogar von Gammawellen; deswegen kann der Lernvorgang dann nicht optimal ablaufen. Es können sogar Lernblockaden auftreten. Der Lernende bleibt so unter seiner möglichen Leistungsobergrenze. Wer erinnert sich nicht an solche verpatzten Lernsituationen aus seinem eigenen Leben?! In Prüfungssituationen kommt es bisweilen zu der oben erwähnten Stressblockade beim Denken. Andererseits gibt es auch Prüflinge, die blitzschnell denken, umdenken, kombinieren und argumentieren; denn ihre Gehirne arbeiten im hellwachen

Gammaband von 70 bis 100 Hertz bei allerhöchster Konzentration und extremer Wachheit, sodass sie kognitive Höchstleistungen erbringen können.

Anspannungs- und Entspannungsspiele als „Schokolade für die Seele“

Es muss demnach dem entspannten Lernen erst das Lernen des Entspannens vorausgehen, eine Herausforderung für alle Beteiligten: für Lehrende und Eltern wie für die Lernenden. Fangen wir Erwachsenen erst einmal bei uns selbst an, dann gelingt auch ein entspannter Umgang mit Kindern besser. Dazu müssen weder wir Großen noch unsere Kleinen sich hinlegen, ihre Alltagsarbeiten unterbrechen und explizit Inseln der Ruhe aufsuchen. Kleine Inseln des Sichsammelns und Sichberuhigens können ohne besonderes Arrangement in den normalen Tagesablauf eingebaut werden: Zum Beispiel können wir dem Nachwuchs während der Autofahrt eine entspannende Geschichte erzählen ..., beim Kochen und Backen oder nach einer gemeinsamen Mahlzeit zusammen ein Lied singen ..., beim Spaziergang ein Pustespiel mit Löwenzahn-Fallschirmchen oder welken Blättern veranstalten ..., beim Waschen mit dem Waschlappen ein Muskelanspannen und -entspannen in den Händen ausprobieren und natürlich vor dem Einschlafen die Sonne aus dem Bauch heraus in alle Gliedmaßen wachsen lassen und den ganzen Körper warm und schwer machen ...

Anspannung und Entspannung brauchen nicht immer explizit arrangiert zu sein; die entsprechenden spielerischen Übungen müssen aber uns Erwachsenen bereits so geläufig sein, dass wir sie in verschiedenen Situationen mühelos hervorholen können – immer dann, wenn unsere Kinder und wir selbst sie brauchen. Das kann jeder lernen. Wir müssen nur mutig beginnen, uns darin zu üben!

Auch weitere Bausteine für günstige Lebensgestaltung und damit Voraussetzungen innerer Ausgeglichenheit sind längerfristig anzulegen und konsequent zu beachten, etwa: gesunde Ernährung, förderliche Bewegungsvielfalt, genussvolle Stilleübungen, vertiefte Bauchatmung, Orte des Rückzugs und Wohlfühlens und positives Denken.

Bewegung wirkt wie Schokolade für die Seele, wenn sie Freude bereitet. Beim frei gewählten Umgang mit vielfältig kompatiblem Spielzeug fühlt sich das Kind aus sich selbst motiviert. Im Kindergarten- und Grundschulalter lockt vorwiegend die großräumige Bewegung als die Anspannung und Entspannung großer Muskelverbände; sie sorgt neben der oben beschriebenen Selbstmotivation für Konzentration und Aufmerksamkeit. Dieser Antriebsschub geht neurophysiologisch gesehen aus von einer Dopaminschwemme im körpereigenen Belohnungssystem, die sich bei jeder Art von freudvoller Emotion einstellt, unter anderem auch bei angenehmen Vorstellungsbildern.

In der dopaminergen Funktionsschleife bewirkt die Freisetzung von Opioiden im Stirnhirn Neugierverhalten und Explorationsdrang und stellt subjektiv einen Belohnungseffekt dar, indem sie positive Gefühle vermittelt. Kinder brauchen Dopaminausschüttungen im Stirnhirn für ihre gesunde Entwicklung, um dort neuronale Vernetzungen und entsprechende positive Repräsentationen ablegen zu können; das heißt, sie brauchen das Selbermachen mit Erfolgserlebnis. Solche Art früher Spurung legt die Richtung für die Weiterentwicklung fest.

Die funktionellen Bilder aus Gehirnscannern bei freundlichen Blicken, verbalen Aufmunterungen und Lob zeigen, wie dabei die Dopaminschleife über den Nucleus accumbens in Gang gesetzt wird (siehe Kapitel 3.1.1). Bei freudvoller Bewegung müsste sie auch anspringen – nur ist dieser neuronale Vorgang mittels bildgebender Verfahren der Hirnforschung wohl kaum messbar, wenn man in der engen Röhre eines Kernspintomografen eingesperrt ist. Liegt darin die Krux der bislang fehlenden Verifizierung senso- und psychomotorischer Förderansätze?

Diese dopaminerge Senso- und Psychomotorikschleife wirkt beim Anspannen wie beim Entspannen der Muskeln, mit dem anschließenden guten Gefühl beim Nachspüren, bei Tiefenatmung sowie bei angenehmen Vorstellungsbildern in Fantasiereisen. Somit sorgen alle Körperübungen, die für Kinder altersgemäß angemessen sind, für eine vermehrte Dopaminausschüttung und freudvolles, kinderhirngerechtes Lernen.

Praktische Vorschläge: Ein Wassertröpfchen auf Wolkenreise über Europa

Alle sitzen, der Übungsleiter liest oder erzählt. Einzelne Aktivitäten aus dieser Geschichte sind schon ab 3 J. möglich. 5–9 J.

Station 1: Februar und März in Deutschland

Vom Regentröpfchen, das auf die Reise geht Ab 4 J.

Es ist ein verregneter Tag im Februar. Wir stehen am Fenster. Regentropfen prasseln nieder. Alles erscheint grau in grau. Plötzlich schwebt eine Regenwolke bis an unser Fenster heran. Sie kommt auf uns zu und wir sinken in sie ein, werden kleiner und kleiner. In der Wolke entdecken wir winzige Regentropfen mit dicken Bäuchen. Sie sehen zerbrechlich aus. Wir setzen uns dicht neben eines und schauen es verstohlen von der Seite an. Da beginnt es zu erzählen: „Hallo, ich bin das Regentröpfchen Oli und komme mit meiner Wolke vom Meer. Ich möchte ein ganzes Jahr lang über Europa dahinziehen und mir alles genau ansehen. Mögt ihr mitkommen?“ Wir nicken und los geht es.

Oli kann vor Aufregung nicht ruhig auf seinem Wolkenkissen sitzen. Er zappelt hin und her, hopst von einem Wolkenfenster zum anderen und wirbelt seinen Schirm in die Höhe, fängt ihn wieder auf – nein, hoppla, der Schirm fällt in ein Wolkenloch und Oli kann ihn gerade noch herausfischen. Puh, das war knapp! (Nach Ideen von Birgit Jackel, 2004)

Ab 4 J. ***Gegen den Wind stemmen***

(Alle stehen breitbeinig, wie gegen den Wind gestemmt. Es geht um die Anspannung einzelner Muskelgruppen:)

Der Wind bläst von hinten ..., wir breiten die Arme aus, wollen standhalten ..., machen unsere Beine ganz steif, spannen unsere Beinmuskeln an ... Der Wind zankt, weil wir so schwanken und wackeln: „Lernt erst einmal ruhig zu atmen", befiehlt er.

Ab 4 J. ***Der Wind gibt Anweisungen***

(Ein Bauchatemspiel im Liegen:)

Ich blase euch frische Luft zu. Atmet sie durch die Nase ein – und was euch stört und unruhig macht, das atmet ihr als verbrauchte, schmutzige Luft aus:

- Frische Luft einatmen (vier Zählschritte lang: 1 – 2 – 3 – 4), Bauch hervortreten lassen.
- Schmutzige Luft ausatmen (vier Zählschritte lang: 1 – 2 – 3 – 4), Bauch wird wieder flach. Mehrmals wiederholen.

Jetzt strömt euer Atem gleichmäßig, euer Herz schlägt langsam und gleichmäßig – langsam und gleichmäßig ... Horcht in euch hinein! Ihr werdet ganz ruhig und entspannt. Eure Hände und Füße halten still und ihr seid nur auf euren Atem und euren Herzschlag konzentriert ...

* * *

Station 2: April in den Niederlanden

Ab 3 J. ***Der Blumenturm***

(Alle liegen; die Übungsleiterin erzählt und zeigt Fotos der Blumen zu ihrer Geschichte:)

Unsere Wolke gleitet über die Niederlande. Es regnet nicht mehr und wir können die Gewächshäuser dort unten sehen. Hier wachsen viele Tomaten, Gurken und Salatköpfe, aber auch Blumen: rote Tulpen und gelbe Osterglocken. Wir steigen von unserer Wolke und laufen über eine Wiese. Plötzlich steht ein Blumenturm vor uns, ein Turm voll mit Blumen. Sollen wir hineingehen? Wir atmen ruhig ein und aus, ein und aus. Dann betreten wir mutig den Turm. In jedem Stockwerk gibt es Frühlingsblumen in einer anderen Farbe. Im Erdgeschoss leuchten rote Tulpen.

Wir gehen die Treppe hinauf: Dort blühen gelbe Osterglocken. Sie läuten, als der Wind hindurchstreicht. Wir alle helfen beim Läuten; die kleinen Blüten läuten hell und schnell: „Bimelimelim", die großen Glocken dagegen tief und langsam: „Bum – bum – bum ..." Eine grüne Wiese mit frischem Gras führt hinauf zum nächsten Stockwerk. Wir legen uns in die Wiese und lauschen auf unseren Herzschlag – langsam und gleichmäßig. Eine Treppe höher strahlen Tausende von hellblauen Vergissmeinnicht. Und ganz oben im Turm wachsen lila Veilchen und weiße Gänseblümchen. Oli pflückt sich ein Sträußchen in Lila und Weiß. Dann steigen wir zurück in die Wolke, ... wir sind ganz warm und wollen viel frische Luft atmen.

Die Blüte öffnet sich Ab 3 J.

Ein Bauchatemspiel im Stehkreis – **Anleitung:** Die Kinder sollen sich – im Gesichtskreis stehend – an den Händen fassen. Dann sollen sie ...

- einatmen (vier Zählschritte: 1 – 2 – 3 – 4) und dabei die Arme heben: Die Blüte öffnet sich ...
- Atem anhalten (zwei Zählschritte: 1 – 2)
- ausatmen (vier Zählschritte: 1 – 2 – 3 – 4) und dabei die Arme senken: Die Blüte schließt sich ...

Spielvariante: Power-Kreis mit Kinder-Mantras (Mut-mach-Versen): Ab 4 J.

Da man beim Einatmen nicht gut sprechen kann, wird der erste Halbsatz jeweils von der Übungsleiterin gesprochen, der zweite Halbsatz von den Kindern:

„Wir sind (einatmen) ... guuut." (Sprechen und dabei ausatmen)

„Wir sind ... staaaark."

„Wir haben ... Muuuut."

„Wir gehören ... zusammen."

* * *

Station 3: Mai in Frankreich

Farbenreisen in Gelb (Vorstellungsbilder) Ab 3 J.

Von den Niederlanden aus haben wir eine lange Wolkenreise nach Spanien vor uns. Wir liegen bequem rücklings auf unseren Wolkenkissen und lassen die Sonne mit ihren warmen Strahlen auf uns scheinen. Dabei krabbelt uns das Gelb der Sonne in den Bauch, breitet sich dort aus und schickt seine Strahlen in das rechte Bein, hinunter bis in den großen Zeh und weiter bis hin zum kleinen Zeh. Das rechte Bein wird ganz warm und schwer – warm und schwer – warm und schwer ... Es liegt jetzt ganz ruhig auf dem Wolkenkissen. Nun krabbeln die Sonnenstrahlen in das linke Bein, hinunter bis in den großen Zeh und weiter bis hin zum kleinen Zeh. Das linke Bein wird ganz warm und schwer – warm und schwer – warm und schwer ... Es liegt jetzt ganz ruhig auf dem Wolkenkissen. Und die Sonnenstrahlen steigen auch hinauf in die rechte Schulter und rutschen runter bis in die Finger: zum Daumen, Zeigefinger, Mittelfinger, Ringfinger und kleinen Finger. Der rechte Arm wird warm und schwer ...

(Ebenso: die linke Schulter, der Kopf mit den Augenlidern)

Um wieder munter zu werden, lassen wir uns noch einmal von der Sonne helfen:

Das Gelb der Sonne kribbelt und krabbelt die Speiseröhre hinunter ..., macht sich im Bauch breit ..., nun wächst uns eine Sonne im Bauch. Ihre Strahlen räumen im ganzen Bauch auf. Dann kribbeln-krabbeln sie weiter ...

... bis in unsere Füße: Wir bewegen unsere Zehen und sie werden wach.

... bis in unsere Hände: Wir bewegen unsere Finger und sie werden wach.

... bis in unsere Ohren: Wir lauschen und hören jetzt wieder alles.

... bis in unseren Mund: Wir summen „mmm“.

Jetzt sind wir am ganzen Körper erholt und frisch und haben Lust auf Neues.

* * *

Station 4: Juni in Spanien

Ab 5 J.

Warmer Stein

(Bei dieser Stilleübung liegen alle. Jeder bekommt einen gewärmten Kieselstein – unter einem Heizkissen vorgewärmt – und lauscht der Geschichte:)

Wir haben uns jeder einen sonnenwarmen Stein vom Strand mitgenommen. Mit der einen Hand formen wir eine Kuhle, legen ihn hinein und decken ihn mit der anderen Hand zu. Dort drinnen bleibt er warm, unser Freund, der Stein. Unsere Augen sind geschlossen. Die Hände streichen über den Stein. Vielleicht entdecken sie noch andere Dinge an ihm als die Augen. Wie fühlt sich der Stein an? Ist er glatt oder rau? Wiegt er leicht oder schwer? Ist seine Form eher rund, flach oder kantig? Hat er jetzt die Wärme unserer Hände? Nun sind auch wir wohlig warm. Und wir probieren aus, wie es sich anfühlt, den warmen Stein auf die Stirn oder oberhalb des Bauchnabels zu legen.

Jetzt legen wir unsere warmen Steine auf den Heizkörper, damit sie warm bleiben, und nehmen sie nachher als Handschmeichler mit nach Hause. Wir stehen nun auf, recken und strecken uns und haben wieder Lust auf Bewegung.

* * *

Station 5: Juli in Italien

Hampelmann-Aufwärmübung beim Autorennen

Ab 5 J.

(Bei diesem Spiellied stehen alle im Gesichtskreis; die Übungsleiterin erzählt:)

Als der Wind uns über das Meer treibt, sehen wir vom Wolkenfenster aus eine große Halbinsel im Mittelmeer. Sie schaut aus wie ein riesiger Stiefel. Das ist Italien. Hier findet im Juli ein Autorennen statt. Gerade bereiten sich die Rennfahrer auf ihr Rennen vor. Aber einer von ihnen hat weder seinen Rennanzug angezogen noch seinen Helm aufgesetzt. Was treibt er da? Er steigt eben erst aus seinem Bett heraus.

(Es folgt das Bewegungsspiel-Lied „Jetzt steigt Hampelmann", Gemeingut aus Berlin; in vielen Varianten verbreitet.)

Hampelmann

Tempo ca. 90 BPM

Abbildung 27

Jetzt steigt Hampelmann, jetzt steigt Hampelmann,
jetzt steigt Hampelmann aus seinem Bett heraus.
Oh, du mein Hampelmann, mein Hampelmann, mein Hampelmann,
oh, du mein Hampelmann, wie schön bist du!

(Zeilen 1 und 2: aufstehen, recken und strecken.
Zeilen 3 und 4: Hampelmannbewegungen)

Jetzt zieht Hampelmann, jetzt zieht Hampelmann,
jetzt zieht Hampelmann sich seine Strümpfe an.
Oh, du mein Hampelmann, mein Hampelmann, mein Hampelmann,
oh, du mein Hampelmann, wie schön bist du!

(Zeilen 1 und 2: Strümpfe anziehen.
Zeilen 3 und 4: Hampelmannbewegungen)

Jetzt zieht Hampelmann, jetzt zieht Hampelmann,
jetzt zieht Hampelmann sich seine Hose an.
Oh, du mein Hampelmann, mein Hampelmann, mein Hampelmann,
oh, du mein Hampelmann, wie schön bist du!

(Zeilen 1 und 2: Hose anziehen.
Zeilen 3 und 4: Hampelmannbewegungen)

Jetzt zieht Hampelmann, jetzt zieht Hampelmann,
jetzt zieht Hampelmann sich seine Schuhe an.
Oh, du mein Hampelmann, mein Hampelmann, mein Hampelmann,
oh, du mein Hampelmann, wie schön bist du!

(Zeilen 1 und 2: Schuhe anziehen.
Zeilen 3 und 4: Hampelmannbewegungen)

Jetzt zieht Hampelmann, jetzt zieht Hampelmann,
jetzt zieht Hampelmann sich seine Jacke an.
Oh, du mein Hampelmann, mein Hampelmann, mein Hampelmann,
oh, du mein Hampelmann, wie schön bist du!

(Zeilen 1 und 2: Jacke anziehen.
Zeilen 3 und 4: Hampelmannbewegungen)

Je nach Alter der Kinder kann das Bewegungslied verkürzt oder verlängert werden. Kinder unter fünf, sechs Jahren, die aufgrund ihres motorischen Entwicklungsstandes noch keine Hampelmannbewegungen ausführen können, werden angehalten, abwechselnd jeweils rechten Arm und rechtes Bein respektive linken Arm und linkes Bein anzuheben.

Spielvarianten als kinesiologische Übungen:

- Im Laufen auf der Stelle jedes Knie beim Anheben mit der gegenüberliegenden Hand hinunterdrücken. (In der Angewandten Kinesiologie nennt man das „Überkreuztanzen". Ab 4 J.)
- Liegende Achten in die Luft zeichnen (in Analogie zum Schwenken der Zielflagge beim Autorennen), als „Flieger" laufen, Achten auf Packpapier zeichnen und mit Matchboxautos nachfahren ... (Ab 6 J.)

* * *

Station 6: August in der Schweiz

Ich werde zum Fisch (Imagination)

Ab 5 J.

Wir sitzen an einem Gebirgssee und schauen in das klare Wasser. Wir können bis zum Grund hinunterschauen und entdecken dort unten die Steine. Fische huschen zwischen den Wasserpflanzen und Steinen hin und her und verstecken sich. Oli, als Wassertröpfchen, kann sich gut vorstellen, wie sich das für den Fisch im kühlen Gebirgssee anfühlt. Er leitet unsere Vorstellungsreise und spricht jeden einzelnen von uns direkt an: Stell dir vor, du verwandelst dich in einen Fisch. Ganz allmählich verändert sich deine Gestalt. Deine Beine wachsen zusammen und werden zu einer Schwanzflosse. Dein Mund wird zu einem breiten Fischmaul. Du spürst Schuppen am ganzen Körper, glatt und glitschig. Damit gleitest du ohne Mühe im Wasserstrom. Du tummelst dich zwischen Kaulquappen und Schlingpflanzen ... – Jetzt kommst du raus aus dem Wasser. Deine Arme und Beine sind wieder da und wollen sich recken und strecken. Du bist wieder ganz frisch und munter.

* * *

Station 7: September und Oktober in Österreich

Unsere Hände erzählen – unser Rücken fühlt

Ab 5 J.

Der Sommer in Europa geht seinem Ende entgegen. Es wird Herbst. Oli und wir reisen von der Schweiz in Richtung Österreich. Die Alpen mit den hohen Bergen liegen hinter uns. Wir fliegen nicht mehr ganz so hoch. Es regnet aus unserer Wolke. Dicke Tropfen fallen auf Dächer, Straßen, Wiesen und Autos und prasseln auf die Regenjacken von Kindern, die gerade auf ihrem Weg zum Kindergarten sind. Heute müssen sie drinnen spielen. Aber sie erinnern sich an den lustigen Herbstspaziergang gestern. Heute sind ihre Rücken die Spazierwege, auf denen es Kribbel-Krabbel-Erlebnisse gibt. Und wir spielen mit.

(Der Erwachsene erzählt und die Kinderhände übersetzen seine Geschichte mit geschickten Fingern. Spielpaare sitzen mit gegrätschten Beinen hintereinander, jedes auf einer Matte. Hier sollen die Kinder Spürerfahrungen machen:)

- Am Waldrand finden wir in einer Hecke die letzten Brombeeren. Wir pflücken sie vorsichtig ab.
  (Mit Daumen und Zeigefinger sanft die Haut zwicken.)
- Auf dem Waldboden liegt buntes Laub. Wir fegen mit den Händen die zerkrumpelten braunen Blätter weg und finden darunter Bucheckern.
  (Wegfegen als rasche Streichbewegungen mit beiden Händen über die Schulterblätter.)
- Da beginnt es zu regnen (mit den Fingerkuppen trommeln) und alle laufen, so schnell sie können, unter den nächsten Baum.
  (Mit allen zehn Fingern Trippelbewegungen über den gesamten Rücken vollführen.)
- Wind kommt auf und bläst uns von hinten an.
  (Über Arme, Schultern und Nacken pusten.)
- Wir laufen schnell ins Haus, kuscheln uns in eine Wolldecke, werden warm und schnarchen laut und gleichmäßig.
  (Schnarchgeräusche: rrrrr – püüüü ...)

Ab 3 J.

Nasse Socken ausdrücken (Anspannen und Entspannen der Hände)

Auf ihrem Heimweg lassen die Kinder keine Pfütze aus. Und zu Hause angekommen, sind nicht nur ihre Hosenbeine, sondern auch Schuhe und Socken völlig durchnässt. Da heißt es erst einmal: Socken ausdrücken.

Sie drücken die erste Socke mit der einen Hand ganz fest zusammen. Das Wasser tropft heraus ... Mit der anderen Hand noch einmal drücken ... Jetzt kommt die zweite Socke dran; erst mit der rechten und dann mit der linken Hand ganz fest das Wasser herausdrücken und dabei tüchtig ausatmen ... Jetzt tropfen die Socken nicht mehr. Und die Hände? Sie sind prickelnd warm geworden – warm und locker.

* * *

Station 8: November in Polen

Ab 3 J.

Fingergymnastik für den Brezelbäcker

(Nach Ideen von Birgit Jackel, 2004. Alle liegen, die Spielleiterin erzählt:)

Als wir über Polen dahinschweben, ist es noch früh am Morgen und ziemlich kalt, es ist November. Wir haben eisige Finger. Unter uns sehen wir, wie aus einem Schornstein besonders viel Rauch aufsteigt.

Was mag da wohl los sein? Wir schauen neugierig in die hell erleuchteten Fenster. Das ist eine Bäckerei. Hier werden in aller Frühe Brötchen und Brote gebacken, damit zur Frühstückszeit frisches Backwerk verkauft werden kann. Oli und wir schauen einem Bäcker zu, wie er mit flinken Fingern Brezeln formt. Immer wenn seine Finger vor Anstrengung verkrampft und ungelenkig werden, entstehen Brezeln mit zwei ungleich großen Schlaufen. Die will doch niemand kaufen! Was macht der Bäcker? Er hat sich eine tolle Fingergymnastik ausgedacht. Und wir üben mit und bekommen auch ganz warme Hände und flinke Finger.

(Alle sitzen nun auf Stühlen:)
Er bewegt die Finger so, als wollte er Klavier spielen.

Jetzt drückt er seine Finger fest zusammen, macht dabei Fäuste und zählt bis fünf (1 – 2 – 3 – 4 – 5). Nun öffnet er die Fäuste wieder und lässt die Hände locker auf seinen Oberschenkeln ruhen (1 – 2 – 3 – 4 – 5).

Zuletzt legt er seine Hände mit den Handballen auf seine Knie, streckt seine Fingerspitzen hoch hinaus (1 – 2 – 3 – 4 – 5) und lässt sie wieder zurücksinken (1 – 2 – 3 – 4 – 5), und noch einmal ...

* * *

Station 9: Dezember; zurück in Deutschland

Ein Schneeflöckchen landet

Ab 5 J.

(Bei dieser Fantasiegeschichte liegen alle.)

Inzwischen ist es Dezember und die Luft in der Höhe fühlt sich eisig an. Wir bibbern erbärmlich. Wir schauen zu Oli hinüber und wollen ihn fragen, ob er auch so friert. Aber die Worte bleiben uns vor Schreck im Halse stecken. Mit weit aufgerissenen Augen beobachten wir, was mit ihm gerade geschieht: Sein durchsichtiger Kullerbauch verschwindet. Stattdessen bekommt er ein weißes Pelzkleid mit Pelzmütze, Handschuhen und Stiefeln. Auch die anderen Wassertröpfchen sehen jetzt aus wie er. Lauter tuffige Schneeflocken. Wir rufen nach dem Wind: „Sag du uns, was mit den Wassertropfen passiert ist!“

Der raue Geselle hat sich auch verändert. Er hat eine rote Nase bekommen. Eiszapfen hängen in seinem Zottelbart. „Keine Angst“, tönt seine sonst so raue Stimme beruhigend. „Das ist normal. Bei dieser Kälte gefrieren alle Wassertropfen und fallen nach und nach als Schneeflocken aus meiner Wolke.“

Oli ist nervös. Bald landen wir. Er wirft seine Stiefel weg, streift seine Pelzhandschuhe ab, reißt sich das Mützchen vom Kopf. Alles bleibt verstreut auf dem Wolkenboden liegen. „Lass doch nicht alles so herumliegen“, schimpft der Wind. Da legt sich Oli einfach auch noch hin, rücklings auf ein Wolkenkissen. Der Wind tobt außer sich vor Wut: „Reicht es nicht, wenn du deine Sachen überall verstreust?" Oli bleibt ganz ruhig: „Du schimpfst, dass ich immer alles liegen lasse. Nun, jetzt kann ich mich doch auch mal selbst liegen lassen." Da legt sich der Wind neben den Oli und seufzt: „Ja, so im Liegen kann ich mich nicht mehr aufregen." Und er hört auf zu blasen. Hups, da gleitet das Schneeflöckchen Oli zur Erde nieder, während der Wind ganz fest eingeschlafen ist. –

* * *

(Legen Sie sich doch auch einmal neben ihr Kind einfach auf den Boden! Dann werden auch Sie gelassener ...)

Themenspezifische Literatur

1. Literatur zum Entspannen mit Kindern:

Buchner, Christina, und Wimmer, Silvia: *Wassermann und Eskimo. Bilder und Texte zum Konzentrieren und Entspannen für Schule, Kindergarten, Familie*

Dunemann-Gulde, Angela: *Yoga und Bewegungsspiele für Kinder*

Jackel, Birgit: *Ausgeglichen und entspannt*

Läufer, Barbara, und Läufer, Bernhard: *Kinu sucht das Abenteuer*

Quante, Sonja: *Was Kindern gut tut!*

Wilmes-Mielenhausen, Brigitte: *Komm mit auf meine Ruhe-Insel*

Zimmer, Renate: *Bewegung und Entspannung*

2. Literatur zu entspannendem und entspanntem Bewegen:

Goldschmidt, Annemarie: *Alles klar mit Kinesiologie*

Hannaford, Carla: *Bewegung – das Tor zum Lernen*

Herrmann, Ulrich: „Gehirngerechtes Lernen und Lehren"

Waclowsky, Elisabeth: *Lernabenteuer mit dem Schweinehund*

3.3 Themenschwerpunkt Raum- und Zeitorientierung

3.3.1 „Lechts“ oder „rinks“?

lichtung

manche meinen
lechts und rinks
kann man nicht
velwechsern.
Werch ein illtum!

(Ernst Jandl, 1988, S. 19)

Zu kurz gegriffen

In einer Grundschule läutet es zum Schulbeginn. Die Kinder drängen sich am Eingang, denn das ist die engste Stelle. Keiner will nachgeben und anderen den Vortritt lassen, obwohl sie es täglich mit ihrer Klassenlehrerin üben. Besonders das Verhalten *eines* Jungen fällt auf, der auch in anderen Situationen des Grundschulalltags durch sein unsensibles Verhalten gegenüber Klassenkameraden hervorsticht, während er andererseits recht mimosenhaft reagiert, sobald es um seine eigene Person geht. Ihn überfordern die drangvolle Enge und das Geschubse am Eingang. Die unvermeidlichen körperlichen Berührungen durch die anderen wertet sein Gefühlssystem im Gehirn spontan als Angriffslust seiner Kameraden. Das kann er nicht zulassen und er beginnt sich handgreiflich zur Wehr zu setzen.

Aufgrund täglicher genauer Beobachtung eines solchen Schülers vermutet die Lehrkraft Probleme ganz basaler Art: Seine taktile und seine propriozeptive Wahrnehmung scheinen nicht altersgemäß entwickelt zu sein. Seine Vorstellungen von den Körperteilen und deren Wirkmöglichkeiten sowie von den Körperteilen anderer Kinder könnten auf unrealistischen Einschätzungen beruhen, sodass er folglich sich selbst in eine falsche räumliche Beziehung zu anderen Menschen setzt. Schlussendlich mag daraus sein wenig sozialverträgliches Verhalten resultieren. Wo hier aus pädagogischer Sicht anzusetzen ist, soll in unserem Kontext nicht erörtert werden. Jedoch steht eines fest: Wer das Bewusstsein vom eigenen Körper und dessen Handlungsmöglichkeiten auf eine altersgemäße Entwicklung des *optischen* Sinnessystems glaubt reduzieren zu können, der irrt. Seitigkeiten und Raumlagen lernen Kinder im tätigen Umgang mit ihrer Mitwelt. Wir Menschen nehmen unsere Umgebung zwar vorrangig über das optische Sinnessystem wahr, jedoch müssen andere Modalitäten – besonders die Nahsinne (siehe Kapitel 3.2.1 bis 3.2.3) – ergänzend wirken, damit sich ein stimmiges Wahrnehmungs- und Handlungskonzept entfalten kann.

Zur Entwicklung des Selbstkonzeptes

Bereits in der frühen Kindheit bildet sich eine Vorstellung vom eigenen Körper heraus, von einzelnen Körperteilen, von deren systematischer Anordnung und von all den Möglichkeiten, die ein aktives Kind im Einsatz einzelner Körperpartien hat. Durch eigenes Tun erleben die Kinder, was sie mit welchem Teil des Körpers anstellen können und womit bestimmte Vorhaben ihnen besser gelingen. Solche Errungenschaften helfen, eine sichere schematische Vorstellung von den Dimensionen des eigenen Körpers aufzubauen und die persönlich bevorzugte Händigkeit zu finden.

Wenngleich Aussehen und Fähigkeiten als neutral beschriebene Merkmale der eigenen Person erfahren werden, so schwingt doch immer eine subjektive Bewertung mit wie: „Ballwerfen klappt prima – besonders mit der einen Hand“ (später: „... besonders mit der rechten / linken Hand“), oder: „Bei mir klappt aber auch gar nichts.“ Solche Eigenbewertungen fließen ein in das Bild, welches das Kind von seinem Körper bekommt, das aber auch von dem geprägt wird, was andere Menschen ihm zutrauen. Es gewinnt einen ganz bestimmten Eindruck, wie es von seiner sozialen Umwelt eingeschätzt wird. So kann der heranwachsende Mensch seine Körperproportionen sowie Lagebeziehungen anderer Objekte zu ihm selbst zu keinem Zeitpunkt völlig neutral, emotionslos und ohne Bezug zum tätigen Einsatz seiner Gliedmaßen betrachten. Es gibt Vorstellungen von den Körpermaßen nur aus entsprechenden Beobachtungen und Handlungen heraus, verbunden mit zugehörigen Gefühlen – alles zusammen in mentalen Repräsentationen in den Großhirnarealen abgespeichert (siehe Kapitel 3.4.2 und 3.4.3).

Je jünger das Kind, desto eher besteht seine Vorstellung von sich selbst aus generalisierten Überzeugungen, die sich nicht auf einen einzelnen Bereich, sondern auf die allgemeine Einschätzung seiner eigenen Fähigkeiten gründen. Solche Vorstellungen von sich selbst sind relativ stabil, etwa: „Ich bin schlechter als die anderen.“, statt situationsspezifisch: „Ich kann nicht gut ausschneiden.“ Hier stehen die Erwachsenen und älteren Kinder im täglichen Umfeld der kleinen in einer großen Verantwortung, angefangen vom Unterlassen manch salopp geäußerter Bemerkung eines Geschwister- oder Mitschülerkindes wie: „Bist du doooof!“, bis hin zum „Lob des Lobes“ als Anerkennung für gelungene, mitunter auch für tapfer angegangene Aktionen.

Als hochgradig abträglich für ein positives Selbstkonzept und damit für den Aufbau eines gesunden Selbstwertgefühls erweist sich ein „Das kannst du ja doch nicht“-Syndrom. Es wird vorwiegend vom sozialen Umfeld sehr frühzeitig eingepflanzt und wächst über Jahrzehnte hindurch im Hintergrund änderungsresistent mit. Einstellungen, die so in früher Kindheit vermittelt und erworben werden, sind später nur sehr schwer zu korrigieren. Mit der kognitiven Fortentwicklung gelingen älteren Kindern dann differenziertere Sichtweisen, die jedoch jene früh gespeicherten mentalen Repräsentationen nur ganz allmählich ablösen können.

Der Körper als Bindeglied zwischen außen und innen aus entwicklungspsychologischer Sicht

In den ersten Lebensjahren gründet also das Bild von der eigenen Person vor allem auf Erfahrungen, die ein Kind über seinen eigenen Körper gewinnt, auf dessen Ausmaßen und dessen Handlungsspektrum. Die ersten entscheidenden Eindrücke zur Differenzierung zwischen dem eigenen Körper als Objekt und den übrigen Erscheinungen setzen schon früh ein, besonders wenn die anderen Objekte Körperempfindungen hervorrufen wie die Berührungsqualitäten Druck, Temperatur oder Schmerz: Die Rassel fühlt sich hart an; das Schmusetuch ist weich; den Noppenigel kann man eindrücken ... Erst dann treten optische Wahrnehmungsgehalte hinzu und der Weg hin zu begrifflicher Fassung von Körperteilen, Seitigkeitsbestimmungen, Objektdimensionen und Raumlagen wird frei. Dem Körper als dem Bindeglied zwischen innen und außen kommt bei diesem Prozess eine besondere Rolle zu. Denn ihn muss das Kind genau kennen lernen, um nachher in seiner Umwelt zurechtzukommen. Je genauer es sich selbst kennt, desto situationsangemessener kann es handeln und desto stressfreier und positiver gestimmt wird es seine Mitwelt erleben. Dabei dreht es seinen Kopf in Bezug zur Umwelt und verändert damit ständig die optischen Anordnungen. So erfasst es Raumdimensionen mit wechselnden Abständen und entwickelt ein zunehmend sicheres Raumempfinden als Bedingung für sicheres Handeln. Diese Entfaltung räumlicher und zeitlicher Vorstellungen aus den eigenen Bewegungen heraus beruht ihrerseits auf der sicheren Orientierung am eigenen Körper: Körperwahrnehmung *vor* Raum-Zeit-Wahrnehmung.

Zum Auf- und Ausbau des Selbstkonzeptes, auch im Hinblick auf Lateralität, gehören Selbst-, Sach- und Sozialkompetenz. Das Kind entdeckt sich durch sein Handeln als ein eigenständiges Wesen, abgesetzt von seiner gegenständlichen Umwelt. Es entwickelt ein immer klarer werdendes Körperbewusstsein, indem es durch handelndes Tätigsein und durch Informationen aus seinem Körperinneren zur Auseinandersetzung mit sich selbst findet: Es erwirbt *Selbstkompetenz.*

Aus diesen von innen kommenden Informationen kann es sich eine Vorstellung von der Beschaffenheit seiner selbst machen: Welche Teile des Körpers hat man an welchen Stellen und wozu kann man sie benutzen? So lernt es beispielsweise, dass es eine rechte und eine linke Seite hat und dass es mit der rechten Hand durchaus – seine Körpermitte kreuzend – auf die linke Seite greifen kann und umgekehrt. Aus diesem sicheren Wissen um das Schema des eigenen Körpers heraus bewegt es sich in den Raum hinein und beginnt sich dort zu orientieren, indem es das eigene Körperschema auch dort anlegt. Es sieht den Raum zunächst aus der Perspektive seiner selbst und entwickelt sein körper- oder ichbezogenes Raumschema. Körper- und Raumschema bilden für die Motorik als dem Sichhineinbewegen in den

Raum unerlässliche Voraussetzungen. Daneben lernt das Kind durch sein Manövrieren, sich mit räumlich-materiellen Gegebenheiten angemessen zu befassen: Es baut *Sachkompetenz* auf.

Jetzt erst ist es in der Lage, einen Spielpartner in das eigene Tun einzubeziehen, dessen Handlungswünsche zu berücksichtigen und in einer Spielgruppe handlungsfähig zu werden. Während Kleinkinder in Krabbelgruppen noch vorwiegend nebeneinander her spielen und einander argwöhnisch beäugen, zeigen sie ab dem dritten Lebensjahr zunehmend *Sozialkompetenz.*

Bis zum ersten Schuljahrgang sollten sie über das ständige eigene Handeln und die Rückmeldungen, mit welcher Hand ihre Aktionen sicherer gelingen, ihre bevorzugte Seite gefunden haben und diese seitenspezifische Kompetenz übend ausbauen lernen.

Auf dem Weg zur bevorzugten Seite und zum dreidimensionalen Raum

Begriffe zur Seitigkeit beginnen sich ab dem dritten Lebensjahr zu stabilisieren. Zunächst lernt das Kind, wo am eigenen Körper sich seine rechte und seine linke Seite befinden; später kann es dies auch auf andere Objekte übertragen – sofern diese achsenkonkordant gehalten werden oder man sich selbst in Achsengleichheit zu ihnen bringen kann, indem man sich bauchwärts hinter sie stellt. So fällt die Übertragung der eigenen Seitigkeit auf dieses Objekt leicht.

Wie aber verhält es sich mit der Seitigkeit des Spiegelbildes oder bei Rechtslinks-Bewegungen der Spielpartner im Gesichtskreis? Beispielsweise beim rhythmischen Klatschen des Bewegungsspiels „Jack sitzt in der Küche mit Tina“ (das bei Erziehenden und Lehrenden in unterschiedlichen Varianten hinlänglich geläufig und beliebt ist) kommen viele Grundschüler noch ins Schwitzen, wenn der Klatschrhythmus auf dem linken Oberschenkel des rechten Spielpartners beginnt und auf den rechten Oberschenkel des linken Spielpartners übergeht. Dabei werden sie zudem leicht irritiert durch den Anblick der ihnen gegenüber sitzenden Mitspieler mit ihren spiegelverkehrten Bewegungen. Hier ist aus pädagogischer Sicht (als Aufbau vom Leichteren zum Schwereren) zunächst ganz langsam und in einer Reihe sitzend zu üben, ehe später auf Tempo und im Gesichtskreis gespielt werden kann.

Über Spiele in virtuellen Welten, wie beispielsweise über derzeit angebotene Computerspiele zur Verkehrserziehung für Drei- bis Sechsjährige, kann sich eine funktionierende Raumlagenbeziehung sicher nicht ausbilden. Kindgerechtes Heranführen an das Umschalten von der Dreidimensionalität des realen Alltags auf die Zweidimensionalität abgebildeter Umwelt wird Thema von Kapitel 3.3.3 sein. Auch bei der Arbeit mit verkleinerten Maßstäben gibt es selbst im vierten Schuljahrgang noch Schwierigkeiten. Solches berichten die Beamten der Jugendverkehrsschulen, wenn sie den komplizierten Vorgang des Linksabbiegens beim Radfahren (mit korrekter Einordnung auf der Fahrbahn) im verkleinerten Maßstab eines Schonraumes üben und dies bei der Übertragung in den realen Verkehrsraum dann doch nicht klappt.

Auch hier gilt, dass eine funktionierende Raumlagenbeziehung sich nur über die Fortbewegung als Radfahrer in der Verkehrswirklichkeit ausbilden kann. Jedoch: Aus unfallprophylaktischen Gründen ist im Bereich der Verkehrserziehung besonders für Radfahrer die Schrittfolge Schonraum – Realraum erforderlich. Denn als verantwortungsbewusster Pädagoge darf man erst motorisch sichere und in Regelwissen und Regelanwendung geübte Kinder im realen Verkehrsraum agieren lassen; dies gilt auch in einer durch Jugendverkehrsbeamte beaufsichtigten Gruppe. Zuerst werden im Schonraum senso-motorische Basisfähigkeiten und Mehrfachhandlungen auf dem Rad eingeübt. Sind dann motorische Grundautomatismen vorhanden, kann der Blick des kleinen Radlers für zusätzliche Anforderungen des Verkehrsraumes frei werden.

Hirnphysiologische Abläufe bei der Selbst-, Objekt- und Raumlagen-Erkennung

Beim Aufbau des Selbstkonzeptes wird das eigene Tun stets auch *bewertet*. Das geschieht zum einen in einer Blitzbewertung seitens des Mandelkerns als Reaktion des vegetativen Nervensystems (gelingt gut = Freude / gelingt nicht = Wut), zum anderen über die Bewertungsfunktionen im orbitofrontalen Kortex im Stirnhirn mit etwas mehr Bedacht und Abwägung. Da aber zahlenmäßig *mehr* neuronale Verbindungen in Richtung Mandelkern verlaufen als vom orbitofrontalen Kortex rückkoppelnd mit der Möglichkeit, heftige Negativeinschätzungen zu stoppen, kommt es häufiger zu hitzigen Gefühlen als zu wohl überdachten Regungen.

Die Emotionsstruktur Mandelkern liegt Kopf an Kopf mit der Gedächtnisstruktur Hippocampus im Schläfenlappen und versieht die Erinnerung an jede Aktivität mit der entsprechenden emotionalen Spurung (siehe Kapitel 3.2.2, Abbildung 24). Diese haftet mit im Gedächtnis und wird auch gebunden an die zugehörige Aktivität vom Arbeitsgedächtnis zur Langzeitabspeicherung in die Großhirnrinde überführt. Wie bereits ausgeführt, sind die dort abgelegten mentalen Repräsentationen stets gefühlsbeeinflusst und werden mit ihrer speziellen emotionalen Note aus der ursprünglichen Handlung bei Bedarf auch wieder in Erinnerung gerufen. Daraus erklärt sich, wie enorm wichtig für ein gesundes Selbstkonzept positive Bewertungen der eigenen Aktivitäten sind (siehe oben: Lob und Anerkennung), besonders in sehr jungen Jahren.

Die sinnesphysiologischen Abläufe bezüglich der taktilen Wahrnehmung wurden bereits in Kapitel 3.2.1 bis 3.2.3 ausführlich dargelegt, sodass hier – trotz ihrer enormen Bedeutung für die gesunde Entwicklung der Selbst-, Objekt- und Raumlagenerkennung – auf weitere Erläuterungen verzichtet werden kann. Im Mittelpunkt steht nun der Funktionsablauf der *optischen* Wahrnehmung. Bei der Geburt verfügt jede Hirnnervenzelle in dem für das Sehen zuständigen Areal der Großhirnrinde über ungefähr 2500 Synapsen, mit steigender Tendenz. Ab dem zweiten Lebensjahr jedoch nimmt die Synapsendichte ebendort bis in die späte Kindheit hinein wieder ab. Bei diesem „Synapsensterben" werden alle diejenigen abgebaut, die nicht aktiviert wurden. Die verbleibenden Verknüpfungswege erhalten ihre Stabilität abhängig von den verarbeiteten Sinnesreizen und Umwelterfahrungen. Vernetzte Kontaktstellen bleiben aber durchaus lebenslang veränderbar, wie in allen anderen Funktionskreisen des Gehirns auch.

Damit die zweidimensionalen Sehsinneseindrücke aus der Umwelt als dreidimensionale Bilder im Kopf wahrgenommen werden können, muss die visuelle Informationsverarbeitung vom Auge über die Sehbahn bis zur Großhirnrinde mit ihren verschiedenen Arealen für den Sehvorgang sukzessiv mehrere Stufen eines neuronalen Datenverarbeitungsprozesses durchlaufen. Bei der Signalverarbeitung im Auge wird mithilfe eines Linsensystems das einfallende Licht gebrochen und auf der Netzhaut im hinteren Teil des Augapfels wird zunächst ein verkleinertes, umgekehrtes Bild erzeugt. Im Nervensystem der Netzhaut erfolgt die weitere Verarbeitung.

Dort liegen die Fotorezeptoren: Stäbchen und Zapfen. Durch fotochemische Prozesse werden diese Rezeptoren erregt. Hier in den Nervenzellen der Netzhaut erfolgt also bereits das erste Sortieren der Sehsinnesreize. Der eine Zelltyp (Alpha-Zellen) ist für Bewegungs-, Kontrast- und Nah-fern-Informationen als ersten Schritt in Richtung Dreidimensionalität zuständig. Der andere Zelltyp (Beta-Zellen) dient der Formanalyse und dem Farbensehen und arbeitet als Signalgeber zur Objekterkennung. Diese Trennung der Sehinformationen in zwei Kanäle bleibt bis zum Ende der Sehbahn (in der primären Sehrinde im Hinterhauptslappen) erhalten und – vereinfacht dargestellt – sogar bis zu den verschiedenen Arealen zur Endverarbeitung für Objekterkennung und räumliche Wahrnehmung.

Aber bleiben wir zunächst beim Auge selbst. Jedes Auge bildet auf seiner Netzhaut sein spezifisches Gesichtsfeld ab. Diese beiden Gesichtsfelder sind nicht völlig deckungsgleich, weil die Augen sechs bis sieben Zentimeter auseinanderstehen. Das Gehirn jedoch konstruiert aus den Bildern beider Augen ein drittes Bild, das dreidimensional wahrgenommen wird (= Stereosicht mit räumlichem Sehen), indem es die winzigen perspektivischen Abweichungen zwischen den Bildern beider Augen verrechnet. An der Sehnervenkreuzung im Mittelhirn werden die Sehnerven der beiden Augen teils gekreuzt und als Sehnervenbahnen in der rechten und linken Hirnhälfte hinterhauptwärts geschickt. Dort erfolgt die Bildverarbeitung in verschiedenen Verarbeitungszentren der Sehrinde, die alle wiederum miteinander rückgekoppelt sind. Geteilt in zwei grundlegende Bahnungen in jeder Hirnhälfte geht es vom Hinterhauptslappen zur Erkennung des „Was“ und des „Wo“ einer visuellen Information wieder nasenwärts (siehe Abbildung 28).

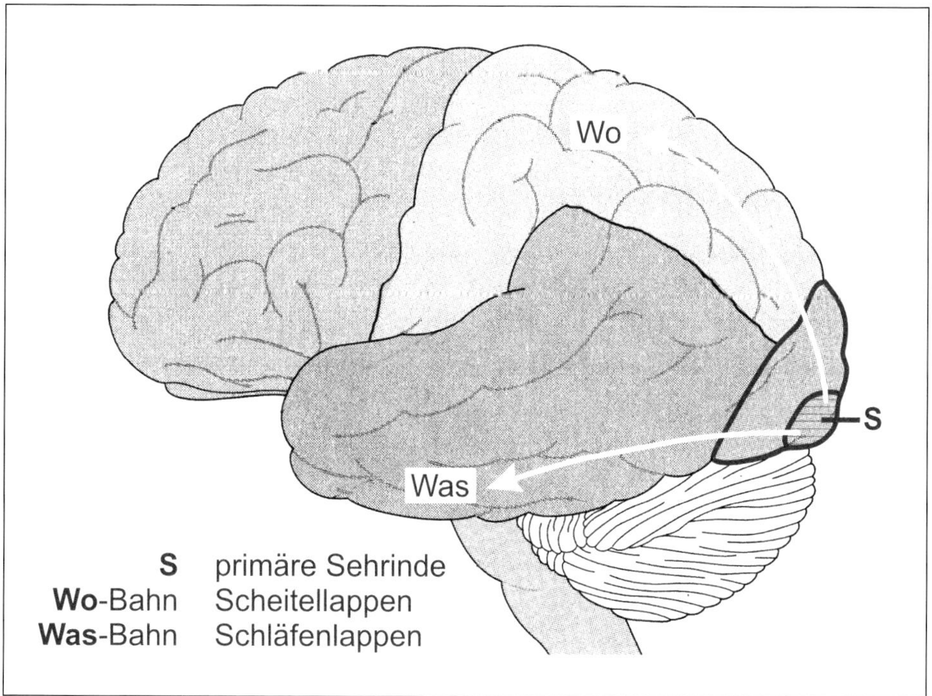

Abbildung 28: Lokalisierung der primären Sehrinde, der Was- und der Wo-Bahn zur Objekterkennung und räumlichen Wahrnehmung

Bei der Objekterkennung ist die Was-Bahnung im unteren Schläfenlappen stark aktiv. Sie verarbeitet die Eindrücke der Beta-Zellen. Bei der räumlichen Erkennung dagegen feuert die Wo-Bahnung mit ihren Alpha-Zellen im hinteren Scheitellappen. Hier findet die Konstruktion einer dreidimensionalen Welt mit räumlicher Perspektive statt und hier entsteht das Wissen über den eigenen Aufenthaltsort. Auch der Umgang mit abstrakten Raumkonzepten einschließlich des Erkennens, Deutens und Benutzens von Karten und Zeichnungen ist hier verortet (siehe Kapitel 3.3.3).

Praktische Vorschläge: Mit „echten Vorhaben“ zu mehr Raumlagen-Sicherheit

Kinder lernen besonders nachhaltig bei echten Vorhaben; denn nur diese beinhalten Handlungssituationen mit Problemlösungscharakter. Und echtes

Problemlösen bedeutet immer Lernen. Also müssen motivierende Erkundungsaktivitäten, die zudem das Entwickeln von Handlungsstrategien erfordern, zum Gegenstand kindlichen Wahrnehmungslernens gemacht werden.

Beobachtungs- und Handlungsaufträge

Ab 4 J. ***Beobachtungs- und Handlungsauftrag: „Ein modernes Denkmal bauen"***

Der Erwachsene gibt folgende **Anleitung:** Ein Kind soll zum „modernen Denkmal" werden und wird von einem Spielpartner angewiesen, in welch ulkiger Körperstellung es sich präsentieren soll. Der Spielpartner benennt die einzelnen Körperteile und die Raumlagen, in die sie zu bringen sind. Die Zahl der Anweisungen wird begrenzt. Ein Denkmal kann auch aus einer ganzen Gruppe von Kindern modelliert werden.

Ab 7 J. ***Auftrag: „Du und dein Spielrad"***

Der Erwachsene gibt etwa folgende **Anleitung:** Setz dich mal auf dein Spielrad, stell dabei die Füße auf den Boden und suche dann die in den folgenden Sätzen genannten Teile. Setze in jeden Satz das fehlende Wort ein – es muss eines von diesen sein: links unten, über, links, rechts, auf, unten

Hier sind die Sätze – der erste ist schon fertig:

Ich sitze auf meinem Sattel.

Meine Klingel ist ... am Lenker.

Mein Bremshebel ist ... am Lenker.

Meine Kette und mein Schutzblech sind ... .

Mein Radständer ist ... .

Mein Gepäckträger ist ... meinem Hinterrad.

Meinen Fahrradhelm trage ich ... meinem Kopf.

Ab 6 J. ***Auftrag: „Du und deine Bodenfliese"***

Anleitung: Zur Bestimmung ihrer Position im Raum brauchen die Kinder einen Bezugspunkt. Die Bezugsperson ist der Ansager.

Die Kinder laufen zum rhythmischen Klatschen des Ansagers im Kreis. Beim Aussetzen des Klatschrhythmus sollen sie sich je nach Ansage vor, hinter, auf, rechts oder links von ihrer Bodenfliese postieren.

(Variante: Statt der Teppichfliesen kann man auch Zeitungsblätter nehmen.)

Ab 9 J. ***Auftrag: „Du und deine Häuser"***

Dieser Auftrag kann ab der dritten oder vierten Klasse ausgeführt werden. Die Bezugsperson ist wieder der Ansager und gibt folgende **Anleitung:** Jedes Kind sucht sich eine

Bodenfliese als sein „Haus Nummer 1" aus. Die Kinder laufen zum rhythmischen Klatschen des Ansagers im Kreis. Beim Aussetzen des Klatschrhythmus sollen sie sich auf ihrem „Haus Nummer 1" einfinden. Beim nächsten Durchlauf darf sich jeder sein „Haus Nummer 2" aussuchen. Die Raumlage von „Haus Nummer 1" darf derweil aber nicht vergessen werden. So ist es gegen Ende der Grundschulzeit meist möglich, sich bis zu vier Häuser zu merken und sich nach Ansage abwechselnd dorthin zu begeben. Achtung: Was des einen „Haus Nummer 2" ist, das ist eines anderen „Haus Nummer 4" und so weiter. Es gibt keine Verlierer, denn immer müssen alle „Häuser" besetzt sein, wenn es auch bis dahin mitunter zu hektischem Durcheinanderlaufen kommen kann.

Auftrag: „unter" oder „über"? — Ab 3 J.

Im Garten gibt es Baumstümpfe, Bäume, Sträucher, Mäuerchen, Treppen, Gartenbänke, Tische, Stühle, Liegestühle, Trittsteine, Buntsandsteinbrocken ...

Jedes Kind stellt ein Tier dar. Es kraxelt oder krabbelt dort umher, wo sich das echte Tier auch aufhalten würde. Dabei ahmt es die typischen Bewegungen seines Tieres nach.

Spielvariante: Der Ansager wählt aus, wo sich alle Kinder hinbewegen sollen, zum Beispiel: bei einer Springflut auf die Baumstümpfe und Mäuerchen ..., bei Hochwasser entlang der Trittsteine und auf die Sandsteinbrocken ..., bei Sturm unter die Bäume ..., beim Anblick eines schrecklichen Monsters unter die Gartenstühle ...

Auftrag: „Tiere frei lassen" — Ab 4 J.

Wild lebende Tiere sind von bösen Tierfängern geschnappt worden. Wir spielen Wildhüter und dürfen die armen Tiere wieder in ihrer Heimat frei lassen. Die Kuscheltiere des Kindergartens stellen hierfür wild lebende Tiere dar und werden je nach ihrem Lebensraum überall im Garten / im Außengelände des Kindergartens auf Bäumen, in Erdlöcher, unter Gebüsch, im Sand, zwischen Blumen, am Wasser, im Gras, im Schilf ... frei gelassen. Die Kinder *verbalisieren* ihre Vorhaben, bevor sie agieren.

Erkundungsaufträge für zu Hause, auf dem Spielplatz und im Straßenverkehr — Ab 8 J.

Ein erwachsener Spielleiter kündigt folgendes Detektivspiel an: „Mit welcher Hand tust du was?" Oder: „Mit welcher Hand tut der ... / die ... was?" Dazu gibt er/sie etwa folgende **Anleitung:** Beobachte dich selbst, wenn du die folgenden Tätigkeiten ausführst; überlege dabei nicht lange, sondern führe sie gleich aus:

Welche Hand benutzt du meistens beim Auf- und Zudrehen des Wasserhahns, beim Kämmen, beim Zähneputzen, beim Brotschmieren, beim Öffnen oder Schließen eines Reißverschlusses, beim Umblättern, beim Schreiben, beim Malen, beim Kuchenessen ...?

Jetzt beobachtest du bitte die gleichen Handlungen, wenn ein anderes Familienmitglied sie ausführt. Zuletzt überlege, bei welchen Tätigkeiten du *beide* Hände benötigst. Trage alle Beobachtungen in eine Strichliste ein.

Ab 6 J. ***Spähauftrag: „Verkehrte Welt"***

Für diese spielerische Übung ist eine Reckstange mit Sandkasten oder Weichmatte darunter erforderlich. Ein Kind setzt sich auf die Reckstange und soll ansagen, was es rechts und links von sich sieht. Anschließend lässt es sich rückwärts in den Kniehang gleiten. Es soll sich dabei gut festhalten. Es sagt an, was es jetzt rechts und links von sich sieht. Schließlich baumelt es im Kniehang in die andere Richtung und soll ansagen, was es rechts und links von sich sieht. Die anderen Mitspieler verfolgen die Bewegungen und bewerten die Antworten. Dann kommen auch sie nacheinander an die Reihe.

Ab 9 J. ***Erkundungsauftrag: „Wer bewegt sich wo?"***

Anleitung: Du bist Fußgänger und läufst in deiner Wohnstraße den Gehweg entlang. Bitte schau genau hin und zähle auf, was du *rechts* von dir siehst: Gartenzäune, Hauswände, ...

Links von dir fahren Radfahrer und wieder links von ihnen fahren ...

Ab 9 J. ***Erkundungsauftrag: „Auf dem Schulweg"***

Anleitung: Setze ein, was sich auf deinem Weg zur Schule *rechts* von dir befindet: ...

Auf welcher Straßenseite bist du gegangen? ...

Setze ein, was sich auf deinem Nachhauseweg von der Schule *rechts* von dir befindet: ...

Auf welcher Straßenseite bist du gegangen? ...

Ab 5 J. ***Vorstellungsauftrag: „Eine Geschichte zum Mitdenken"***

Die Gruppenleiterin liest oder erzählt die nachfolgende Geschichte. Die Kinder führen alle Bewegungen der kleinen Leonie mit aus. Sobald sie einen Fehler bemerken, rufen sie: „Hoppla!"

Leonie übernachtet bei Oma. Dazu hat sie ihr kleines Köfferchen gepackt mit Sachen, die sie unbedingt braucht. Bei Oma packt sie ihre Hausschuhe aus und stellt beide linken Hausschuhe unter das Bett.

Ihren neuen Schlafanzug möchte sie gleich vorführen. Sie schlüpft in ihr Schlafanzugoberteil und achtet darauf, dass das Schild mit der Größe vorne am Hals ist. Jetzt fährt sie mit beiden Füßen zugleich in die Hosenbeine.

Oma kleidet sich auch gerade um und legt ihre Bluse unter dem Stuhl ab. Dann verschwindet sie hinter dem Bad und Leonie hört das Duschwasser plätschern. Sie möchte auch über die Dusche springen. –

Nachdem sie beide nun „bettfein" sind, spielen Omi und Leonie noch eine Runde Memory®. Die Oma passt heute richtig gut auf und deckt alle Bildpaare sofort zu.

Schließlich gibt es noch etwas zu trinken und eine Gutenacht-Geschichte. Oma liest vor und fährt dabei mit ihrem Finger immer von rechts nach links unter der Zeile entlang.

Sie kramt noch ein zweites Vorlesebuch unter dem Bücherstapel heraus und auch noch ein drittes. Erst jetzt hat Leonie genug vorgelesen bekommen und kann einschlafen.

Auch Omi legt müde ihre Füße auf ihr Kopfkissen. Morgen werden beide zusammen etwas Spannendes unternehmen ..."

Themenspezifische Literatur

1. Literatur zur Entfaltung des Körperkonzeptes:

Eggert, Dietrich, und Bertrand, Lucien: *RZI – Raum-Zeit-Inventar*

Hannaford, Carla: *Mit Auge und Ohr, mit Hand und Fuß*

Meyenburg, Claudia: *Die Sache mit dem X*

Zimmer, Renate: *Handbuch der Psychomotorik*

2. Literatur mit Übungen zur Raumlagen-Sicherheit:

Buchner, Christina: *BRAIN-GYM® & Co. – kinderleicht ans Kind gebracht*

Dennison, Paul, und Dennison, Gail: *EK für Kinder*

Dennison, Paul, und Dennison, Gail: *BRAIN-GYM®*

Edition Bücherbär (Hrsg.): *Übungsblock für Kindergartenkinder*

Hering, Jochen: *Lernen braucht Bewegung*

Naville, Suzanne, und Marbacher, Pia: *Vom Strich zur Schrift*

Röttgen, Gisela, und Müllenbruch, Margit: *Ort und Richtung. Wahrnehmungstraining zur Orientierungsverbesserung für Sechs- bis Achtjährige*

Zimmer, Renate: *Toben macht schlau*

3. Gedichte und Lieder zur Lateralität:

Fried, Erich: „Die Einigelung", in: *Die Schnabelsau*, S. 28

Jandl, Ernst: „lichtung", in: *Ottos Mops hopst*, S. 19

Niegl, Johanna: „Pit und Pat", in: *Familie Bär*, S. 68-71

3.3.2 Raum und Zeit aktiv erkunden

Nehmen wir uns die Zeit, über Raum und Zeit nachzudenken. Auch wenn gewisse Zeitgenossen beständig unter Zeitdruck und Vorgabezeiten leben und als von außen gesteuerte Zeitzeugen eines Zeitraumes mit vermeintlich verschmelzenden Zeit- und Raumzonen glauben, dies sei reine Zeitverschwendung.

Sichtweisen der Phänomene Raum und Zeit

Raum und Zeit an sich sind unendlich. Um sie fassbar zu machen, muss man sie begrenzen und definieren. Aus *naturwissenschaftlicher Sicht* handelt es sich um physikalische Größen; um Abstandsmaße zwischen Messpunkten. So wird der Lauf der Uhrzeiger mit Maßstäben wie Sekunden, Minuten und Stunden skaliert und der Raum wird in seinen drei Dimensionen (Länge, Breite, Höhe) mit Metern, Quadratmetern und Kubikmetern gemessen. Damit sind die beiden Größen lediglich in ihren *immer gleich gültigen* Dimensionen erfasst, ohne die unterschiedlichen Gewichtungen in Betracht zu ziehen, die sie für bestimmte Personen unter gewissen Umständen haben können. Denn sie sind für einen Menschen durchaus nicht immer „gleichgültig" im Sinne von gleichwertig.

Die Quantifizierung von Sinnesempfindungen mit Wahrnehmungsschwellen und entsprechenden Schwellenwerten, um Unterschiede überhaupt zu erfassen, geht zurück auf den Psychophysiker Gustav Theodor Fechner (1860). Ihm zufolge unterscheidet der Mensch die Dinge nicht im Absoluten, sondern nach ihrem wahrgenommenen Verhältnis: Damit sind auch Raum und Zeit sozusagen absolut „verhältnismäßig".

Für moderne Physiker wie Albert Einstein bedeutet die Zeiteinteilung in Vergangenheit, Gegenwart und Zukunft nichts als eine hartnäckige Illusion; denn seit seiner Relativitätstheorie haben Raum und Zeit neue Dimensionen. Auch Pablo Picasso zeigt aus *bildnerisch-künstlerischer Sicht* eine neue Dimension von Zeit und stellt sie räumlich dar als Gleichzeitigkeit des nacheinander Betrachteten.

Bleiben wir in unserem Kontext bei der „Vorwärts-Zeit" und betrachten das Verhältnis von Geschwindigkeit und Zeit, so müssen wir feststellen, dass Geschwindigkeit physikalisch wiederum nur fassbar wird über die Zeiteinheit, in der sich ein Objekt voranbewegt (etwa: Kilometer pro Stunde). Geschwindigkeit ist für den Menschen ohne die Bezugsgröße Zeit nicht fassbar, weil er keine „Geschwindigkeitsrezeptoren" hat.

Aus *gesundheitlicher Sicht* gehören Raum und Zeit zu den essenziellen Bedingungsfaktoren für innere Ausgeglichenheit. Der Mensch braucht Zeit und Orte der Stille, um aus dem Teufelskreis des ständigen stummen Geplappers mit sich selbst herauszuwachsen und zur Ruhe zu kommen. Dabei kann er nur in sich ruhen, wenn er mit seinem Denken und Handeln in seiner Gegenwart weilt, diese Gegenwart täglich bewusst lebt und erlebt und so seine Zeiterfahrungen vereinfacht, anstatt gegenwärtig nur Zukünftiges zu planen und ausgerichtet zu sein auf erwartete Ereignisse.

Aus *soziologischer Sicht* haben Zeit und Sonnenbogen mit der Erfindung der Elektrizität ihre bestimmende Wichtigkeit für den Tagesablauf des Menschen verloren. Dem technischen Fortschritt allgemein ist es zu verdanken, wenn ein permanenter Zusammenschluss geografisch getrennter Plätze und Ereignisse durch Telekommunikation und uneingeschränkte Transportmöglichkeiten möglich wird: globale Gleichzeitigkeit. Für die Mikroebene von Kindern bedeutet es, dass die Fehleinschätzung von Raum- und Zeiteinheiten zunimmt, da sich ihre tägliche Lauf- und Bewegungszeit zusehends reduziert. Somit üben und lernen die Kinder nicht ausreichend, Längen und Distanzen sowie die dazu benötigte Zeit realistisch zueinander in Relation zu setzen. Im Pkw transportierte Kinder beispielsweise entwickeln keine reale Beziehung zwischen der Länge ihres Schulwegs und dem Zeitaufwand, der dafür benötigt wird, ihn zu Fuß abzuschreiten. Sie suchen sich andere Maßeinheiten für ihre Orientierung: Der Weg zur Schule dauert vielleicht so lange wie zwei Songs im Autoradio.

Aber sie erlernen den Zugang zum eigenen Körper und damit zur eigenen Identität nur über vielfältige Sinnes- und Bewegungserfahrungen. Wer sich nicht ausreichend im Freien bewegt, mit weiten Distanzen, lernt nur unzureichend den Weitblick als das Abschätzen großer Entfernungen. Seine Orientierungs- und Bewegungssicherheit im Raum bleibt eingeschränkt. Er erscheint ungelenk und tollpatschig. Ab der Kindergartenzeit aber wird die soziale Anerkennung in der Peergroup vornehmlich durch das eigene Bewegungsgeschick determiniert. Da kann sich rasch eine verhängnisvolle Kreisrelation ergeben aus Bewegungsarmut, motorischer Ungeschicklichkeit, Bewegungsunlust und geringem Selbstwertgefühl mit fatalen Folgen für die gesamte Persönlichkeitsentwicklung.

Euklidischer Raumbegriff und Ordnungsschwellen für die Zeit

Der *euklidische Raum* besteht aus der vertikalen, der horizontalen und der sagittalen Dimension. Die *Vertikale* fußt auf der Erfahrung der Schwerkraft, welche durch die Körpermitte wirkt. Die erste Erfahrung in dieser Hinsicht macht ein Baby, wenn es anfängt, seinen Kopf zu heben. Damit beginnt sein lebenslanger „Kampf" gegen die Schwerkraft.

Die *Horizontale* entwickelt sich aus der Lateralität des Körpers. Diese Rechts-links-Unterscheidung innerhalb des Körpers (siehe „Aufbau des Körperschemas", Kapitel 3.3.1) wird zwecks Richtungsanzeige auf die Mitwelt übertragen. Ungefähr mit dem dritten Lebensjahr beginnt die Auseinandersetzung mit der Seitigkeit, die durchaus lebenslang Probleme bereiten kann.

Die *Sagittale* wird über die Fortbewegung erfahrbar. Denn aus der Bewegung kommen die notwendigen Informationen zur Raumtiefe. Da wir Menschen durch die Stellung unserer Augen und den Drehwinkel unseres Kopfes vorrangig nach vorne und zur Seite ausgerichtet sind, erschließt und strukturiert sich uns der hinter unserem Kopf liegende Raum erst später.

Über die eben dargestellte Vertikale, Horizontale und Sagittale lernt das Kind, Objekte in allen diesen drei Raumdimensionen gleichzeitig zu lokalisieren und deren Beziehungen zueinander zu strukturieren. Es entwickelt über eigenes Bewegen und Handeln ein zunehmend stabiles, ganzheitliches raum-zeitliches Bezugssystem: Dinge, die den Menschen umgeben, haben immer eine bestimmte Raumgestalt. Und Bewegung führt stets in eine bestimmte Richtung und benötigt eine gewisses Zeitbudget. Sie findet in einer Raumebene statt und hat einen Raumweg. Sich in Zeit und Raum zurechtzufinden heißt, sich seiner Umwelt anzupassen und sie zu verstehen.

Aus *physiologischer* Sicht koordiniert die *Zeit* die Arbeit der Funktionssysteme des menschlichen Organismus. Biochemische Prozesse der Reizaufnahme und Reizverarbeitung beispielsweise bilden unsere physiologischen Taktzeiten. Wenn alle 30 bis 40 Millisekunden ein Reiz aufgenommen werden kann, erhalten wir gerade so oft eine neue Information aus unserem Körper und von unserer Mitwelt. Diese Ordnungsschwellen „quanteln" unsere Zeit. Mehrere solcher Momenterhebungen fügt unser Gehirn zusammen zu einem „Fenster der Gleichzeitigkeit" und erfasst damit zusammenhängende Abläufe auch als solche, obgleich die Momentaufnahmen durchaus zeitlich nacheinander im Zentralnervensystem eintreffen.

Dies soll exemplarisch dargestellt werden an den visuellen und auditiven Signalen eines Rettungsfahrzeuges im Einsatz und an der Frage, ob wir es zuerst hören oder zuerst sehen: Licht und Schall haben unterschiedliche Ausbreitungsgeschwindigkeiten; das Licht ist rascher. Hören und Sehen im menschlichen Organismus haben ihrerseits auch unterschiedliche Verarbeitungsgeschwindigkeiten: Hören geht rascher. Gehen nun von einem Rettungswagen Licht- und Tonsignale (Blaulicht und Martinshorn) aus, dann erreicht das Blaulicht die Rezeptoren in den Augen eher als das Martinshorn die Ohren. Aber der Ton wird im menschlichen Organismus schneller verarbeitet als das visuelle Signal. Zudem ist die Geschwindigkeit auditiver und visueller Reizverarbeitung abhängig von der Entfernung zur Reizquelle. Bis zu zehn Metern Entfernung eilt die Erregung durch das Martinshorn dem Blaulicht um maximal 40 Millisekunden voraus. Im Nahbereich hört man also den Ton eher, als man das Lichtsignal sieht. Bei einer Entfernung von mehr als zehn Metern verhält es sich umgekehrt.

Ganz schön kompliziert, aber letztendlich doch unerheblich; denn innerhalb von 40 Millisekunden werden alle Reize vom Gehirn als gleichzeitig eintreffend gedeutet. Sie fallen in ein „Fenster der Gleichzeitigkeit". Dies erreicht das Gehirn dadurch, dass es ein einheitliches Reizgesamtbild konstruiert, indem es die Verarbeitung einzelner Erregungen gezielt verzögert und als zusammenhängend begreift – mit der Möglichkeit einer situationsangemessenen Reaktion.

Zur Entwicklung der räumlichen Wahrnehmung und des Zeitbegriffs beim Kind

Die hirnphysiologischen Abläufe beim Sehen wurden bereits in Kapitel 3.3.1 beschrieben. Wie dort ausgeführt, gibt es im Gehirn keine übergeordnete Schaltstelle, die aus den einlaufenden Signalen ein Bild entstehen ließe. Vielmehr erfolgt die Integration der Signale zu einem Gesamtbild, wenn die Nervenzellen verschiedener am Prozess der visuellen Modalität beteiligter Hirnareale aktiv sind, nach dem Prinzip eines Feedback-Mechanismus. Zunächst verläuft die Entwicklung des Sehens nach der Geburt wie in Kapitel 3.3.1 beschrieben. Die Differenzierung der *räumlichen* Wahrnehmung ist dabei Teil der gesamten visuellen Wahrnehmung. Es geht um Fähigkeiten wie das Abschätzen und Erkennen von Gegenständen in der Nähe wie in der Ferne, das Abschätzen von Entfernungen, damit Sicherheit in den eigenen Bewegungen im Raum entstehen kann.

Aus einem gut entwickelten Körperschema heraus wagen die Kleinen den Griff und den Schritt in den Raum hinein und übertragen dabei die Raumlagen rechts, links, vorne, hinten und seitlich, die sie „am eigenen Leib" kennengelernt haben, auf ihre Umwelt. Also ist eine fundierte Körperwahrnehmung eine der Voraussetzungen für Raumempfinden.

Auch die Sehschärfe stellt eine wesentliche Grundlage für die Raumwahrnehmung dar. Ihre Entwicklung findet in den ersten sechs Lebensmonaten statt und sie ist mit fünf Jahren vollständig ausgebildet. Ebenso muss die Stereosicht beim Kind entwickelt sein (siehe Folgekapitel), damit es räumlich sehen kann. Erst wenn ein Kind die Entfernung eines Spielzeugs zu seiner eigenen Hand oder die Distanz von seinem Standort bis zur Tür abzuschätzen vermag, kann es auch gezielt greifen und im Raum manövrieren. Dieses räumliche Sehen differenziert sich vom vierten Lebensmonat an binnen weniger Wochen. Es wird auch benötigt beim Schreiben (Buchstaben unterscheiden sich durch ihre Lage im Raum: d, b, p, q), beim Rechnen (Zahlenräume, geometrische Figuren), bei handwerklichen Tätigkeiten wie auch bei der Teilnahme am Straßenverkehr (siehe Kapitel 3.3.3).

Mit sechs Lebensmonaten sind die primären Sehfähigkeiten wie Tiefenwahrnehmung (Stereosicht und damit räumliches Sehen), Farbsehen, Scharfsicht und zielgerichtete Augenbewegungen ausgebildet. Bereits lange vor der Kindergartenzeit präsentiert sich die Welt als bunte, dreidimensionale Vielfalt. Und die sensible Phase der Raumwahrnehmung, also das Zeitfenster für deren bestmögliche Entwicklung, ist spätestens bis zum sechsten Lebensjahr abgeschlossen.

Durch die enge Koppelung des Zeitbegriffs an die Raumwahrnehmung (über die vielfältigen Bewegungen im Raum) erfolgt bei ausreichenden Möglichkeiten zum großräumigen Agieren mit Spielgerät ein „Ko-Training" für Zeitempfinden. Der so erworbene Zeitbegriff ist ein handlungsimmanenter, gebunden an ganz konkrete Situationen: „Wie lange brauche ich, um von dem Baum bis zur Wiese zu laufen? ... Bin ich dabei schneller als die Olga? Kann ich den von Lars gekickten Ball noch erreichen? ... Na klar doch! Ich weiß genau, wann ich zugreifen muss, um das schwingende Schaukelbrett packen zu können.“ Die allgemein *gleich* gültige Zeit als Abstandsmaß zwischen Messpunkten, wie sie beim Laufen der Uhrzeiger mit Sekunden, Minuten und Stunden gemessen wird, kann erst ab dem siebten oder achten Lebensjahr begriffen werden.

Noch eine pädagogische Dringlichkeit: Weder in der präventiven noch in der rehabilitativen Arbeit darf es Ziel sein, bei allen Menschen ein gleiches, uniformiertes Raum- und Zeitempfinden herauszubilden, sodass sie im Gleichmaß denken, bewerten und handeln. Es wird immer langsamere und schnellere Menschen geben und wir werden nie die Langsamen schnell machen – höchstens sie unter Stress setzen und durch unser ständiges Antreiben verhindern, dass sie ein gesundes Selbstwertgefühl aufbauen können. Lassen wir also die beiden *verschiedenen* Strukturen der Zeit und des Raumes, nämlich ihre *vermaßte* Dimension und ihre unterschiedliche *Wertigkeit,* für jeden Menschen gelten. Verwirklichen wir endlich die bereits seit Langem geforderte reformpädagogische Revision hin zu einer Pädagogik des Zeitlassens und des Freiraumgebens!

„Flieg langsam – fahr langsam – beweg dich langsam“

Veränderte Raumwahrnehmung durch Bewegungsmangel oder auch mitbedingt durch ein Aufmerksamkeitsdefizitsyndrom ohne Hyperaktivität (das sind die langsam und verträumt wirkenden Kinder) behindert die Identitätsfindung und soziale Integration dieser Kinder. Aber sie kann gerade im Kindergartenalter und in den ersten beiden Grundschuljahren über psychomotorisch förderlich wirkende Bewegungsangebote mit entsprechendem Materialangebot und vom Kind selbst bestimmtem, konkurrenzfreiem Gebrauch geübt und gefördert werden. Auch für Kinder mit gut ausgebildetem Raum- und Zeitbegriff eröffnen sich reizvolle Spielsituationen bei kreativem Neugebrauch bereits anderweitig bekannter Materialien.

Für Kinder gibt es keinen „Babykram“, es sei denn, Außenstehende stigmatisieren gewisse Spielgeräte als solchen! So sind es nur Eltern, nicht aber ihre Sprösslinge, die beispielsweise Rollerfahren im ersten und zweiten Schuljahrgang als einen Rückschritt betrachten, da doch ihre Kinder „schon seit Jahren mit dem Rad unterwegs“ seien und dies vermeintlich gut beherrschten. Selbst für sieben- und achtjährige Kinder ist der Roller ein attraktives Spielgerät, mit dem man in diesem Alter neue „Er-fahrungen“ machen kann, wenn man es in ganz speziellem Gebrauch hat. Es kommt weniger darauf an, mit welchem Spielgerät die Kinder umgehen, sondern vorrangig darauf, was sie damit anstellen. Nur dabei findet hirngerechtes Lernen statt.

Dergestalt förderliches Spielgerät zeichnet sich aus durch einfache und zugleich variable Handhabbarkeit, angenehme Berührungsqualität, Kompatibilität der Materialien untereinander, sodass angstfreies, erkundendes Manövrieren möglich wird. Dazu können auch Alltagsmaterialien zählen.

Bei institutionell arrangiertem Lernen erscheint es sinnvoll, eine Spieleauswahl auf neuro-, entwicklungs- und lernpsychologischen Grundlagen zu treffen, die vom Leichten zum Schweren Lernsituationen prozessorientiert aufbaut. Diese grundsätzliche methodische Entscheidung lässt sich durch das in Abbildung 29 gezeigte Stufenmodell darstellen.

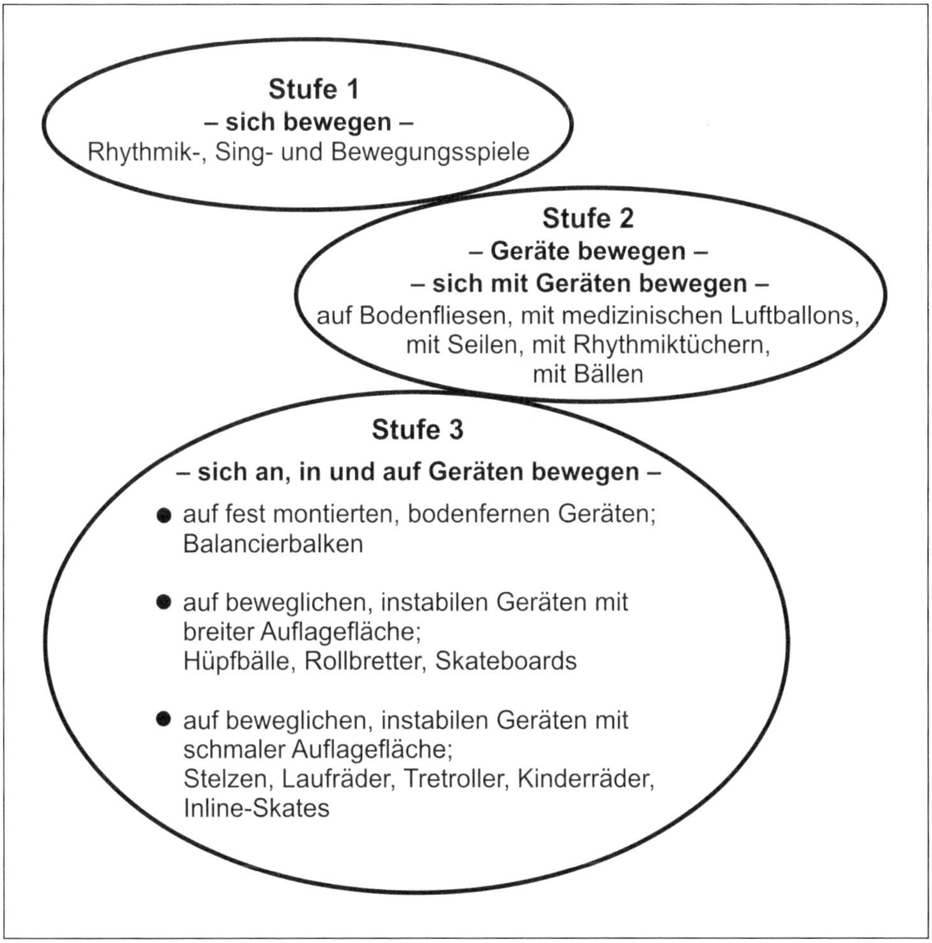

Abbildung 29: Stufenmodell für Bewegungsangebote

Im freien Nachmittagsspiel versuchen die Kinder Geräte mit unterschiedlichsten Anfordernissen zum gleichen Zeitpunkt zu bespielen. Dabei suchen sie sich die Spielvarianten aus, die sie motorisch beherrschen oder die sie bei Spielkameraden beobachten und unbedingt auch ausprobieren wollen. Dieses Lernen nach dem Prinzip *trial and error* samt Imitationslernen bleibt unsystematisch. Trotzdem hat es seine persönlichkeitsbildende Berechtigung. In pädagogisch arrangierten Lernsituationen jedoch sollten Prinzipien gelten wie:

- „Vom Leichteren zum Schwereren“
- „Ungewohnte Bespielmöglichkeiten nutzen“
- „Hübsch der Reihe nach“

So ist ein sicheres Bewegen auf dem Boden Voraussetzung dafür, dass Geräte mitgeführt und gehandhabt werden können. Erst danach wird es sinnvoll, sich an, in und auf Geräten zu bewegen. Dabei kann man wiederum drei Schwierigkeitsstufen unterscheiden:

1. zunächst fest montierte, bodenferne Geräte (Balancierbalken, Schwebebänke), danach
2. bewegliche, instabile Geräte mit breiter Auflagefläche (Hüpfbälle, Skateboards),
3. bewegliche, instabile Geräte mit schmaler Oberfläche (Stelzen, Laufräder, Tretroller, Kinderrädchen, Inline-Skates).

Wichtig ist für alle Spielsituationen, dass nach dem Prinzip der Serialität („hübsch der Reihe nach“) zunächst die einzelnen Bewegungssequenzen korrekt ausgeführt werden und bereits automatisiert ablaufen müssen, ehe – wenn überhaupt – auf Schnelligkeit gespielt werden kann; sonst verwischen die einzelnen Bewegungsabfolgen. Unexaktes aber kann weder im Kurzzeitgedächtnis behalten noch ins Langzeitgedächtnis überführt werden. Denken Sie an das Brustschwimmen: Nur wenn Bewegung und Atmung synchron verlaufen, entsteht eine gleichmäßige und ruhig gleitende Vorwärtsbewegung im Wasser. Die Langsamkeit in Atmung und Bewegung macht den Schwimmerfolg aus.

Mit den Materialien der nun folgenden Spielvorschläge lassen sich besonders gut langsame Bewegungssequenzen üben, die später automatisiert bei den Kindern auch schneller gelingen können. Die darzustellenden Spielsituationen ermöglichen Basiserfahrungen mit Raum und Zeit. Sie sind dem jeweiligen Entwicklungsalter der Kinder adaptierbar und sollen von den Kindern selbst wie auch von den pädagogischen Kräften und Eltern kreativ erweitert werden.

Praktische Vorschläge: Material- und Spielangebote für ungewohnte Raum- und Zeiterfahrungen

Luftballons, Zeitlupenbälle, Wasserbälle und medizinische Luftballons

Diese „Fluggeräte" zeichnen sich durch verzögerte Flugeigenschaften aus. Das hat den Vorteil, dass die Spieler sich aufgrund der Langsamkeit des Objektes leichter auf dessen Flugbahn einstellen können und beim Fangen oder Abschlagen aus dem Flug heraus mehr Zeit haben, den eigenen Körper in Position zu bringen. Eng verknüpft ist diese Flugbewegung mit der eigenen Bewegung des Spielers im Raum und durch den Raum. Beides ist zu koordinieren. Sind medizinische Luftballons (zwischen 50 und 150 Zentimeter Durchmesser; stabile Außenhaut) den Kindern noch neu, findet zunächst oft ein harter Schlagabtausch statt, bei dem der Ballon an der Deckenbeleuchtung des jeweiligen Raumes (oder der Halle) aufzuprallen und zu platzen droht. Der medizinische Luftballon hat jedoch die spezifische Eigenheit, dass man ihn sanft und mit wohldosiertem Druck behandeln muss. Wegen seiner Größe lässt er sich auch leichter fangen als kleine, feste Bälle. Noch behutsamer müssen die Zeitlupen- oder Japan-Papierbälle bespielt werden (12 Zentimeter Durchmesser). So beeinflusst die Geräteeigenschaft die Art und Weise des Bespielens – die wiederum entwicklungsförderliche Raum- und Zeiterfahrungen über motorisches Agieren ermöglicht.

Zu den vielfältigen Varianten des Bespielens gehören diese:

- Den Ballon als Rakete fliegen lassen, ihn über den Tisch schnipsen, auf einen Partner zu (ab 6 J.)
- Den Ballon hochschlagen und durch den Raum treiben (ab 6 J.)
- Balltransport mit Übergabe mittels umgedrehter Pylone (ab 4 J.)
- Papierball oder Luftballon in eine bestimmte Richtung pusten (ab 4 J.)
- Paarlauf mit dem Luftballon oder medizinischen Ballon zwischen Köpfen, Schultern, Hüften eingeklemmt (ab 6 J.)
- Sich gegenseitig Ballons zupushen (ab 6 J.)
- Ballons auf Hand- oder Chiffontüchern transportieren (ab 5 J.)

Chiffontücher, Zeitungspapier, Luftschlangen, Handtücher und Schwungtücher

Während Ballons formkonstant sind, trifft das für Luftschlangen und Tücher gerade nicht zu. Sie sind ebenso langsam im Flug wie Ballons, verändern im Spiel aber beständig ihre Grundform. Mit dieser Formveränderung je nach Einsatz und Einwirkung variieren auch ihre Flugbahn und ihr Flugverhalten:

Ein geknotetes Handtuch kann man zielgenauer und weiter schleudern als ein leichtes Chiffontuch oder eine gepustete Luftschlange. Bei solch verlängerter Beobachtungszeit ist für das Kind auch ein reduziertes Beobachtungsverhalten ausreichend, um im Spiel zu bleiben. Reaktionsschnelle Kinder müssen sich der noch ungewohnten Langsamkeit des Objektes anpassen; reaktionslangsame Kinder bekommen ihre Chance zu handeln und zu üben.

Tücher lassen sich wegen ihrer großen Materialoberfläche gut greifen. Sie erzeugen mit ihrer angenehmen Berührungsqualität keinen Wahrnehmungsschock und tragen damit zu mehr innerer Sicherheit bei. Wegen der ständigen Formveränderung ist bei jedem Spiel die Greifoberfläche eine andere; auf diese müssen die Spieler sich einstellen. Damit sind sie ständig gezwungen, ihr Spielmittel genau zu beobachten; sie müssen sich konzentrieren und ihre Aufmerksamkeit stark fokussieren. Diese dauernd wechselnde Einschätzung des Objektverhaltens ist anspruchsvoller als bei formkonstanten Materialien, zumal sich dieser Vorgang innerhalb einer Flugbahn und der damit verbundenen Flugzeit mehrmals verändert.

Ab 6 J. Zu den vielfältigen Varianten des Bespielens gehören die folgenden:

- Begrüßungsspiel mit Schreiten durch den Raum und Handtuchtausch bei Begegnung
- Handtücher als Platzhalter für Spiele mit Ortsfindungen wie vor ... / hinter ... / auf ... / neben ...
- Chiffontücher hochwerfen und fangen, wegpusten oder kreisend mit sich führen
- Ein hochgeworfenes Chiffontuch (oder eine Zeitungsseite) unterlaufen oder mit einem bestimmten Körperteil auffangen
- Paarlauf mit Handtuch oder Chiffontuch (zum Materialtransport)
- In einem abgesteckten Areal als „Gespenster" umherlaufen, ohne einander zu berühren (Nähe spüren)
- Mit Badetüchern Teile des Körpers abdecken und raten, welches Kind sich darunter verbirgt
- Ein Handtuch lassoartig über dem Kopf drehen und dabei laufen
- So schnell laufen wie erforderlich, um ein Zeitungsblatt vor der Brust haften zu lassen
- Geknotete Handtücher zielgenau in ein Wurfmal schleudern
- Luftschlangen in die Luft pusten oder hinter sich her ziehen und schweben lassen

Ab 8 J. ***Ein besonderes Schwungtuchspiel:***

Die Mitspieler sitzen auf dem Boden und lassen ein Schwungtuch mit bunten Segmenten wabern; jeder greift an einer Segmentlinie. Ein Kind bekommt die Aufgabe, entlang einer dieser Segmentlinien ruhig bis zur Mitte zu laufen und sich dort eine andere Linie zum weiteren Durchqueren auszuwählen. Der Mitspieler, bei dem es ankommt, wird zum nächsten Läufer.

Bei diesem Spiel ist hohe Konzentration auf die eigene Aktivität erforderlich, bei starker Reizeinwirkung und damit Ablenkungsgefahr durch das Wabern. Jüngere Kinder sollten Matten untergelegt bekommen, da sie – angesteckt durch die wabernde Unruhe um sie herum – eventuell anfangen zu hüpfen (was nach meiner Erfahrung allerdings nur selten vorkommt).

Abbildung 30: Gehen über ein waberndes Schwungtuch

Laufdollis, Hüpfbälle, Roller und Kinderrädchen

Ab 6 J.

Laufdollis gehören zur Gruppe instabiler Geräte, weil ihre Auflage auf dem Untergrund kleiner ist als der Kinderfuß. Will man darauf gehen, gerät man unweigerlich in eine instabile Lage. Sie sind relativ festgelegt in ihrer Bespielbarkeit: Man bewegt sich darauf vorwärts laufend im Sinne eines vereinfachten Stelzens in den Raum hinein, kann aber den Untergrund variieren und auf diese Weise Steigerungen im motorischen Anspruch herbeiführen, etwa durch seitliches Laufen in Nachstellschritten oder durch Treppensteigen. Beim Hüpfball sitzt der Spieler auf dem Ball (mit Griffhörnern für jüngere Kinder) und stößt sich mit beiden Beinen kräftig ab. So bewegt er sich durch den Raum, wobei er Tempo und Richtung selbst bestimmt. Vorteilhaft beim Hüpfball ist, dass die Kinder ihn überall benutzen können. Spielareale werden damit durchmessen, Abstände geschätzt und Hüpfpassagen arrangiert.

Eine besondere Spielvariante mit dem Sitzball:

Ab 7 J.

Grundschulkinder sitzen auf Pezzibällen (ohne Griff) und schubsen den Ball während ihres Vorwärtshüpfens mit rückwärtig greifenden Händen jeweils unter ihr Gesäß (siehe S. 126).

Abbildung 31: Sitzballhüpfen – vorwärts hüpfen und rückwärtig greifen

Tretroller und Kinderräder gehören zur Gruppe der instabilen Geräte mit äußerst schmaler Auflagefläche. Sie werden erst durch das Bespielen selbst ins Gleichgewicht gebracht. Heutzutage ist längst der wissenschaftliche Nachweis erbracht, dass Laufrad- und Rollerfahren die besten Vorbereitungen für motorisch sicheres Radeln sind (Birgit Jackel, 1997). Mit Tretroller und Kinderrad lässt sich ein Raum variantenreich durchqueren. Gleichgewichtsregulation auf diesen Spielgeräten zu üben bedeutet Schwung, Beschleunigung und Schwerkraft unmittelbar in das eigene Tun einzubinden und zu einer Raum- und Zeiterfahrung zu machen. Bei ruhigem Dahinfahren entsteht das Gefühl des *flow-driving*. Erst beim Wechsel von schnellerer in langsamere Fahrt oder umgekehrt wird das Gespür für unterschiedlichen Zeitverbrauch auf gleich langer Strecke erfahrbar. Schnelles Fahren erweist sich dabei als wesentlich leichter als eine Langsamfahrt. Bei letzterer droht diese Einheit aus Mensch und Geräte rasch ins Kippen zu geraten. Die Kinder können ihre Fähigkeiten beim Gleichgewichtfinden und -erhalten besonders in Spielsituationen mit Zielgenauigkeit üben.

Beispiele für pfiffige Übungsvarianten (in Rahmengeschichten oder Spielhandlungen eingebaut), mit Tretroller ab 5 J., mit Kinderrad ab 7 J.:

- Durchrollen schmaler Gassen mit Zusatzaufgabe (30 bis 40 Zentimeter Gassenbreite; Abgreifen eines Gegenstandes während der Fahrt)
- Punktgenaues Bremsen nach vorheriger Tempoaufnahme (Bremsbereich 30 Zentimeter)
- Befahren einer Wippe (Spezialanfertigung mit Ausmaßen für Tretroller und Kinderräder)
- Umdrehen zu einem Hintermann während der Geradeausfahrt und gleichzeitiges Erkennen und Benennen einer von ihm gezeigten Ziffer

Abbildung 32: Radfahren als Mehrfachhandlung mit Arbeitsaufträgen zum Raum- und Zeitmanagement

Weitere tolle Raum- und Zeiterfahrungen sind mit Geräten und Spiellandschaften zum Klettern und Schwingen in der schiefen Ebene oder der Vertikalen möglich. Beim Schwingen und Schaukeln taktet das Auspendeln nach vorne und hinten die Zeit. Dass weite Schwünge mehr Platz und Zeit beanspruchen als kurze, wird Kindern schnell klar.

Themenspezifische Literatur

1. Literatur zu unterschiedlichen Sichtweisen von Raum- und Zeit:

Mletzko, Ingrid, und Mletzko, Horst-Gerald: *Mensch und Zeit*

Vaas, Rüdiger: „Wenn die Zeit rückwärts läuft“

Zeh, Dieter: „Unser Alltagsbegriff der Zeit ist unzureichend“

2. Literatur zur Förderung von Raum- und Zeitbegriff bei Kindern:

Beins, Hans Jürgen: *Das große kecke Zeitungsblatt*

Eggert, Dietrich, und Bertrand, Lucien: *RZI – Raum-Zeit-Inventar*

Högerle, Marie-Luise, und Bundschuh, Carl-Michael: „Raumwahrnehmung"

Jackel, Birgit: *Psychomotorische Handlungskompetenz beim Radfahren*

Jackel, Birgit: *Kinder orientieren sich*

Köckenberger, Helmut: *Rollbrett, Pedalo und Co.*

Miedzinski, Klaus, und Fischer, Klaus: *Die neue Bewegungsbaustelle*

Zimmer, Renate: *Toben macht schlau*

3.3.3 Von optischen Täuschungen und behutsamer Einführung in das Kartenverständnis

Man weiß nur, was man sieht, und man sieht nur, von dem man weiß.
(Johann Wolfgang von Goethe, 1749–1832)

Blick von der Brücke ins fließende Wasser

Kinder aus einer dritten Jahrgangsstufe der Grundschule machen eine Wanderung. Sie überqueren einen Fluss. Eine Brücke führt sie hinüber. Die Perspektive von der Brücke hinunter auf den Fluss regt sie zu vielerlei Aktivitäten an. Bitte testen Sie sich selbst: Woran denken Sie gerade? Ja natürlich, die Kinder kommen auch darauf, von oben ins Wasser zu spucken. Das ist aus ihrem Blickwinkel betrachtet sinnvoll und erkundungswürdig. Vielleicht werfen sie auch leichte Stöcke ins Wasser und laufen zum gegenüberliegenden Geländer, um sie unter der Brücke hindurch wegtreiben oder ans Ufer anschwemmen zu sehen. Das sind kindliche Vorhaben, die zu Erkenntnissen über Raum und Zeit führen.

Die Lehrkraft schaut dem Treiben interessiert zu und gibt eine Anregung: „Beugt euch bitte einmal leicht über das Geländer vor. Die Füße bleiben dabei unbedingt auf der Brücke stehen! Legt jetzt eure Hände wie Scheuklappen rechts und links an eure Schläfen, sodass ihr nur noch das langsam fließende Wasser seht, nicht aber das Ufer. Nun müsst ihr geduldig eine Weile auf die Wasserfläche schauen. Es ist wichtig, dass ihr geduldig wartet. Nur dann könnt ihr nach einiger Zeit eine Veränderung bemerken."

Was werden die Kinder sehen? – Der Versuch kann nur dann gelingen, wenn die Beobachtenden auf einer Brücke über ruhig fließendem, breitem Gewässer stehen, wenn die Ufer außerhalb des Gesichtsfeldes liegen und der Spannungsbogen von den Kindern ausreichend lange gehalten wird. Dann entsteht der Eindruck, als bewegte sich die *Brücke* und als stünde das Wasser *still.* Hierbei handelt es sich um eine optische Täuschung des Raumgefühls. Es wurde bereits erwähnt, dass die Raumerfassung Teil der optischen Wahrnehmung ist. Hier erleben die Kinder nun, wie ein Bild in ihrem Kopf zu einem *unrealistischen* Abbild der Wirklichkeit wird. In der Nachbereitung der Erlebnisse des Ausflugs am nächsten Unterrichtstag kann auf weitere optische Illusionen eingegangen werden.

Sichtweisen

Beim Begriff „optische Illusionen“ oder „optische Täuschungen“ denken wir vorrangig an jene Kippbilder, auf denen wir beim *ersten* Hinsehen eine alte Frau erkennen und nach *längerem* Hinschauen statt derer ein junges Mädchen entdecken – oder umgekehrt. Bekannt ist auch die Darstellung von einer Vase und/oder zwei Gesichtern im Profil als Umspringen des Figur-Grund-Verhältnisses, auch Umkehrtäuschung genannt. Zudem unterliegt der Betrachter einer optischen Täuschung nur gar zu leicht, wenn gleich große Figuren vor einen perspektivisch verfälschenden Raum gestellt sind: Er glaubt dann, verschieden große Figuren zu sehen. Geometrische Formen scheinen sich zu verbiegen, sobald zwei Muster einander überlagern.

Wie wir die Welt um uns herum wahrnehmen, das beruht großenteils auf „Spekulationen“ des Gehirns. Meist liegt es dabei richtig, es lässt sich aber – wie die eben angeführten Beispiele für Illusionen zeigen – auch gerne verunsichern und in die Irre führen. Während der neuronalen Verarbeitung des visuellen Reizes kann es, wie im Beispiel der zwei aufeinandergelegten Muster, überlagerte und ausgeprägte geometrische Strukturen in deren Dimensionen nicht richtig bewerten. Die Assoziationsregionen im Scheitellappen bekommen Probleme (siehe Folgeabschnitt „Hirnphysiologisch auf der Wo-Bahn“). So neigen sie dazu, ihnen unerklärliche Lücken im Netzhautbild kurzerhand zu schließen, indem das Sehsystem beispielsweise einen weißen Fleck inmitten von Gelb mit der Farbe der angrenzenden Fläche (Gelb) ausfüllt. Damit erscheint das Areal als komplett gelb.

Das Gehirn mag keine Leere. Denn es ist auf Kohärenz erpicht und versucht ständig, aus den aufgenommenen Informationen sinnvolle Zusammenhänge zu konstruieren. Nur so kann es von seiner Umgebung einen klaren Eindruck gewinnen. Obwohl der Mensch seinen Blick unablässig umhergleiten lässt, das Bild auf der Netzhaut dabei hin und her springt und laufend Nervenimpulse in den unterschiedlichen Bereichen der Netzhaut ausgelöst werden, nimmt er die Welt als ruhende Einheit wahr. Denn damit kann im kognitiven Bereich am besten weitergearbeitet werden.

Bei dem „Brücken-Erlebnis“ der Kinder handelt es sich um ein Fallbeispiel für eine optische Täuschung des Raumgefühls in der dreidimensionalen Wirklichkeit, nicht um Erzeugen von Tiefenwirkungen auf einem Blatt Papier wie bei den Täuschungsabbildungen. In unserer Gesellschaft mit ihren veränderten Bewegungsgewohnheiten (auch der Kleinkinder) dominiert die Entwicklung der Nahsicht gegenüber der Fernsicht. Auf dem Display ihres Gameboys oder ihres Computerbildschirms erkennen sie kleinste Details, aber der schwimmende Stock im Wasser wird erst durch das gemeinsame Vorhaben beim Klassenausflug interessant und damit zum Fokus bei der Fernsicht; ebenso das frappierende Gefühl der gleitenden Brücke statt des fließenden Wassers: optische Auflösung entlang der Wo-Bahn im Bereich des Scheitellappens.

Computerbilder können niemals reale Raumerfahrungen ersetzen; oder anders formuliert: Computerbilder alleine führen niemals zu einer Raum- und Zeitwahrnehmung; denn ein Computerbild hat allenfalls Tiefe, aber keinen Raum, in den man sich hineinbegeben kann. Aus der so dargestellten Tiefe kann weder ein realitätsnahes Raumerlebnis noch ein Raum-Zeit-Gefühl entstehen! Nur in virtuellen Studios mit 3D-Brillen oder Simulatoren entstehen Eindrücke der Realität.

Hirnphysiologisch auf der Wo-Bahn

Der Scheitellappen mit seinen ausgedehnten assoziativen Regionen (= parietale Assoziationsrinde) ist ein riesiges Areal. Alles, was hinter der senkrecht verlaufenden Zentralfurche liegt, gehört zum Scheitellappen, bis dort, wo sich ganz am Ende des Hinterkopfes der Hinterhauptslappen anschließt. Wie die anderen drei Großhirnlappen ist auch er verantwortlich für eine ganze Reihe von Funktionen. Direkt hinter der Zentralfurche liegt das sensorische Rindenfeld mit den Körperempfindungen. Es war in unserem Kontext besonders bei den vorangegangenen Themen zur Senso-Motorik angesprochen. Nach Wolf Singer, dem langjährigen Direktor am Max-Planck-Institut für Hirnforschung in Frankfurt am Main, drückt sich in der strukturellen Anordnung der Areale auch deren Verschaltungsprinzip aus: Areale, die nahe beieinander liegen, sind auch funktionell eng miteinander verschaltet. Umgekehrt können getrennt liegende Areale ihre Analyseergebnisse nicht direkt austauschen.

Für den Scheitellappen bedeutet das: Die Analyseergebnisse seines sensorischen Rindenfeldes (aus taktiler und propriozeptiver Wahrnehmung) gehen in sich hinterhauptwärts anschließende Gebiete der parietalen Assoziationsrinde ein und liefern Informationen aus dem eigenen Handeln für die Raumerkennung. Denn Teile der sensorischen Nerven – solche, die am mittleren Bereich der innen liegenden Muskelfasern anliegen und propriozeptive Meldungen zur Stellung des Körpers im Raum liefern – enden zum Teil in den verschiedenen Arealen des Scheitellappens. Damit kann jene Endregion der propriozeptiven Nervenbahnen beispielsweise die Grenze zwischen dem eigenen Körper und dem ihn umgebenden Umfeld bewusst machen. Liegen doch hier angrenzend die Areale, die für Ortssinn, zeitliches und räumliches

Erfassen, Eigen- und Fremderkennung – also für die räumliche Lokalisation visueller Objekte – zuständig sind. Damit gehört der Scheitellappen zu den „empfangenden Regionen“, die Informationen aufnehmen, die die Sinne als Input für diverse Assoziationsareale geben.

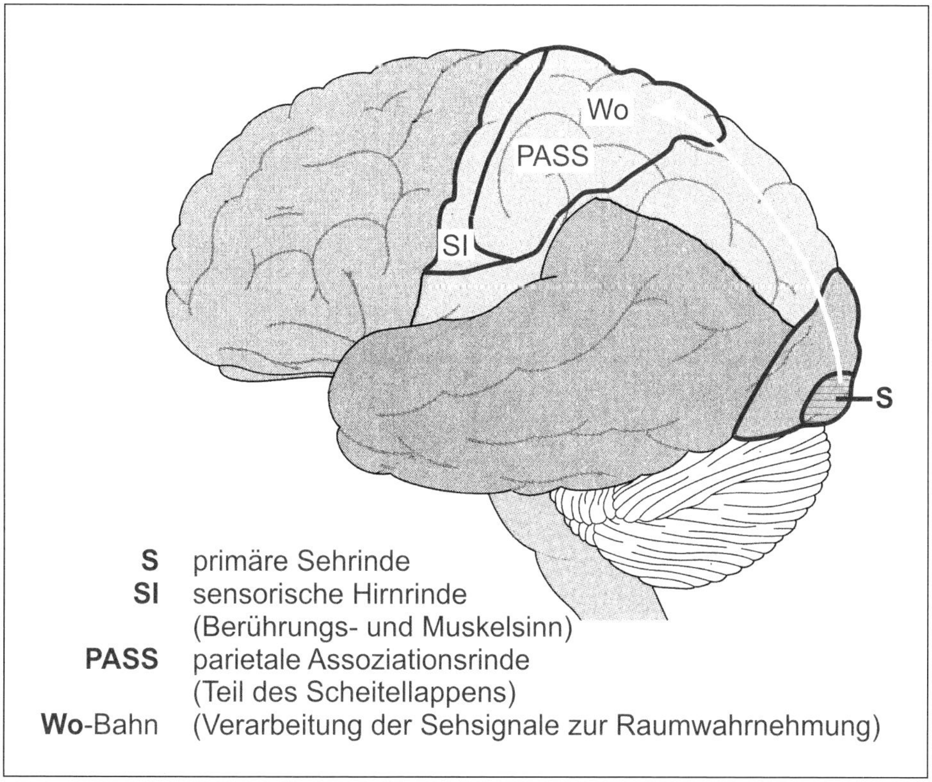

Abbildung 33: Die parietale Assoziationsrinde im Scheitellappen als Verrechnungsort für Informationen aus dem Muskel- und Sehsinn zur Raumerkennung

In der parietalen Assoziationsrinde (siehe Abbildung 33: PASS) laufen propriozeptive Meldungen aus dem sensorischen Rindenfeld (SI) und die Sehsinnessignale aus den Alpha-Zellen mit Nah-fern-Informationen (Wo-Bahn) zusammen. So gehören die parietalen Assoziationsregionen des Scheitellappens zu denjenigen Gebieten der Hirnrinde, die für höhere kognitive Fähigkeiten wichtig sind. Sie entwickeln sich ontogenetisch erst zu einem späteren Zeitpunkt. Lebensnotwendige Areale wie der Hirnstamm reifen in der ersten Phase bereits ganz aus; andere Bereiche wie der motorische und sensorische Kortex (letzterer als Teil des Scheitellappens) in dieser ersten Phase hingegen nur ansatzweise. In der zweiten Phase geht es um ein „Nachrüsten“ und um Neubahnung der neuronalen Verbindungen, bis dann in der dritten Phase erst die Assoziationsregionen für höhere kognitive Fähigkeiten (in Stirnhirn und Scheitellappen) reifen.

Das erklärt, weshalb die Entfaltung der Raumwahrnehmung vergleichsweise viel Zeit in Anspruch nimmt. Die Abstraktion von der Dreidimensionalität hin zu ihrem zweidimensionalen Abbild kann ihrerseits erst auf einer bereits gefestigten Raumvorstellung aufbauen. Folglich: Einführen in das Kartenverständnis erst ab dritter und vierter Jahrgangsstufe der Grundschule; Vertiefung dieses Verständnisses bis ins Jugendalter hinein.

Von der dreidimensionalen Realität zur zweidimensionalen Abbildung

Wie bereits hinlänglich dargelegt, findet im Verlauf der kindlichen Entwicklung Wahrnehmungslernen zuerst in der Dreidimensionalität der realen Umwelt statt. Wir stellen uns rücklings zu unserer Haustür und schreiten dann den Weg zum Kindergarten / zum Bäcker / zur Post / zum Wohnhaus der Tante / zur Schule ab. Im nächsten Schritt hin zum zweidimensionalen Abbild der Wirklichkeit steht das Schrägbild. Dabei wird von einem erhöhten Ort aus auf das zuvor abgeschrittene und dabei räumlich erfasste Areal geblickt. Kinder der zweiten Jahrgangsstufe der Grundschule können dazu im Sandkasten die Bodenstruktur nachbauen und Häuschen aufstellen, die den Originalen in ihrem strukturellen Äußeren ähnlich sind. Die Häuschen und andere Materialien, wie sie im Modelleisenbahnbau benutzt werden, sind besonders gut strukturiert und damit geeignet: Die Häuschen haben Balkone, Giebel, verschiedene Dachkonstruktionen und Stockwerkunterschiede. Außerdem gibt es Schuppen, Garagen, Bäume und Zäune und im Maßstab passende Modellautos, Werkzeuge, Tiere und menschliche Figuren.

Wenn nun von einer Position schräg oberhalb des Sandkastenmodells heruntergeschaut wird, präsentiert sich das Areal im Schrägbild. Will man zudem die Schattenbildung verdeutlichen, kann man mit Lampen, die einen Lichtkegel werfen (Lampen mit kegelförmigem Schirm), perfekt Schatten erzeugen. Dann bietet sich ein Unterrichtsgang auf einen Turm der Stadt an oder auf einen Steilhang hinter dem Dorf, von wo das zuvor im Modell nachgebaute Areal nun wieder in der Wirklichkeit als Schrägbild zu sehen ist. Auch auf einer Magnettafel mit zugehörigem magnetisch präpariertem Material kann (in der Waagrechten) beispielsweise ein Stadtbereich aufgebaut werden. Entsprechendes Material ist für die Arbeit mit Magnettafeln erhältlich. Hier allerdings fehlen gegenüber dem Sandkasten die realitätsnahen Bodenunebenheiten. Diesbezüglich muss hierbei bereits abstrahiert werden (können).

Vorteilhaft bei der Magnettafel ist, dass sie aus der Waagrechten mit einem Schwenk in die Senkrechte gebracht werden kann und damit in ihrer Position einer zweidimensionalen Landkarte entspricht: Man schaut in Direktansicht *von oben* auf die Objekte. Sind die Himmelsrichtungen eingeführt und auf der waagrechten Magnettafel eingezeichnet, wird nun deutlich, warum sich beim Kippen in die Senkrechte die Himmelsrichtung Norden jetzt oben und Süden fußwärts befinden muss. Damit den Kindern dieses „Ein-Norden“ wirklich einsichtig wird, ist enormes didaktisches Fingerspitzengefühl vonnöten. Ansonsten kann es passieren, dass zu Beginn der Sekundarstufe mancher Schüler immer noch glaubt, Norden befände sich an der Decke des Klassenraumes und Süden im Keller! Solches ist nicht unrealistische Schwarzmalerei, sondern die bittere Erkenntnis aus über 30 Jahren schulpraktischer Arbeit an Grund- und Hauptschulen.

Vor dem Umgang mit dem zweidimensionalen Kartenbild bietet sich die Verwendung einer Reliefkarte an oder – noch anschaulicher: Alle Kinder helfen mit, die flache Landkarte (die auf dem Fußboden liegt) so zu unterbauen, dass sie mithilfe von Schultaschen (= hohe Berge), Sportbeuteln (= flachere Hügel) und Kunsttaschen (= ansteigende Flächen) strukturiert wird, sodass Berge und Täler entstehen. Jetzt sollte für jedes Kind augenfällig werden, was auf der Landkarte mit den hellbraunen und dunkelbraunen Flecken, mit hell- und dunkelgrünen Flächen, roten Klecksen und blauen Schlangenlinien dargestellt werden soll.

Denn: Mag die Landkarte auch ein ganzes Schuljahr über an der Wand des Klassenzimmers hängen – solange damit nicht anschaulich und Verständnis bringend gearbeitet wird, solange also keine „sinn-volle“ Einführung in das Kartenverständnis gegeben wird, werden die Schüler alleine durch den Anblick von blauen Schlangenlinien, roten Punkten, schwarz-weißen Schnüren, braunen und grünen Klecksen nichts hinzulernen! Wie bereits Johann Wolfgang von Goethe sagte: ... man sieht nur, von dem man weiß.

Praktische Vorschläge: Erkundungsvorhaben im Grundschulalltag

Bei einem pädagogischen Vorhaben wird planvoll ein gesetztes Ziel gemeinsam und koordiniert angegangen und letztlich auch durchgeführt. Bei einem solchen Projekt wird besonders intensiv gearbeitet und gelernt; denn ein Projekt bedeutet Lebensnähe im Sinne von Relevanz für den Alltag der Kinder. Hier werden Lebenswirklichkeit und Schule zusammengeführt. So etwas bleibt besonders nachhaltig im Gedächtnis haften. Inhaltlich kann es sich dabei um ein spontanes Vorhaben oder um ein besonderes Projekt an einem besonderen Ort handeln. Das Bildungsthema muss nicht im Rahmenplan stehen. Es kann auch von den Kindern aus dringlichem Erkenntnisinteresse heraus in den Unterricht hineingetragen werden. Andere Formen von Vorhaben sind Projektwochen an Schulen, Projektteile im Rahmen von Wochenplanarbeit und Freier Arbeit. In all diesen Projektformen können die beiden nachfolgend angeführten Beispiele ihren Platz finden.

Erkundungsvorhaben: „Unser Wohn- und Schulumfeld“

Zu Beginn der Grundschulzeit sind Erkundungen in der Verkehrsrealität des unmittelbaren Wohn- und des Schulumfeldes unumgänglich. Raumlagen und räumliche Beziehungen werden überall visuell beobachtbar und als in Schritten ausmessbare Abstände zwischen realen Gegenständen und Personen im Verkehrsraum erfasst. Für verkehrsspezifische Erfahrungen erscheint eine Stufenfolge von vier Arbeitsschritten geeignet:

2. Schj.
- **Stufe 1:** Auf Erkundungsgängen zu Fuß rund um die Schule werden Beobachtungsaufträge ausgeführt, die zuvor im Unterricht vorbereitet wurden (siehe Kapitel 3.3.2). Auf diese Weise baut sich im Laufe des wiederholten Handelns Raumlagensicherheit auf.

2. Schj.
- **Stufe 2:** Nun kann an Abbildungen für diese Wirklichkeit gedacht werden, an verkleinerte Arrangements im Schonraum mit realen Gegenständen und Markierungen: Kartons für Gebäude, Kreidemarkierungen für Fahrbahnen, Gehwege und Fußgängerüberwege. Das Arrangement richtet sich nach den Möglichkeiten der Materialbeschaffung vor Ort. Kinder malen mit Kreide einen einfachen Parcours auf den Asphalt des Schulhofes – als Abbild der Straße, in der ihr Klassenkamerad Udo wohnt: Da steht sein Wohnhaus. Zwanzig Schritte dahinter biegt die Straße nach rechts ab. Dort auf der gegenüberliegenden Straßenseite ist die Eisdiele ..., der Bäcker ...

3. Schj.
- **Stufe 3:** Vom dreidimensionalen Raum geht es jetzt behutsam hin zum zweidimensionalen Flachmodell einer Magnettafel oder einer als Schrägbild bemalten Folie.

4. Schj.
- **Stufe 4:** Nach entwicklungs- und lernpsychologischen Erkenntnissen sind Kinder ungefähr im vierten Schuljahrgang der Grundschule fähig, sich in ihnen gegenüberstehende virtuelle Figuren hineinzuversetzen und beispielsweise zu entscheiden, ob diese nun nach rechts oder links gehen müssen, um einen Zielort zu erreichen. Ein solches Niveau des Raumwahrnehmungsvermögens erlaubt dann einen computergesteuerten Medieneinsatz.

4. Schj. Erkundungsvorhaben: „Kinderstadtplan“

Als Weiterführung des Erkundungsvorhabens „Unser Wohn- und Schulumfeld" kann ein Kinderstadtplan erstellt werden. Er soll wichtige Hinweise auf Gefahrenstellen enthalten und verzeichnet zudem interessante Freizeitmöglichkeiten – beides aus dem Erfahrungshintergrund der betroffenen Kinder von ihnen eingebracht, diskutiert und eigenhändig eingezeichnet. Die Straßenführungen des Ortsteils zusammen mit markanten Gebäuden bilden die Grundstruktur. Dann ergänzen die Kinder für sie wichtige Stellen im Plan in Form roter Warnhinweise oder grüner „Event"-Markierungen. So werden beispielsweise als vorrangig beachtenswert angesehen:

- eine fehlende Lichtzeichenanlage für Fußgänger;
- ein Radweg, der im Nirgendwo endet;
- auf dem Gehweg parkende Autos;

- ein Briefkasten oder Hydrant an dem ohnehin schmalen Gehweg;
- der Bäckerladen für den Stopp nach der Schule;
- eine eigentlich nicht zulässige Abkürzung über den Hinterhof einer Gaststätte;
- eine sehr steile Strecke, die man mit dem Rad nicht befahren sollte;
- ein hoher Bordstein;
- das Kino mit seinem Aushang;
- die Zoohandlung mit Kaninchen und Hamstern;
- der Spielplatz und Ähnliches mehr ...

Themenspezifische Literatur

1. Literatur zu optischen Täuschungen:

Ramachandran, Vilayanur, und Rogers-Ramachandran, Diane: „Illusionen: Wie kann man nur so blind sein?“

Ramachandran, Vilayanur, und Rogers-Ramachandran, Diane: „Illusionen: Vorsicht Lücke!“

Ramachandran, Vilayanur, und Rogers-Ramachandran, Diane: „Das Rechteck, das es nicht gibt“

2. Literatur zur Hirnphysiologie im Bereich des Scheitellappens:

Ratey, John: *Das menschliche Gehirn*

Singer, Wolf: „Neurobiologische Anmerkungen zum Konstruktivismus-Diskurs“

Spitzer, Manfred: *Musik im Kopf*

Wicht, Helmut: „Ein Gyrus für alle Fälle“

3. Literatur für die Grundschulpraxis:

Jackel, Birgit: „Im Verkehr“

Deutsche Verkehrswacht und GHS (Hrsg.): *FLUX. Die pfiffige Verkehrserziehung*

3.4 Themenschwerpunkt Aufmerksamkeit und Gedächtnis

3.4.1 Was man alles unter Aufmerksamkeit versteht

Da in erster Linie Änderungen in der Umwelt das Gehirn interessieren, wecken neue, auffällige oder bewegte Objekte die Aufmerksamkeit fast automatisch.

(Gerhard Friedrich und Gerhard Preiß, 2005, S. 36)

Hilfe, eine Wespe im Gruppenraum!

Haben Sie in einer Grundschulklasse nur eine einzige Wespe im Raum, so steigt mit an Sicherheit grenzender Wahrscheinlichkeit das Aufmerksamkeitsniveau aller Kinder auf einen sehr hohen Level – allerdings ausschließlich auf die Wespe gerichtet und nicht auf Ihr ursprünglich geplantes Unterrichtsvorhaben. Wenn möglich sollten Sie als Lehrkraft dieses vom Leben geschaffene Arrangement für explorierendes Lernen nutzen; denn in diesem Augenblick sind alle Kinder mit der gesamten Aufmerksamkeit hoch motiviert ausgerichtet auf dieses Insekt. Können Sie sich eine günstigere Voraussetzung für hirngerechtes Lernen vorstellen? Nutzen Sie diese Situation!

Am Beispiel „Wespe im Gruppenraum" wird deutlich, wie eng lernbeeinflussende Faktoren zusammenwirken. So bedingt das Aufmerksamkeitsniveau mit Fokussieren des Insektes und seines Flugmanövers die Art der kindlichen Wahrnehmung (Aufmerksamkeit und Wahrnehmung). Die Analyse der sensorischen Wahrnehmung wiederum setzt einen entsprechenden Handlungsentwurf für den Reaktionsplan im prämotorischen und motorischen Rindenfeld in Gang (Wahrnehmung und Handlungsplanung). Die Verknüpfung von Informationen aus dem Sehsinn mit dem bereits abgespeicherten Wissen aus früheren Erfahrungen mit Wespen (wie beispielsweise „Wespen stechen – das tut weh" als negative Erinnerungsassoziationen) ist maßgeblich für die gedankliche Verarbeitung und die Fähigkeit, abzuwägen und anstehendes Handeln zu planen.

In unserem Fall gilt es, sich in sicherem Abstand zu halten, aber zugleich äußerst neugierig zu bleiben (Wahrnehmung und Erinnerung und Emotion und Handlungsinitiierung). Erinnerung und gerade Erlebtes werden verglichen, um die eintreffenden Reize je nach Motivation und situationsbedingter Brauchbarkeit zu sortieren (Gedächtnis und Emotion und Bewertung und Wahrnehmung). Wer nun die Situation im Gruppenraum als bedrohlich empfindet, dessen Mandelkern signalisiert Alarm an das vegetative Nervensystem, was zu erhöhter Wachsamkeit und Wahrnehmungsbereitschaft im Sehsinn sowie blitzartiger Wahrnehmungserinnerung mit

Rückkoppelungseffekten führt. Dies mündet in eine Notfallreaktion: Flucht oder Angriff (Emotion und Aufmerksamkeit und Handlungsbereitschaft).

In jedem Fall – ob das einzelne Kind nun panisch nach der Wespe schlägt oder zurückweicht – sind alle hochgradig aufmerksam gerichtet auf das, was dieses umtriebige Insekt jetzt anstellen wird – mit den dazugehörigen positiven oder auch negativen Emotionen. Diese Gefühle bestimmen die Art der Reaktion (Fokus bewusster Aufmerksamkeit und Emotion und Motorik). Und nicht zu vergessen: Dergestalt hoch motiviert und gefühlsbeteiligt werden sich die Kinder das, was der Unterricht zum Thema Wespe erbringen wird, besser merken können als andere Themen, von denen sie sich nicht in diesem Maße innerlich angesprochen fühlen (Emotion und Gedächtnis). Die ganz eigene Motivation als kindliches Bedürfnis nach Erkenntnisgewinn, mit dem sie in den nachfolgenden Unterrichtsstunden an dem Wespenthema arbeiten werden, entscheidet, wie viel Aufmerksamkeit dem Thema zukommen wird.

Diese Wirkzusammenhänge sind bei weitem nicht vollständig in ihrer Darstellung. Sie zeigen nur einen Bruchteil dessen auf, was sich im Gehirn in einer solchen Situation abspielt. Sie lassen jedoch erahnen, um welche Größenordnungen an neuronalen Verbindungen es hier geht. So ist die Anzahl der Synapsenverschaltungen in subkortikalen Arealen (untereinander und zurück zu den Rindenfeldern für Handlungsplanung und -ausführung in der Großhirnrinde) zehn Millionen mal so groß wie die Anzahl der Synapsen bei der Reizaufnahme aus der Außenwelt samt ihrer Signalweitergabe an subkortikale Gebiete.

Die Hirnnervenzellen sind vor allem *miteinander* verbunden. Die Hauptarbeit des Gehirns besteht im Verarbeiten, Bewerten, Ordnen, Sortieren und ständigen Umstrukturieren einlaufender Signale, das heißt im „Um-denken". Auch wenn wir durch Fokussieren unserer Aufmerksamkeit die Zahl unserer sensorischen Impulse erhöhen können, werden wir niemals die neuronale Geschäftigkeit jener unteren, assoziativen Hirngebiete untereinander erreichen oder sie gar übertreffen. Unser Gehirn beschäftigt sich vorwiegend mit sich selbst. Es ist sich andererseits aber niemals selbst genug, sondern auf ständige Reizaufnahme von außen erpicht und damit auf Veränderung und Lernen.

Wovon Aufmerksamkeit beeinflusst wird

Aufmerksamkeit als Wirkfaktor im Gesamtprozess menschlichen Verhaltens hat zahlreiche Einflussgrößen um sich herum. Einerseits liegen sie in der Person des Betreffenden selbst: Hier spricht man von endogenen Einflüssen. Zu ihnen zählen Persönlichkeits-, Charakter- und Temperamentsmerkmale, die sich bei Hyperaktivität, Impulsivität und Intro- wie Extraversion, schlechter psychischer oder physischer Konstitution ungünstig auf Verhalten und

Lernen auswirken können. Außerdem spielen altersstufentypische Entwicklungsbesonderheiten im Kindesalter bei der Sichtweise der Dinge und Prozesse wie auch bei kindlichen Aktionen und Reaktionen eine Rolle.

Zu den Umwelteinflüssen, auch exogene Einflüsse genannt, zählen die elterlichen Umgangsweisen mit Vorbildfunktion, Aufsichts- und Fürsorgepflicht und die unterschiedlichen Erziehungsstile. Auch ungünstige ökologische Bedingungen schränken alle Wirkfaktoren rund um die Aufmerksamkeit ein (Ernährung, Tagesrhythmus, Schlaf) und tragen zu dem bei, was Pädagogen heute als vermehrt auftretenden Konzentrationsmangel bei den Kindern beklagen.

Abbildung 34: Aufmerksamkeit im Wirkfeld endogener und exogener Einflüsse

Die eine Art von Aufmerksamkeit: der Wachheitsgrad

Die neuere psychologische Literatur betrachtet Aufmerksamkeit weitgehend physiologisch. Demnach hat sie zwei Dimensionen: zum einen das Aufmerksamkeitsniveau oder den Wachheitsgrad (= Vigilanz) und zum anderen die selektive, gerichtete Aufmerksamkeit (= Fokus; fokale Aufmerksamkeit). Am Beispiel des Aufmerksamkeitsdefizitsyndroms wird ihre Wirkbeziehung zueinander augenfällig. Die Hirnströme eines ADS-Kindes bewegen sich meist wenig aktiv im Thetawellen-Bereich:Es fühlt sich müde und ist kaum in der Lage, seine Aufmerksamkeit für längere Zeit auf einen bestimmten Gegenstand oder Prozess zu fokussieren und Nebenreize auszublenden; geschweige denn, seine Hirnströme in den Alphawellen-Bereich zu beschleunigen, um optimal lernbereit zu werden und dann mit voller Hinwendung zur Sache im Betawellen-Bereich ohne Ablenkung den Spannungsbogen für eine gestellte Aufgabe durchhalten zu können. Hilflos springt es beim Suchen nach einem interessanten Fokus für seine Aufmerksamkeit hin und her, was im Alltag mit Kindern als „Pingpong-Effekt“ die Lerngruppe rasch stört und eine Kreisrelation aus Reglementieren und dissozialem Verhalten in Gang bringt.

Wie bereits in Kapitel 3.2.3 dargelegt, kann der physiologische Zustand im Gehirn, der für rasches und zweckmäßiges Reagieren notwendig ist, anhand der Hirnströme (also über das EEG) gemessen werden. Bei jedem Individuum wird der Wachheitsgrad sowohl von Variablen aus dem eigenen Körperinneren als auch von solchen aus der Umwelt bestimmt. Für die Organisation guter Lernvoraussetzungen bedeutet das, ein Arrangement im für die Kinder optimalen „Behaglichkeitsbereich“ zu finden. Außerdem sind Pädagogen spätestens seit den didaktischen Ausführungen von Hans Aebli damit vertraut, in ihren didaktischen Vorhaben Aufmerksamkeits- und damit einhergehende Leistungsschwankungen ihrer Schüler als *physiologische Gegebenheiten* zu berücksichtigen.

Spricht man von „guter“ oder „mangelhafter“ Konzentration, so ist die besondere Form der Aufmerksamkeitsschwankungen in Abhängigkeit von inneren *und* äußeren Umständen gemeint: Wachheitsgrad *und* Fokus. Damit erscheint Konzentration als eine Form Gesamtaufmerksamkeit, die wünschenswert ist, um ein Vorhaben auch wirklich optimal angehen zu können. Hierbei wird das Augenmerk auf einen eng umgrenzten Bereich des Wahrnehmungs- und Bewusstseinsfeldes gelenkt.

Die andere Art von Aufmerksamkeit: der Fokus

Die Gesamtmenge der Reize, die innerhalb eines bestimmten Zeitraums aufgenommen werden können, ist begrenzt. Sie hat für alle Menschen eine konstante Obergrenze. Deshalb ist es eine Mär, dass irgendwer sieben Dinge gleichzeitig gleich gut und mit gleicher Aufmerksamkeit erledigen könnte. Je mehr Aufmerksamkeitskapazität für eine bestimmte Aufgabe benötigt wird, desto mehr von dieser Kapazität muss an anderer Stelle abgezogen werden oder desto stärker automatisiert müssen die „Nebentätigkeiten“ ablaufen. So steht uns hirnphysiologisch ein sehr eingeschränkter Fokus für das Erfahren der Welt zur Verfügung. Doch wir brauchen ihn, sonst wäre unser Kopf voll von unbrauchbaren Informationen.

Wenn wir unseren Fokus auf ein Objekt oder einen Vorgang richten, synchronisiert sich die Aktivität all jener Hirnnervenzellen, die mit dieser einen Beobachtung zu tun haben. Voraussetzung ist das Bewusstwerden. Diese bewusste, fokale Aufmerksamkeit entsteht unter Gammawellen-Synchronisation vieler Hirnnerven als sogenanntes „40-Hertz-Feuermuster“. Neueste hirnwissenschaftliche Erkenntnisse dazu zeigen, dass dieses Gammawellenband erweiterbar ist bis auf 100 Hertz bei aktiver Erwartungshaltung – ein „Flitzebogen-Effekt“. Diesen Typ der fokalen Aufmerksamkeit bezeichnet man als „Top-down-Typ“, weil der Prozess ausgeht vom bewusst arbeitenden präfrontalen Kortex mit seiner Erwartungshaltung für Beobachtungsmerkmale – ein höheres Gehirnzentrum (= „Top"), das zum Stirnlappen gehört. Hier wird die Aufmerksamkeit willentlich gesteuert auf einen bestimmten Reiz hin ausgerichtet.

So sind die Kinder gespannt wie ein Flitzebogen, wenn sie beim Bewegungsspiel oder im sportlichen Wettkampf auf ein bestimmtes Signal warten und die beteiligten Hirnnerven bereits vorab synchronisiert und auf Empfang geschaltet werden. Hirnnerven, die zum taktilen, propriozeptiven, vestibulären, visuellen und akustischen Sinnessystem gehören, sind so zusammen mit der Bewegungsvoreinstellung aus den Basalganglien im Sportspiel auf Empfang vorprogrammiert. Der rückwärtige, tief innen und seitlich liegende Teil des präfrontalen Kortex (man spricht da von dorsolateral) schafft die Voraussetzung für das Bewusstwerden und bewirkt insofern das Fokussieren eines Objektes oder Vorganges.

Kognitionswissenschaftler sind der Ansicht, dass wir uns hauptsächlich jene Einzelheiten merken, denen wir uns bewusst zuwenden. Sie sprechen deshalb auch von der fokalen als einer „bewussten" Aufmerksamkeit. Durch dieses Selektieren und Fokussieren werden flüchtige Repräsentationen eines Reizes im Gehirn gefestigt (siehe Kapitel 3.4.2). Bis zur Entwicklung funktioneller Hirnscans konnte man sich kaum vorstellen, dass eine solch komplexe Komponente wie „Aufmerksamkeit als Determinante des Bewusstseins" jemals fest umrissenen Ballungen von Nervenzellen zugeordnet werden könnte, verortet im präfrontalen Kortex und im limbischen System. Aber Vorsicht bei jeglichem Versuch enger Lokalisation; denn auch Hirnstamm, Mittelhirn und Thalamus sind dabei auf biochemischer Ebene von Bedeutung, da sie die Neurotransmitter zu den direkt beteiligten Hirngebieten schicken.

Eine ganz persönliche Erwartungshaltung entsteht aus den individuellen Vorerfahrungen heraus, die besonders im Stirnhirn bereits als (positive wie negative) Bewertungsrepräsentationen angelegt sind. Jeder Mensch geht mit solcher Voreinstellung in eine bestimmte Situation hinein und wird diese in entsprechender Weise wahrnehmen. Erwähnt wurde bereits die fatale langfristige Wirkung generalisierter Selbsteinschätzungen aus dem frühen Kindesalter; die der Entfaltung eines gesunden Selbstwertgefühls abträglich sind (siehe Kapitel 3.3.1).

Wie bereits gesagt, zeigt bei bewusster Wahrnehmung der Scan eines modernen Kernspintomografen sowohl Areale des präfrontalen Kortex als auch aktive Hirnnervenverbände des verzweigten *emotionalen* Funktionssystems rot an: im Stirnlappen in den Teilgebieten des orbitofrontalen Kortex, des cingulären Kortex und im restlichen limbischen System als Speicherbereiche für emotionale Bewertungen. Denn der Frontallappen ist über zahllose Nervenbahnen mit fast allen anderen kortikalen Bereichen verbunden, so auch mit dem limbischen System, und zwar als Bahnung in beide Richtungen:

Gefühle gehen von uns unbemerkt in unsere bewusste Aufmerksamkeit mit ein, wie auch umgekehrt bei bewusster Aufmerksamkeit im Hintergrund Gefühle mitlaufen. So sind beispielsweise Kinder mit positiven Assoziationen zu Pausenzeiten im Außenbereich von Kindergarten und Schule beim Ertönen des Pausenzeichens kaum zu halten und springen freudig hinaus. Gehänselte Kinder hingegen wirken bedrückt und lustlos. Mitunter versuchen sie sogar mit allerlei Vorwänden, sich dieser Situation zu entziehen.

Besondere Hinwendung zu Neuem, zu Farbe und zu Bewegung

Ein anderer Typ der fokalen Aufmerksamkeit ist der „Bottom-up-Typ", bei dem die Reizimpulse sich ins Bewusstsein hinaufarbeiten müssen und damit auf autonomem Weg Aufmerksamkeit erlangen, ohne dass vorab ein spezieller Beobachtungsauftrag erfolgt wäre. Solches geschieht beispielsweise dann, wenn Neues oder farblich hervorstechende und bewegte Szenen im Sehverarbeitungsprozess vorrangig Beachtung finden.

Sabina Pauen, Professorin für Entwicklungspsychologie, und Gisa Aschersleben, Mitarbeiterin am Münchner Max-Planck-Institut für Kognitions- und Neurowissenschaften, nutzen jene Präferenz für Neues bei ihren Probanden in Windeln im Verlauf des ersten Lebensjahres, solange die Kinder noch nicht sprechen können. So erhalten die beiden Kognitionswissenschaftlerinnen Erkenntnisse zu deren geistigem Leistungsvermögen auf dem Weg über Aufmerksamkeitszuwendung; in diesem Fall aufmerksames und längeres Hinschauen zu Neuem. Für unseren Kontext ist aus diesem Untersuchungsdesign die Präferenz des Blickverhaltens interessant, nämlich dass bereits ganz junge Kinder auf bislang Unbekanntes besonders aufmerksam reagieren. Haben sie sich dann an den Anblick gewöhnt, lässt die fokussierende Aufmerksamkeit nach. Die kleinen Probanden schauen nur noch kurz mit Interesse zu den bereitgestellten Objekten hin und rasch gelangweilt wieder weg.

Mithilfe moderner Kernspintomografen kann heute die generell bevorzugte Hinwendung der Aufmerksamkeit des Menschen zu Farbe und Bewegung in einem kleinen Bereich des mittleren Schläfenlappens und in der parietalen Assoziationsrinde auf der Wo-Bahn der optischen Verarbeitung visualisiert werden. Das Wissen um diese Präferenzen im Blickverhalten wird in der Pädagogik allerdings schon seit Langem genutzt, indem bestimmte Farben bevorzugt verwendet und Lesen-, Schreiben- und Rechnenlernen auf vielfältige Weise mit Bewegungen in Verbindung gebracht werden. Mit den bildgebenden Verfahren der heutigen Generation kann man jene tradierten pädagogischen Wege endlich wissenschaftlich verifizieren.

Bewegtes Konzentrieren – bewegendes Konzentrieren

Hinwenden auf Neues, auf Bewegung und Farbe bewirkt sowohl einen erhöhten Wachheitsgrad als auch bessere Fokussierung; das heißt, sie steigert Vigilanz *und* selektive Aufmerksamkeit. Lernen bedeutet immer Veränderung der synaptischen Übertragungsstärke. Aktive Nervenverknüpfungswege stabilisieren sich und Aufmerksamkeit führt zu aktivierten Hirnarealen – abhängig vom jeweiligen sensorischen Input. Denn ohne Ausrichten der Aufmerksamkeit auf die zu lernenden Reize geschieht neuroplastisch nichts: Weder das Netzwerk neuronaler Verschaltungen differenziert sich, noch entstehen neue Repräsentationen aus flüchtigen Sinnessignalen. Wenn das Gehirn letztere nicht deuten und zuordnen kann, wird es sie sofort wieder ausblenden. Denken Sie an das Fallbeispiel, bei dem eine Landkarte das ganze Schuljahr über im Klassenraum hängt, aber ohne Einführung in das Kartenverständnis darauf nichts als sinnvoll erkannt wird und somit auch kein Lernzuwachs erfolgen kann.

Also gilt es, für effektives, hirngerechtes Lernen im pädagogischen Setting die Präferenzen für Neues, Buntes und Bewegtes zu nutzen. Zudem erinnern wir aus Kapitel 3.2.1 und 3.2.2, dass über mehrere Sinneskanäle Aufgenommenes vielfältiger abgespeichert und über mehrere Wege abrufbar und damit leichter erinnert wird. Achten die Kinder auf die Bewegung, so wird ihr Bewegungsareal im Gehirn aktiver, als wenn sie sich nicht darauf konzentrieren. Achten sie auf die Farbe, springt ihr Farbareal besonders stark an. Interessiert sie ein Gesicht, arbeiten die Hirnnerven im Gesichterverarbeitungsareal besonders heftig. Diese zusätzliche Aktivität im jeweiligen Hirngebiet hat die gleiche Stärke wie die zusätzliche Aktivität, die sich in den bildgebenden Verfahren nachweisen lässt, wenn Wörter oder Bilder verarbeitet und gemerkt werden. Nutzen wir also in der pädagogischen Praxis den positiven Effekt der zusätzlichen Aktivierung von Gehirnarealen durch die fokussierte Aufmerksamkeit. Dann lernt es sich leichter und dann speichert das Gelernte sich auch nachhaltiger als Gedächtnisinhalt im Gehirn ab.

Praktische Vorschläge

Spiele mit „Flitzebogen-Effekt“: konzentrieren und reagieren

Bei der Spielauswahl ist darauf zu achten, dass auf ein bestimmtes Signal geachtet werden und dann die vereinbarte Reaktion erfolgen muss. Es sollte aber nicht darum gehen, dass man besonders rasch reagieren muss, wenn man im Spiel bleiben will. Im Elementar- und Primaralter sollte nicht die Reaktionsschnelligkeit für den Spielerfolg ausschlaggebend sein. Denn sie entwickelt sich erst im Laufe des Heranwachsens der Kinder und kann im Kindergarten- bis hin zum Grundschulalter individuell sehr verschieden sein. Das birgt die Gefahr, dass langsame Kinder in Wettspielen ausgegrenzt werden, mit fatalen Folgen für Selbstwertgefühl und Selbstkonzept. Deshalb sollten *alle* Kinder die Zeit bekommen, auf ein vorab vereinbartes Signal zu achten und zu reagieren; es gibt bezüglich der Schnelligkeit keine Gewinner oder Verlierer.

Das schließt nicht aus, sondern beinhaltet durchaus auch, dass zu impulsive und zu langsame Kinder durch das Aufmerksamkeitstraining im Laufe der Zeit lernen sollen, ihre Reaktionszeiten angemessen zu steuern. Besonders jüngere Kinder mit ihrem großen Bewegungsdrang profitieren von bewegter Konzentrationsförderung. Dabei ist darauf zu achten, dass die Bewegungsaufgaben einfach gewählt werden, damit sie automatisiert ablaufen können und für die eigentliche Konzentrationsaufgabe genug Kapazität verbleibt.

Alle Vögel fliegen hoch (Gemeingut) Ab 3 J.

Spielanleitung: Die Kinder sitzen am Tisch und trommeln mit ihren Zeigefingern auf die Tischplatte. Der Ansager spricht: „Alle Vögel fliegen hoch!" Die Mitspieler recken ihre Arme über den Kopf. Jetzt sucht sich der Ansager ein anderes Objekt aus (flugtüchtig oder nicht) und ruft: „Alle ... (Tische / Autos / Flugzeuge) fliegen hoch!" Die Mitschüler müssen für sich nun entscheiden, ob das angesagte Objekt fliegen kann oder nicht. Kann es fliegen, recken sie die Arme über den Kopf. Wer glaubt, dass es nicht fliegen kann, trommelt weiter auf die Tischplatte. Man darf sich natürlich auch irren. Reihum spielt jedes Kind einmal den Ansager.

Schlappes hat sein' Hut verlor'n (Gemeingut) Ab 5 J.

Spielanleitung: Der Ansager spricht: „Schlappes hat sein' Hut verlor'n – der / die ... (Name einsetzen) hat ihn." Daraufhin antwortet das namentlich genannte Kind: „Der / die ... hat ihn nicht; der / die .... (neuen Namen einsetzen) hat ihn!" Es wird darauf geachtet, dass jeder Mitspieler an die Reihe kommt. „Schlafmützen" dürfen im Sitzkreis angeschubst werden, damit sie reagieren.

Feuer, Wasser, Hilfe (Gemeingut; in zahlreichen Varianten gespielt) Ab 3 J.

Spielanleitung: Die Kinder laufen zum rhythmischen Klatschen und Singen des Spielleiters frei im Raum umher. Vorab wird vereinbart, wohin sie sich retten sollen, wenn die Musik abbricht und eines der drei Codewörter gerufen wird; zum Beispiel bei „Feuer" unter die Tische, bei „Wasser" kniend auf die Stühle und bei „Hilfe" zu den Fenstern laufend und um Hilfe rufend und winkend. Im Turnraum können auch verschieden farbige Bodenfliesen die Male bilden: rote Fliesen für „Feuer", blaue Fliesen für „Wasser" und zwischen den Fliesen herumlaufen und gestikulieren für „Hilfe".

Spielvariante: „Hört auf mein Kommando!"

Vorab werden bestimmte Kommandos verabredet, auf die hin festgelegte Bewegungen auszuführen sind, zum Beispiel: Beim Ruf „Kommando Bauch" legen sich alle Mitspieler bäuchlings auf den Boden. Ertönt hingegen der Ruf: „Achtung: Bauch!" oder nur „Bauch", bleibt der Ruf folgenlos.

Ab 6 J. ***Herr Fuchs, wie spät ist es? (Gemeingut)***

Spielanleitung: Ein Kind ist der Fuchs und steht der restlichen Spielgruppe in einem markierten Abstand gegenüber. Die „Gänse" müssen bis zu dieser markierten Linie an den Fuchs herantreten, stehen aber fluchtbereit. Sie fragen den Fuchs nach der Uhrzeit. Solange dieser eine beliebige Zeit nennt, geschieht nichts. Ist für den Fuchs jedoch „Mittagszeit", so will er sich eine Gans schnappen. Die Gänse rennen beim Ertönen des Codewortes zur Grenzmarkierung am Hallenende; auf dieser Wegstrecke können sie vom Fuchs geschnappt werden. Da ein eingefangenes Kind (also die Beute) vom Fuchs zum „Hilfsfuchs" ernannt wird und damit im nächsten Durchgang als zusätzlicher Fänger mitspielt, ist Gefangenwerden nicht unattraktiv.

Nach ähnlicher Regel ist zu spielen: „Wer hat Angst vor'm schwarzen Mann?" (Gemeingut)

Ab 6 J. ***Flitzebogen-Geschichte***

Spielanleitung: Vorab werden Tiere und für sie typische Bewegungen festgelegt und eingeübt: Der Elefant wird dargestellt anhand eines ausgestreckten Armes als Rüsselsymbol, bei gleichzeitig untergefasstem zweitem Arm mit Nasengriff; der Frosch wird durch einen Sprung aus der Hocke in die Streckung charakterisiert, der Storch durch angewinkelt hochgezogene, dann waagrecht ausgestreckte und langsam wieder auf den Boden gestellte Beine, das Schwein durch Grunzlaute, der Hahn durch flatternde Auf- und Abbewegung der Arme, das Pferd durch Trampeln mit den Füßen und Wiehern.

Nun erzählt die Spielleiterin eine Geschichte mit den Codewörtern Elefant, Frosch, Storch, Schwein, Hahn und Pferd. Taucht eines dieser Tiere in der Geschichte auf, müssen die Kinder die entsprechende Bewegung ausführen.

Auf unserem Bauernhof gibt es heute eine riesige Überraschung. Die Henne hat gebrütet und heute sind die Küken geschlüpft. Der Hahn als stolzer Vater muss die Neuigkeit sofort allen Tieren auf dem Bauernhof erzählen. Zuerst rennt er aufgeregt zu der Pferdedame Berta und verkündet das tolle Ereignis. Berta kommt gleich mit und will die Küken betrachten. Aber die beiden gehen erst noch zu dem Frosch im Teich. Er will auch mitkommen. Als die drei so über die Wiese laufen, kommt ein Storch daher. Auch er hört sich die Neuigkeit an und läuft mit dem Hahn, der Pferdedame und dem Frosch in Richtung Hühnerstall. Unterwegs führt ihr Weg sie an der Schweinesuhle vorbei. Dort wälzt sich das Schwein gerade im Dreck, dass es nur so spritzt. Das hält den Hahn aber nicht davon ab, auch hier seine Neuigkeit herauszukrähen. Und das Schwein trabt auch mit zum Hühnerstall. Dort gibt es nun für alle Tiere viel zu bestaunen. Und wie passt der Elefant in diese Geschichte? Das soll uns ein Kind erzählen, dem dazu etwas Lustiges einfällt ...

Spielerisches Lernen mit Bewegungs- und Farbneugier: konzentrieren und besser behalten

Buchstabenspiele

In der Grundschule: Beim Lesen- und Schreibenlernen werden die Buchstaben mit Kreide so groß auf den Asphalt des Schulhofes aufgemalt, dass sie von den Kindern abgelaufen werden können. Sollen die Buchstaben (etwa bei schlechtem Wetter) auf dem Hallenboden markiert werden, wird Isolierband aufgeklebt. Später legen die Kinder mit Springseilen großräumig die Buchstaben (mehrere Springseile für einen Buchstaben verwenden) oder formen mit ihren Körpern die Buchstaben (mehrere Kinder bilden einen Buchstaben). Schwieriger wird es, wenn ein Buchstabe aus nur einem Seil gelegt oder von nur einem Kind dargestellt werden soll. 6–7 J.

Beim Lesenlernen wird zum Lautieren und Zusammenziehen der einzelnen Laute zu Wörtern auf je einer Bodenfliese ein Lautkärtchen befestigt. Sind die Buchstaben in der richtigen Reihenfolge von links nach rechts aufgelegt, kann nun das Wort „erhopst" werden. Ist es erst einmal gelesen, werden die Bodenfliesen kreisförmig angeordnet, sodass zum Zusammenschleifen die richtige Reihenfolge erst gefunden werden muss.

Im Kindergarten: Wenn das Anlautieren geübt wird, ruft die Erzieherin Wörter mit verschiedenen Anlauten. Die Kinder finden sich dann bei der jeweiligen Bodenfliese oder dem aufgemalten Anlautbuchstaben des betreffenden Wortes ein. 5 J.

Der Anlaut wird jeweils in einer Farbe markiert, die für die Kinder einen hohen Aufforderungscharakter hat, zum Beispiel Rot oder Pink.

Weitere Anregungen zu „bewegtem" Lesen- und Schreibenlernen mit Freude an der Sache finden sich in der unten angeführten Literatur.

Zahlenspiele 6–7 J.

Spielanleitung: Hier dienen Bodenfliesen als Platzhalter für Zahlen. Die Umrisse von zwanzig Bodenfliesen werden mit Kreide in Reihe auf den Asphalt des Schulhofes aufgemalt. Eine farbliche Trennlinie verläuft senkrecht und deutlich sichtbar hinter der zehnten Fliese. Jetzt kann damit die Zehnerüberschreitung visualisiert werden, wenn rote und gelbe Bodenfliesen verwendet werden: Die Addition „7 + 4" ist dann mit sieben roten und vier gelben Bodenfliesen zu legen, wobei drei der gelben Fliesen bis zum vollen Zehner verbraucht werden und die vierte gelbe Fliese hinter der Zehnermarkierung zum Liegen kommt: „7 + 3 + 1 = 11"

Auf der Schultreppe können auf- und absteigend das Addieren und Subtrahieren „erlaufen" und damit über Bewegung erfasst werden. Für kleine Zahlenräume eignen sich die Leitersprossen hinauf zu einer Rutsche, wie sie in der Regel auf den Schulhöfen von Grundschulen zu finden ist.

Zum Umgang mit Mengen werden Bodenfliesen in bunter Reihe ausgelegt. Auf jeder Fliese befindet sich ein Kieselstein, ein Kooshball, eine Kastanie oder anderes. Zu gestellten Aufgaben wie „3 + 5" hopsen die Kinder (mit einem Sandeimerchen in der Hand) von einer Fliese zur nächsten und sammeln erst drei Materialteile ein und dann fünf dazu.

Mit bunten Punkten lassen sich Mengen auch in räumlich anderer Anordnung als der Reihe legen – zur Mengenerfassung auf einen Blick, ohne Anzählen und zum Erfassen der Mengenkonstanz bei variierender Anordnung. Große Schaumstoffwürfel mit Augen ergänzen die Arbeit bei der Mengenerfassung bis sechs.

Im Bewegungsspiel mit der Anweisung „Findet euch zusammen … (zu viert, zu dritt …)" wird zunächst im Kreis gelaufen, während der Spielleiter rhythmisch klatscht, bis er aussetzt und die Anzahl an Kindern ansagt, die sich jeweils zusammenfinden sollen. Die Anzahl kann von einem Mitspieler auch mit einem großen Schaumstoffwürfel erwürfelt werden.

Weitere Anregungen zu „bewegtem" Zahlenverständnis mit Freude an der Sache finden sich in der unten angeführten Literatur.

Themenspezifische Literatur

1. Literatur zu Gehirnwellen, Bewusstsein und Aufmerksamkeit:

Bundesministerium für Bildung und Forschung (Hrsg.): *Lehr-Lern-Forschung und Neurowissenschaften: Erwartungen, Befunde und Forschungsperspektiven*

Engel, Andreas; Debener, Stefan, und Kranczioch, Cornelia: „Bewusstsein: Good Vibrations"

Koch, Christof: *Bewusstsein – ein neurobiologisches Rätsel*

Ratey, John: *Das menschliche Gehirn*

2. Literatur zu Präferenzen im Blickverhalten:

Aschersleben, Gisa: „Probanden in Windeln"

Pauen, Sabina: „Denken vor dem Sprechen"

Spitzer, Manfred: *Lernen. Gehirnforschung und die Schule des Lebens*

3. Literatur zu Bewegung beim Lesen-, Schreiben- und Rechnenlernen:

Beigel, Dorothea; Steinbauer, Waltraud, und Zinke, Kurt: *Das bewegte Klassenzimmer*

Buchner, Christina: *Lesen lernen mit links …*

Buchner, Christina: *Neues Lesen – neues Lernen*

Buchner, Christina: *Neues Rechnen – neues Denken*

Friedrich, Gerhard, und Galgóczy, Viola de: *Komm mit uns ins Zahlenland*

Friedrich, Gerhard, und Preiß, Gerhard: „Pädagogik. Lehren mit Köpfchen"

Haberda, Brigitte: *Rechnen – keine Hexerei*

Hohl-Brunner, Ursula: *Buchstabensuppe und Zahlensalat*

3.4.2 Vom Arbeitsgedächtnis in Aktion

Das Arbeitsgedächtnis ist der geistige Kleber, der die vielen Verbindungen zusammenhält, während wir einen Gedanken denken oder eine Handlung bis zum Ende ausführen.

(John Ratey, 2001, S. 234)

Schnittstelle Hippocampus

Der Hippocampus, eine wichtige Struktur in unserem Arbeitsgedächtnis, fällt uns als erste Instanz ein, wenn wir an Lernen und Behalten denken. Das mag daran liegen, dass der Hippocampus durch die neuesten Erkenntnisse aus der Hirnforschung in aller Munde ist. Stellt er doch für neurowissenschaftliche Untersuchungsdesigns ein ideales Studienobjekt dar. Denn will man mittels Gehirnscans etwas über das Lernen sichtbar machen, gelingt das am besten in hippocampalen Bereichen. So schwirren seit 2005 dank einer viel beachteten Experimentalstudie die darin untersuchten Sumpfmeisen durch die neurowissenschaftliche Literatur und präsentieren ihre erstaunliche Ortskenntnis dadurch, dass sie bis zu 1000 Futtervorräte für schlechte Zeiten anlegen und wiederfinden können. Diese Fähigkeit wächst beim Jungvogel über die Zunahme an Nervenzellen und Nervenverknüpfungen zur Orientierungsfähigkeit im Raum. So lässt sich an Sumpfmeisen das Größenwachstum des Hippocampus durch Neurogenese und Zunahme der Vernetzungsdichte ebendort demonstrieren.

Seit 2006 gerät auch der Hippocampus des Menschen im Zuge der Stammzellenforschung stärker in die Schlagzeilen, obgleich bereits 1998 der schwedische Neurologe Peter Eriksson von der Universitätsklinik Göteborg für menschliche Gehirne den Nachweis erbringen konnte, dass im Riechkolben und im Hippocampus nach der Geburt Nervenzellen nachwachsen (= adulte Neurogenese). Das im Erbgut konservierte Isotop 14C aus überirdischen Atomtests verrät heute den Neurowissenschaftlern das Alter von Hirnzellen; sie können damit nach dem Tode der Versuchsperson die während ihrer Lebenszeit neu entstandenen Hirnzellen als die jüngeren gegenüber dem übrigen Gewebe erkennen.

Doch zurück zu den Kindern im Elementar- und Primaralter, bei denen die Synapsendichte in bestimmten Hirnarealen noch nicht einmal ihren Höhepunkt erreicht hat und das natürliche Ausdünnen in anderen Hirngebieten gerade läuft. Die hippocampalen Gebiete liegen rechts und links an den unteren Innenseiten der Schläfenlappen. An ihrem Kopfende sitzt der Mandelkern. Er liefert mit seinen unmittelbaren und extremen Gefühlsbewertungen gleich die emotionale Spurung zu jedem einlaufenden und registrierten Signal.

Funktional gesehen ist der Hippocampus vielseitig. Sein am häufigsten benannter Mechanismus ist die Verarbeitung von Sinneseindrücken während einer neuen Erfahrung durch den sensorischen Teil der Hirnrinde. Von dort aus wird diese Erfahrung an ihn weitergegeben und von ihm erneut durchgespielt. Zudem ist er zuständig für das Behalten von persönlichen Ereignissen, Informationen, Fakten und Meldungen. Mit seinen ortsbezogenen Nervenzellen managt er Ortskenntnis und arbeitet zudem auch als „Neuigkeitsdetektor". Denn er identifiziert Neues als solches, da er alles Bekannte bereits gespeichert hat. Ist dieses Neue für ihn interessant, baut er dazu Nervenverknüpfungen auf und verändert bei jedem neuen Reiz seine Nervenplastizität. Schließlich bildet er zusammen mit dem präfrontalen Kortex die Strukturen für das Arbeitsgedächtnis. Sie beide sind die wichtigsten und einzigen Relaisstationen zu den Arealen der Langzeitabspeicherung in der Großhirnrinde.

Der Hippocampus liefert seine Inhalte zum präfrontalen Kortex, damit dieser sie für den Konsolidierungsprozess und die Endablagerung bereithalten kann. Von dort ruft der Hippocampus sie bei Bedarf auch wieder ab. Denn er selbst kann nichts langfristig speichern. Er filtert heraus, komprimiert, setzt Prioritäten und schickt Informationspakete an andere Gehirnteile – eine Schnittstelle also, die bereits vorsortierte Einzelinformationen weitergibt. Diese zunächst grobe Funktionsbeschreibung des Hippocampus als nur eines von zahlreichen Gedächtnisarealen in unserem Gehirn wird im Folgenden in Bezug auf Verarbeiten / Verankern / Abrufen im Detail ergänzt und erweitert.

Vielerlei Gedächtnisfunktionen – vielerlei Gedächtnissysteme

Gedächtnis ist nach begrifflicher Fassung des Gedächtnisforschers Professor Hans-Joachim Markowitsch von der Universität Bielefeld eine neurophysiologische Größe, die genetisch nicht einfach zur Verfügung steht, sondern im Verlauf der Entwicklung von jedem einzelnen Menschen erworben werden muss. Damit handelt es sich um eine angebots- und lernabhängige Fähigkeit des Speicherns und Abrufens von Informationen, deren neuronale Repräsentationen sich ständig im Wandel befinden. Gedächtnis umfasst eine enorme Bandbreite. Aber allen seinen Formen ist gemein, dass der Mensch über seine Erfahrungen dazulernt, weil er sie behalten kann – allerdings auf unterschiedlichen Ebenen der Bewusstheit. So reicht sein Gedächtnis vom konditionierten Reflex über die Erinnerung an zurückliegende Ereignisse bis hin zu geplanten, gedanklich vorweggenommenen Vorgängen oder Vorhaben.

Die Spielarten des menschlichen Behaltens umfassen drei Grundfunktionen: den Erwerb, die Abspeicherung und den Abruf von Informationen. Am Anfang steht die neuronale Reizung und Information wird aufgenommen. Sie gelangt dann über den Vorgang der aktiven Einspeicherung, der sogenannten

Enkodierung, in den mittelfristigen Speicher. Dort entstehen noch recht zeitinstabile, fragile Erinnerungsbilder momentaner Ablagerung.

In Traum- wie Tiefschlafphasen über einen längeren Zeitraum hinweg festigen sich die Engramme im Prozess des Konsolidierens der frisch gelernten Fakten und Fähigkeiten durch Festigen der Nervenbahnung, Einsortieren und Ablagern in Form fester Repräsentationen. Als Erinnerungen können sie dann aus den Langzeitspeichern der Großhirnrinde und Assoziationsareale wieder abgerufen werden, wobei jedes Abrufen einer eingespeicherten Information eine veränderte Neueinspeicherung, eine sogenannte Re-Enkodierung, nach sich zieht. Neben diesem langsamen Prozess des Konsolidierens episodischer Inhalte gibt es auch eine Art „Blitzkonsolidierung" emotionaler Inhalte; denn sie werden sofort und nachhaltig enkodiert und endgelagert – mitunter recht veränderungsresistent.

Die heute allgemein anerkannte Vorstellung einer über das gesamte Gehirn ausgedehnten, delokalisierten Gedächtnisspur schließt es nicht aus, bestimmte Areale je nach Gedächtnisart als vorrangig aktiv zu definieren. In der Literatur finden sich unterschiedliche Übersichtsmodelle, die die einzelnen Formen von Lernen und langfristigem Behalten schematisch darstellen.

Auf der zeitlichen Schiene sind drei verschiedene Gedächtnistypen zu unterscheiden: Ultrakurzzeit-, Kurzzeit- und Langzeitgedächtnis. Im Ultrakurzzeitgedächtnis werden sinnesspezifische Eindrücke aus den Sinnesorganen ungefähr eine Sekunde lang unbewusst bereitgehalten. Die aktuelle Gedankenarbeit hingegen findet im Kurzzeit- oder Arbeitsgedächtnis statt, das im Hippocampus sowie in mittelfristigen Speicherarealen des präfrontalen Kortex angesiedelt ist. Der Hippocampus nutzt den Input seines Ultrakurzzeitgedächtnisses sowie des Mandelkerns (emotional gebundene Signalauswahl), greift aber zugleich auf die „Archivdaten" in der Großhirnrinde zurück und holt die gerade benötigten Informationen für seine Arbeit auch von dort hervor. Im präfrontalen Kortex, mittig hinter der Stirn gelegen, können biografische Ereignisse (aus dem Hippocampus übermittelt) viele Minuten, manchmal über Stunden bereitgehalten werden, ohne sogleich ins Langzeitgedächtnis übergehen zu können (siehe Kapitel 3.4.3) – sozusagen als mittelfristiger Gedächtnisspeicher.

Ein weiteres Areal mittelfristiger Speicherung – gespeist aus den Daten des Hippocampus – ist das semantische oder Faktengedächtnis. Es liegt dort, wo Farben, Objekte, Begriffe, Fakten (also Weltwissen) festgehalten und bearbeitet werden: vermutlich im präfrontalen Kortex nasenwärts zum Broca-Areal bis hinterhauptwärts in den Schläfenlappen hinein. Über den Hippocampus einlaufende persönliche Erlebnisse wie auch neue Fakten werden so diesen beiden Arealen, dem deklarativen (oder expliziten, episodischen) Gedächtnis und dem semantischen Gedächtnis zugeordnet (siehe Abb. 35, Seite 153). Ihre Inhalte werden unter bestimmten Voraussetzungen in das

Langzeitgedächtnis übernommen. Diese Gedächtnisinhalte sind zum großen Teil in der Großhirnrinde endgelagert und können bewusst abgerufen und weiter bearbeitet werden. Die neuronalen Netze der Langzeitspeicherung für das episodische und das semantische Gedächtnis sind weitläufig und ihre Verortung ist bisher nicht eindeutig nachgewiesen.

Lernen, ohne zu wissen

Daneben gibt es Formen des nichtdeklarativen, also des impliziten Gedächtnisses wie Reflexbahnung, konditioniertes Lernen und prozedurales Gedächtnis. Sie stehen nicht im Bewusstsein des betreffenden Menschen und arbeiten nach Beschreibung des Neurobiologen Christof Koch wie „Zombisysteme" in einem submentalen Dunkel. Die beteiligten Hirnregionen sind andere als die des expliziten Gedächtnisses.

Das wichtigste Hirnareal für die Funktionen des prozeduralen oder Muskelgedächtnisses sind die Basalganglien als eine innen liegende Struktur des motorischen Kortex. Hier erfolgen die Muskelvoreinstellungen, die bei bereits hinlänglich eingeübten und nun unbewusst ablaufenden Bewegungen automatisiert wurden. Müssten wir bei jeder Bewegung überlegen, welche Muskeln in welcher Reihenfolge und Intensität einzusetzen sind und wie der nächste Handlungsschritt innerhalb einer Bewegungsfolge auszusehen hat, kämen wir täglich nur schwer über das Frühstück hinaus. Situationsspezifische Bewegungen, Bewegungsfolgen und ganze Bewegungsmuster (wie motorisch sicheres Radfahren) sind in den Basalganglien abgelegt und werden von dort unbewusst abgerufen. Sie liefern die angemessene Bewegungsvoreinstellung der beteiligten Muskeln für die motorische Bewegungsanweisung, die der motorische Kortex an die Pyramidenbahn zur Ausführung einer ganz konkreten Handlung herausgibt.

Aber nicht jeder Eintrag im prozeduralen Gedächtnis verläuft von vornherein autonom. So müssen die motorischen Einzelhandlungen beispielsweise beim Radfahrenlernen zunächst separat, bewusst und exakt trainiert werden, ehe die Mehrfachhandlung eines motorisch sicheren Radfahrens gelingen kann und Aufmerksamkeitskapazität frei wird für die kognitiven Anforderungen im Straßenverkehr. Dergestalt gehen einzelne Handlungen vom bewussten Lernen im expliziten Gedächtnis über Trainieren allmählich in das unbewusst arbeitende prozedurale Gedächtnis über und werden dort als stabile Repräsentationen abgelegt, um lebenslang zur Verfügung zu stehen: ein Beispiel dafür, wie die verschiedenen Gedächtnissysteme interagieren und kooperieren. Diese örtliche Verschiebung von Gedächtnisinhalten aus dem expliziten in das implizite Gedächtnis kann mittels bildgebender Verfahren sichtbar gemacht werden.

Da das prozedurale Gedächtnis sich vornehmlich über ausreichendes Erleben sensorischer Signale und das „Be-üben" bestimmter motorischer

Abläufe determiniert, spielt es im Elementar- und Primaralter eine erhebliche Rolle. In unserem angeborenen „Artgedächtnis" (= im phyletischen Gedächtnis) trägt der Mensch beispielsweise die Aufrichtung zum Zweibeinstand mit dem Zweibeinlauf und damit die Ausrichtung seiner Bewegungsentwicklung auf diese Ziele in sich. Damit er sich zweckmäßig bewegen kann, muss er dieses Artgedächtnis nach der Geburt durch Erfahrungen gewissermaßen „einschleifen". Dabei werden die den einzelnen Sinnesorganen zugehörigen Teile des sensorischen Kortex, der Hör- und Sehrinde sowie die entsprechenden Areale im motorischen Kortex stimuliert und erst allmählich funktionsreif gemacht.

Dafür gibt es in der Entwicklung bestimmte Phasen, in denen das besonders gut gelingt; sogenannte „kritische Phasen" für das Laufenlernen, das Hüpfenlernen, das Radfahrenlernen und anderes. Nur ausreichende und vielfältige Gelegenheiten für senso-motorische Erlebnisse machen es möglich, dass Kindergarten- und Grundschulkinder am Hüpfen auf einem Bein, an der Hampelmann-Bewegungsabfolge, am Balancieren auf schmaler Auflagefläche, am Seilspringen und am Laufen mit nackten Füßen (durch feuchtes Gras, durch Sand, über Steine), am Fokussieren in Nähe und Ferne bis hin zum Geruch und Genuss von Gurken und Erdbeeren Gefallen finden.

Diese frühen Erfahrungen bahnen (englisch: *prime*) die folgenden Wahrnehmungserlebnisse. Solche Hinweisreize des Wahrnehmungsgedächtnisses kommen aus allen Bereichen des Großhirns, aus primären Rindenbereichen wie aus tiefer liegenden Assoziationsfeldern. Sie erleichtern als bereits etablierte Bedeutungen das Erkennen ähnlicher Bedeutungen. Man spricht von Bahnen oder *Priming*. Je mehr das Kind schon weiß, desto besser klappt die Neuaufnahme von Information auf diesem Gebiet. Bei erneutem Wahrnehmen des Gleichen oder Ähnlichen kommt es zu rascherem Erkennen, besserem Ausklammern von Nichtrelevantem und schnellerem Zurechtfinden.

Gedächtnisbildung auf biochemischer Ebene

Am Anfang sind alle Erinnerungen nur flüchtige Muster biochemischer und elektrischer Aktivität. Am Ende jedoch stehen stabile Gedächtnisinhalte – repräsentiert in einem Netzwerk von Nervenzellen im Gehirn. Dazwischen agieren Botenstoffe, Gene und Proteine. Die Nervenzellen reagieren auf Reizung, indem sie sich im synaptischen Teil der Zelle biochemisch verändern, was sich wiederum als elektrische Aktivierung im Bereich der Axone und Dendriten fortsetzt. Dabei ist die wichtigste Änderung die des Aktionspotenzials am synaptischen Spalt: Je nach Frequenz dieses Aktionspotenzials (verursacht durch die biochemische Veränderung ebendort) wird der Reiz verstärkt und er festigt sich bei Wiederholung dieser Nervenbahnung – oder aber der Reiz wird gehemmt, sodass es zu keiner Reizweiterleitung kommt.

Diese Veränderungen erstrecken sich in einer ersten Phase vor allem auf die Nervennetze im Hippocampus. Danach prägt sich die Erinnerung anhand ähnlicher Mechanismen in der Hirnrinde dauerhaft ein. So entsteht je nach Reizumgebung eine spezielle neurobiologische Ausformung des Kortex, eine neuronale Plastizität. Sowohl für Lernvorgänge als erste Einspeicherungsphasen (= Bildung von Engrammen) als auch für Konsolidierungsprozesse als gesicherte Langzeitspeicherungen in Form fester Repräsentationen in der Großhirnrinde heißt das: Die Speicherfähigkeit ist abhängig vom Aktionspotenzial der beteiligten Nervenzellen. Damit schlagen sich Vorgänge beim Lernen und Behalten direkt auf neuronaler Ebene nieder.

Die Signale an den beteiligten Synapsen werden im Zuge des wiederholten Gebrauchs – das heißt bei Wiederholung des gelernten Inhalts – immer effizienter übertragen. Die Nervenzellen bewahren also eine Spur der vorangegangenen Aktivierung und können bei späteren Reizungen dauerhaft empfindlicher reagieren (= Langzeitpotenzierung) und im Verbund mit assoziativen Verknüpfungen ausgedehnte Verbindungswege aktivieren. Chemische Überträgerstoffe an den Synapsen bewirken diese Langzeitspeicherung. Bei simultan wahrgenommenen Reizen, wie beispielsweise beim Sehen und gleichzeitigen Fühlen eines Gegenstandes, genügt dann zu einem späteren Zeitpunkt einer der beiden Reize, um das assoziative Gedächtnisnetz für beide zu aktivieren. Derart vernetzt im Langzeitgedächtnis abgelegte Gedächtnisinhalte werden leichter wieder erinnert. Neu hinzukommende Informationen werden den alten zugeordnet und verändern die Gedächtnisspur jeweils aufs Neue.

Dass zur Bildung permanenter Gedächtnisinhalte Gene aktiviert und Proteine synthetisiert werden müssen, ist seit den 1960er Jahren bekannt. Leser, die sich mit dieser molekularen Ebene von Gedächtnisprozessen näher beschäftigen möchten, seien auf die Veröffentlichungen der Neurobiologen und Gedächtnisforscher Eric Kandel und Serge Laroche verwiesen.

Schlüsselareal des Arbeitsgedächtnisses: der präfrontale Kortex

Mehrere Areale im Stirnbereich der Hirnrinde (genauer lokalisiert: im präfrontalen Kortex) teilen sich die Funktionen des Gedächtnissystems, das als Arbeitsspeicher fungiert. Der präfrontale Kortex stellt aktive Repräsentationen (= Engramme) aller Informationen bereit, die das Gehirn momentan benötigt, um Aufgaben zu lösen – unverzichtbar für Denken und planmäßiges Handeln. Die kurzfristig bereitgehaltenen Inhalte des Arbeitsspeichers können sowohl durch Sinnesinformationen erworben sein als auch aus dem Langzeitgedächtnis hervorgeholt werden.

Mithilfe funktioneller Kernspintomografie kann heute aufgezeigt werden, dass, solange das Arbeitsgedächtnis räumliche Informationen bereithält, ein Stück Kortex im Bereich der oberen Frontalfurche des Stirnlappens aktiv ist. Dieser obere Teil des präfrontalen Kortex bildet quasi die Verlängerung der Wo-Bahn als der oberen Bahn der Sehrinde. Bei Formen und Farben wird der untere Teil des präfrontalen Kortex aktiviert, der mit der Was-Bahn der Sehrinde verbunden ist (siehe Abbildung 35). Hirnforscher sind sich darin einig, dass der präfrontale Kortex eine ausschlaggebende Rolle bei allen Vorgängen spielt, die mit dem visuellen Arbeitsgedächtnis zu tun haben. Somit korrespondieren die visuellen Erinnerungsareale mit den Arealen der visuellen Wahrnehmungsverarbeitung.

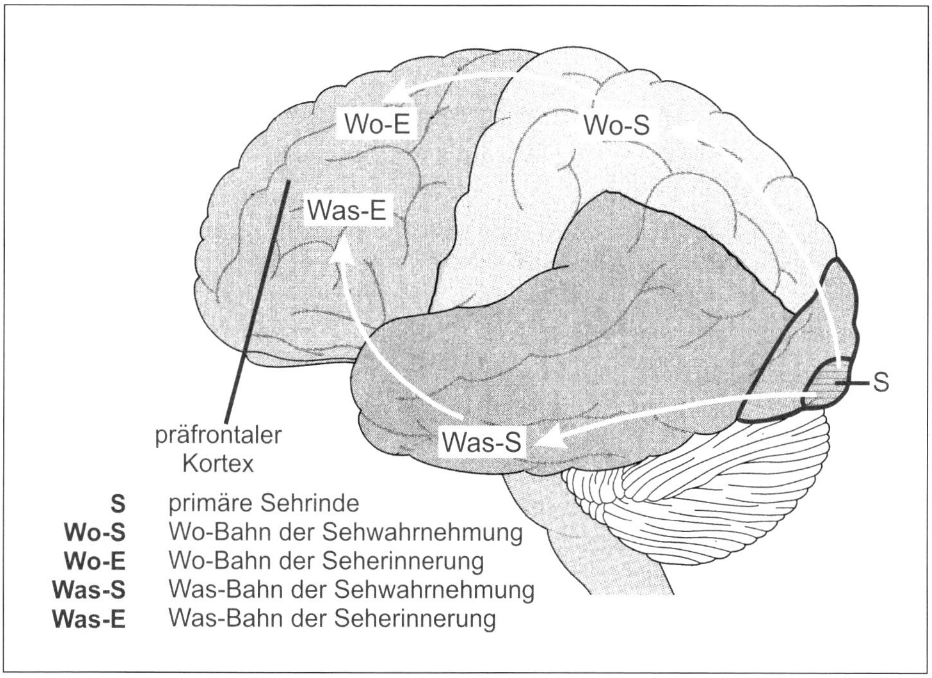

Abbildung 35: Die Wo- und die Was-Bahn für visuelle Erinnerungen im Arbeitsgedächtnis

Es kommt zu einer Koaktivität beider Areale, wenn alternativ *Positionen* oder *Aussehen* von Objekten im Arbeitsspeicher gehalten werden. Das deutet auf eine Verzahnung und Koordination beider Prozesse und damit mehrerer präfrontaler Areale hin. Dies erscheint logisch, hat doch nahezu jedes Objekt auch räumliche Elemente. Die bisherigen Erkenntnisse bildgebender Verfahren erlauben noch keine endgültige Entscheidung in der Debatte um funktionelle Spezifität jedes einzelnen präfrontalen Areals.

Gedächtnis und Entwicklungsalter

Kinder bilden nach den ersten beiden Lebensjahren in ihren episodischen Gedächtnisarealen bewusste Erinnerungen an „Einmal-Ereignisse“, die sie selbst (mit-)erlebt und die ihre kindlichen Ansprüche berührt haben. Zeitlich davor allerdings liegt nach Angaben aus der Literatur die Phase der „kindlichen Amnesie“. Meines Erachtens sollte mit dieser zeitlichen Festlegung vorsichtig umgegangen werden. Denn in dem Maße, wie die Sprachentwicklung sich rasant fortentwickelt, tut das Eineinhalbjährige mit seinen Ein-Wort- und Zwei-Wort-Sätzen bereits kund, zu welchen Objekten und Vorgängen es Begriffe gebildet hat – also Kategorien zugrunde liegen. Solche wiederum wird es vermutlich nur zu denjenigen Umweltereignissen und primären Körperbedürfnissen anlegen (und verbal als Substantiv mit Verb formulieren), die Gegenstand seines besonderen Interesses sind.

Die Untersuchungen zu kognitiven Fähigkeiten der Kinder im ersten Lebensjahr, wie sie Gisa Aschersleben und Sabina Pauen auf dem Wege von Präferenzen im Blickverhalten durchgeführt haben, sprechen für gewisse Kompetenzen der Säuglinge. Dies wurde zusammen mit dem Thema Aufmerksamkeit in Kapitel 3.4.1 bereits angedeutet. Es ist sehr genau zu hinterfragen, welche Art von Gedächtnis in der sogenannten amnestischen Phase *noch nicht* greift und welche hingegen zu greifen scheint. Wenn es dem Kind gelingt, auf bestimmte Reize oder Aufgabenstellungen mit automatisierten, sozusagen konditionierten Bewegungsmustern zu reagieren, so spricht dies für das Vorhandensein eines nichtdeklarativen Gedächtnisses.

Das Misslingen differenzierter Nachahmung in diesem Alter spricht ebenfalls für ein noch nicht funktionierendes deklaratives Gedächtnis. Letzteres setzt ein Selbstkonzept voraus, das in Raum und Zeit verankert ist und emotionale Markierungen bestimmter Erlebnisse vornehmen kann. Es beginnt sich dann zu etablieren, wenn das Dreijährige davon zu erzählen weiß, dass es gestern bei Oma und Opa vom Hocker geplumpst ist, sich dabei „ganz doll“ weh getan hat und von Opa ein Kinderpflaster verpasst bekam. Dem so Geschilderten liegt eine zeitliche Orientierung (= Temporalität) zugrunde. Wenig später formulieren die Kinder dann auch Kausalsätze mit logischer Kausalität (…, weil …); mitunter aber auch noch geprägt von offensichtlicher Beliebigkeit in der kausalen Beziehung: „Ich kann jetzt nicht hopsen, weil mir heute Morgen im Kindergarten die Beine eingeschlafen sind.“ (4 Jahre, 3 Monate)

Im Kindergartenalter sind die Alltagserinnerungen, was deren Umfang und Präzision anbelangt, bereits hochgradig beeindruckend, ebenso wie die beachtliche Effizienz des episodischen Langzeitgedächtnisses. Ob diese Ausprägung von Gedächtnis wirklich als episodisch und deklarativ bezeichnet werden kann, ist fraglich, da es sich um die „Weltsicht“ eines Kindes handelt, mit all jenen Generalisierungen und eingeschränkten Sichtweisen, die aus dem speziellen Level seiner senso-motorischen, kognitiven und sozial-emotionalen Fähigkeiten erwachsen. Was in diesem Alter ganz sicher nicht klappt, ist die präzise Wiedergabe von Wörterlisten und Bilderreihen; denn bewusstes Einprägen hängt weitgehend von der Entwicklung entsprechender Strategien der Handlungsplanung im präfrontalen Kortex ab.

Die Fähigkeit, Gedächtnisaufgaben planmäßig zu lösen (was einer optimalen Strategie entspricht), zeigt sich erst ab dem sechsten Lebensjahr, etwa zeitgleich mit der Einschulung. Jetzt kann planmäßig an eine Gedächtnisaufgabe herangegangen werden. Und die Schule wird die Kinder auch regelmäßig mit Gedächtnisaufgaben konfrontieren. Wie bereits an anderer Stelle erwähnt, entwickeln sich die Gehirnstrukturen für höhere kognitive und komplexe sozial-emotionale Fähigkeiten bis in das Jugendalter und junge Erwachsenenalter hinein, also wesentlich später – verglichen mit den Funktionen des Hirnstamms, des Zwischen- und Mittelhirns, die als lebensnotwendige Gehirnareale gleich nach der Geburt funktionstüchtig zur Verfügung stehen müssen.

Aber Schule stellt nicht nur Gedächtnisaufgaben, an die planmäßig herangegangen werden muss. Hier wird Wissen vermittelt – frisch aufgenommen vom Arbeitsgedächtnis –, das nicht in die Langzeitspeicherung aufgenommen werden kann, wenn es nicht ständig wiederholt wird. Zudem sind da gerade in der Grundschule die Bewegungsfertigkeiten, welche „eingeschliffen“ werden müssen. Beim Schreibenlernen automatisiert das Gehirn die Handbewegungen, die beim übenden Schreiben einen Buchstaben formen. Das hilft, die Buchstabenform zu verinnerlichen, als Spürerfahrung oder Legen einer „Schreibspur“.

Wird hingegen der Buchstabe nur oder vorwiegend über das Eintippen auf der Computertastatur „erlebt“, erhalten Was- und Wo-Areal der Sehwahrnehmung und Was- und Wo-Areal der Seherinnerung (siehe Abbildung 35) einen rein optischen Anblick ohne neuronale „Ko-Spurung“ über die sensorische und motorische Hirnrinde. Führt aber die Hand den Stift, so werden Druckempfindungen im sensorischen Kortex abgelegt, es wird der entsprechende motorische Befehl in den Basalganglien für Bewegungsvoreinstellungen mit angemessener Druckausübung abgeschickt und es entsteht ein Gedächtnis für taktile Differenzierungen, Raumlagen einzelner Buchstaben (p, q / d, b) und Schreibbewegungen.

Diese senso-motorischen Erinnerungen werden bei wiederholtem Abrufen in täglichen Schreibübungen das visuelle Wiedererkennen unterstützen, sodass künftig bereits durch den visuellen Reiz das assoziative Gedächtnisnetz der Schreibspurung mitaktiviert werden kann – mit effektiverer und rascherer Reizverarbeitung auf bereits gefestigtem neuronalem Verknüpfungsweg. Umgekehrt wird auch die Bedeutung eines Zeichens an der zugehörigen Handbewegung erkannt – eine taktil-propriozeptive Lernhilfe, sodass Lesen zu innerem Schreiben werden kann, unter Mitbeteiligung senso-motorischer Nervenverbindungen. Beim Tippen fehlt der Zusammenhang zur buchstabentypischen Handbewegung und taktil-propriozeptiven Erfahrung. Tippen bedeutet eben nur, eine Taste zu drücken (– und alle anderen Tasten werden in *gleicher* Weise gedrückt), abgesehen von einem gewissen optisch-motorischen Training, bedingt durch die jeweilige Lage der Taste auf der Tastatur.

Praktische Vorschläge: Flink und fit im Arbeitsspeicher

Insofern als Wahrnehmung, Aufmerksamkeit und Gedächtnis nur auf Konstruktebene trennbar sind, präsentieren sich auch die Anforderungen sogenannter Aufmerksamkeits- und Konzentrationsspiele an die Kinder als verflochten – von Spielen also, wie unsere Kinder sie zu Geburtstagen und Weihnachtsfesten geschenkt bekommen. Betritt man einen Spieleladen und sucht nach einem Lernspiel, das Behalten und Erinnern stärken kann, so findet man auf den Spielverpackungen einen begrifflichen Mix aus Wahrnehmung, Konzentration, Aufmerksamkeit, Beobachtungstraining angeführt, der in jedem Fall fördern, die Stärken stärken und spielend Neues erlernbar machen soll. Und tatsächlich, geht es doch beim Kind als ganzheitlichem Wesen in der präventiven, entwicklungsfördernden Arbeit darum, auch ganzheitlich zu fördern – vielfältige „Mit-Förder-Effekte" zu nutzen. (In unserem Kontext sollen die speziellen Förder- und Kompensationsprogramme für den rehabilitativen Bereich ausgeklammert bleiben.)

So gesehen sind die unter der Überschrift „Aufmerksamkeit" in diesem Buch angeführten Spielvorschläge zugleich auch gedächtnisförderlich – und umgekehrt. Senso-motorische Trainingsspiele ihrerseits als „bewegte Spiele zur Konzentrationsförderung" steigern auch Aufmerksamkeit und Merkfähigkeit. Denn man kann Konzentration als die Fähigkeit begreifen, einer Aufgabe eine Zeitlang ungeteilte Aufmerksamkeit zukommen zu lassen (siehe Kapitel 3.4.2). Bei den in diesem Buch vorgeschlagenen Spielen steht meist *ein* Förderkriterium im Vordergrund; *andere* Lernschwerpunkte laufen im Hintergrund mit und können nahezu beliebig durch Variation im Spielarrangement ebenfalls in den Vordergrund gestellt werden. Hier ist der Spielleiter in seiner Flexibilität des Umdenkens gefordert.

Gedächtnisspiele *ohne* Material

5–10 J. ***Fiktives Hantieren mit real gesichteten Gegenständen***

Spielanleitung: Gespielt werden kann im Gruppenraum des Kindergartens, im Klassenzimmer der Grundschule oder zu Hause in der Wohnung oder im Garten. Allerlei Gegenstände, die den Mitspielern gehören, liegen sichtbar im Raum verteilt oder befinden sich unmittelbar an den Körpern der Spieler. Bei diesem Spiel wird reihum von allen Mitspielern jeweils ein Gegenstand an einen anderen Ort gebracht (– auf rein sprachlicher Ebene, mit jeweils einem selbst formulierten Satz, also nicht mit realen Ortsveränderungen).

Die Schwierigkeit oder der Anreiz des Spiels liegt darin, dass jeder Spieler die von seinen Vorgängern vorgenommenen Veränderungen erst in der richtigen Reihenfolge zu benennen hat (also die vorausgehenden Sätze zu wiederholen hat), ehe er selbst etwas hinzufügen darf. Dem Spaß am Nonsens sind dabei keine Grenzen gesetzt. Beispiele: „Ich klebe Olgas Haarspange an Leons Nase." (Erstes Kind) ... „Ich klebe Olgas Haarspange an Leons Nase und Olafs Turnschuhe hänge ich an die Lampe." (Zweites Kind) ...

Vorgestellte Gegenstände, vorgestellte Räume und vorgestelltes Hantieren 5–10 J.

Als Muster für solche Spiele kann ein sehr bekanntes dienen: „Ich packe meinen Koffer ..." Hierzu einige Variationsmöglichkeiten:

„Ich fülle unseren Kühlschrank ..."

„Ich kaufe für unser neugeborenes Baby ein ..."

„Unser Vielfraß hat Hunger. Er stopft sich voll mit ..."

(Welches Wesen dieser „Vielfraß" auch immer darstellen soll, ist vor dem Spiel festzulegen.)

„Missgunstex und die gute Fee" 5–10 J.

Spielanleitung: Der böse Zauberer Missgunstex zaubert jedem Familien- oder Gruppenmitglied reihum ein Malheur an (Hinrunde) – und die gute Fee hext Teil für Teil wieder fort (Rückrunde). Das Spiel verläuft analog zum „Kofferpacken" (siehe oben).

Chaos im Haus 5–10 J.

Spielanleitung: Die Gegenstände in den Räumen der Wohnung / des Schulhauses / des Kindergartens / im Garten / in der Garage / in der Werkstatt, also nur die wirklich dort im jeweiligen Terrain existenten Gegenstände, dürfen gedanklich, auf der Vorstellungsebene, an andere Stellen verbracht werden. So stellt das erste Kind beispielsweise die Gießkanne im Schlafzimmer auf das Bett ... Gespielt wird mit Wiederholung der Anordnungen der Vorspieler und eigenem Arrangement eines weiteren Gegenstandes, analog zu den vorab beschriebenen Spielen. Zum Training des Langzeitgedächtnisses kann das Spiel über Tage hinweg weitergespielt werden.

Gedächtnisspiele *mit* Material

Spiele mit Kartenpaaren Ab 3 J.

Spielanleitung: Jeweils zwei Karten dieses Spiels zeigen die gleichen Abbildungen. Alle Kartenpaare werden gemischt und verdeckt auf einem Tisch verteilt. Die Spieler dürfen (nacheinander) jeweils zwei beliebige Karten aufdecken. Sie sollen sich die Position zusammengehöriger (gleicher) Bilder möglichst gut merken. Jeder darf, wenn er wieder an der Reihe ist, versuchen, nun zwei gleiche Bilder aufzudecken, und diese dann aus dem Spiel nehmen. Solche Spiele mit Kartenpaaren sind im Handel unter dem Namen „Memory®" erhältlich.

Ab 6 J. ***Spielvariante: „Haltungs-Memory®"***

Statt der Spielkarten gibt es eine Gruppe von Kindern, die paarweise die gleiche Körperhaltung verabreden. Jetzt legen sich die Kinderpaare bäuchlings und durcheinander auf den Fußboden. Ein Kind aus der Gruppe der Memory®-Spieler darf zwei liegende Kameraden berühren. Diese stehen auf und stellen die verabredeten Körperhaltungen dar. Dann legen sie sich wieder bäuchlings auf ihre Plätze nieder. Als Platzhalter können Bodenfliesen oder Zeitungsblätter dienen. Der Spielverlauf entspricht dem eines herkömmlichen Memory®-Spiels mit Karten. Wer hat zum Schluss die meisten Kinderpaare bei sich versammelt?

Raumlagespiele

Ab 4 J. ***Clown mit Ball, Seil und Hut***

Spielanleitung: Es gibt eine Vorlage mit allen Abbildungen des Spiels. Außerdem beinhaltet das Spiel die gleichen Bilder einzeln in Kartenform. Es sind immer dieselben Akteure auf den Bildern einer Pappseite zu sehen. Sie unterscheiden sich aber in ihren Körperhaltungen, in der Anordnung der Spielgeräte auf den Bildern und in der Spielzeugauswahl: Zum Beispiel gibt es eine Schnecke mit Kopf rechts und Haus obenauf, ... mit Kopf rechts und Haus hinten, ... mit Kopf links und Haus hinten, ... mit rotem Kopf, ohne Haus, ... oder einen Clown mit Ball rechts, Seil unten, Hut auf, ... mit Ball links, Seil oben, Hut ab, ... Man muss schon sehr genau hinschauen, wenn man die entsprechenden Bildkärtchen richtig auflegen will.

Ab 4 J. ***Wo ist der Unterschied?***

Zwei Bilder unterscheiden sich in nur wenigen Details. Wo sind die Unterschiede?

Ab 4 J. ***Lebendiges Denkmal***

Spielanleitung: Ein Spaziergänger kommt mehrmals am gleichen Denkmal vorbei. Aber die dort in Stein gemeißelte Figur (Mitspielerin als „Denkmal") präsentiert sich ihm jeweils anders. Sie verändert nämlich ihre Position oder ihre Kleidung, sodass der Spaziergänger verunsichert wird. Hat er sich verlaufen oder kommt er doch wieder am gleichen Denkmal vorbei? Der Spaziergänger muss jedes Mal herausfinden, welche Gliedmaßen anders positioniert sind oder welche Kleidungsstücke und Accessoires gewechselt wurden.

Sinnesspiele

Ab 4 J. ***„Fühl' uns und erinnere dich an uns!"***

Spielanleitung: Mehrere Tastsäckchen werden mit verschiedenen Materialien gefüllt. Ein Spieler befühlt erst alle drei oder vier präsentierten Tastsäckchen (je nach Alter anzahlmäßig erhöhen), ohne etwas zu sagen. Danach soll er die zuvor gefühlten Dinge in der richtigen Reihenfolge benennen.

„Riechralley" oder „Aromaspur" 6–10 J.

Material: Käse, Kaffee, Pfeffer (oder anderes Gewürz), Raum mit Möbeln oder Turnhalle mit einigen Geräten, Springseile, Dosen

Spielanleitung: In einem Raum mit diversen Möbeln oder in der Turnhalle mit einigen Großgeräten sind Springseile ausgelegt. Entlang der Seile stehen Dosen mit verschiedenen Düften; nur die Kaffeedosen wiederholen sich. Die Seile sollen sich auch kreuzen, sodass Irrwege entstehen können.

Die Aufgabe für das „Riechkind" ist nun, auf Knien und Händen sich voranbewegend der „Kaffeespur" (mehrere Dosen mit Pulverkaffee entlang der Spur) zu folgen und alle anderen Düfte außer Acht zu lassen. Hat das Kind sich an einer Kreuzung geirrt, muss es bis zur letzten Kaffeedose zurückkrabbeln. Am Ende der Kaffeespur wartet eine Belohnung.

Jedes Kind darf einmal entlang der „Riechralley" krabbeln. Dabei können sowohl mehrere Kinder gleichzeitig losgeschickt werden als auch nacheinander den Parcours bewältigen (benötigte Zeit mit Stoppuhr messen). Spielaufbau und Spielverlauf hängen ab vom Alter der Kinder, der Gruppengröße und von den Räumlichkeiten. Der Spielleiter vor Ort kann am besten einschätzen, welche Vorgaben seine Kindergruppe bewältigen kann.

Kleidertausch verkleideter Kinder Ab 4 J.

Spielanleitung: Die Kindergartenkinder dürfen sich mit den Kleidern aus ihrer Kleiderkiste ausstatten. Jedes Kind soll sich dann zuerst vor allen präsentieren, sodass jeder Mitspieler es genau betrachten kann. Jetzt verlässt ein Kind den Raum. Die anderen tauschen einige Kleidungsstücke. Das Kind darf wieder hereinkommen und muss herausfinden, wer was mit wem getauscht hat.

Themenspezifische Literatur

Literatur zur Gedächtnisforschung:

Fields, Douglas: „Wie Erinnerungen haften bleiben"

Kandel, Eric: *Auf der Suche nach dem Gedächtnis*

Koch, Christof: *Bewusstsein – ein neurobiologisches Rätsel*

Laroche, Serge: „Vom flüchtigen Signal zur stabilen Erinnerung"

Markowitsch, Hans-Joachim: *Dem Gedächtnis auf der Spur*

Markowitsch, Hans-Joachim, und Welzer, Harald: *Das autobiographische Gedächtnis*

Singer, Wolf: *Der Beobachter im Gehirn*

Velay, Jean-Luc, und Longcamp, Marieke: „Besser von Hand"

Welzer, Helmut: *Das kommunikative Gedächtnis. Eine Theorie der Erinnerung*

3.4.3 Von Konsolidierungsprozessen und Langzeitspeicherung

Wir stricken lebenslang an unserem neuronalen Netzwerk. Das können wir nicht „outsourcen", sondern müssen uns unablässig anstrengen, um aus dem anfänglich windigen Hemdchen einen wärmenden Pullover zu machen. Dabei heißt es aufpassen, denn allzu leicht wird unser Strickwerk – von uns unbemerkt – von hinten wieder aufgezogen!

Rosenduft fürs Behalten

Aus der nun zu betrachtenden Serie von Experimenten zu Schlaf, Traum und Erinnerung weht ein Rosenduft herüber: Unter Anleitung des Schlafforschers Björn Rasch von der Universität Lübeck und seiner Kollegen müssen die Probanden sich Bildpaare einprägen, während sie Rosenduft schnuppern. Beim Schlafen in der darauf folgenden Nacht wird ihnen erneut dieses Odeur präsentiert – die Kontrollgruppe atmet ein geruchloses Gas. Ergebnis: Mit Rosenduftbegleitung haften die Bildpaare deutlich besser im Gedächtnis. Genauere Untersuchungen zeigen, dass der Geruch in der ersten Tiefschlafphase der Nacht nach dem Einprägen präsentiert werden muss, um für das Behalten hilfreich zu sein. Später bleibt die Duftunterstützung wirkungslos. Nach Ansicht der Forscher genügt zu diesem nächtlichen Zeitpunkt einer der beiden tagsüber simultan wahrgenommenen Reize, in diesem Fall der Rosenduft, um das beim ersten Lernen gebahnte assoziative Gedächtnisnetz zu aktivieren. Der Duft unterstützt dann den Hippocampus (und dieser wiederum den präfrontalen Kortex) beim Reaktivieren und Verfestigen der Bildpaar-Einprägungen, da er das neuerliche Abrufen über die miterinnerte Aromaspurung erleichtert.

So hilft der Rosenduft nicht nur Erlebnisse zu assoziieren (siehe Kapitel 3.4.2: Sehen und Spüren), sondern auch Erinnerungen zu festigen. So weit das Forschungsergebnis – nun zur pädagogischen Relevanz. Unter Pädagogen ist es mittlerweile sattsam bekannt, dass entsprechende Gerüche das Erlernen und Einprägen von Lauten und Buchstaben erleichtern: Bei der Einführung des „Sch" schnuppern die Erstklässler den typischen Geruch von Schnittlauch, beim „Z" Zwiebelgeruch, bei „B" Basilikum und so weiter.

Da man im Klassenraum – selbst in Schraubgefäßen – nur wenige Gerüche über einige Tage vorhalten kann, ohne einen unangenehmen Gerüchemix zu bekommen, sollte meines Erachtens sparsam mit Geruchsassoziationen umgegangen werden – zumal sie individuell sehr unterschiedlich empfunden werden. Was das bessere Konsolidieren in der ersten Nacht anbelangt, wird wohl keine Lehrkraft ernsthaft den Eltern ihrer Schüler anraten, diese auf einem Kopfkissen mit Schnittlauchduft einschlafen zu lassen, selbst wenn das wirklich hilft. Dem zarten Duft wissenschaftlicher Beweisführung weht mitunter eine steife Brise pragmatischer Pädagogik entgegen.

Verfestigung im Gedächtnis: Hirnareale als Speicher

Es sind die biochemischen Prozesse, welche die Umwandlung von der Arbeits- in die Langzeitspeicherung hervorbringen. Die Langzeitspeicherung benötigt andere Eiweißstoffe (Proteine) als der Kurzzeitspeicher, um die Synapsen neu konfigurieren zu können. Ein anderer „Proteinschalter" übernimmt die Regie, der die Produktion neuer Eiweiße veranlasst, so die Gedächtnisforscher Eric Kandel und Kausik Si von der Columbia-Universität in New York. Der biochemische Mechanismus an sich aber wirkt ähnlich demjenigen der Überführung in den Arbeitsspeicher (siehe Kapitel 3.4.2): Durch Anheben des Aktionspotenzials werden die synaptischen Verknüpfungswege gestärkt. Die molekularen Mechanismen, die der sogenannten neuronalen Plastizität und damit der Gedächtnisbildung zugrunde liegen, werden derzeit weiter intensiv erforscht.

Man darf sich keineswegs vorstellen, die Lerninhalte würden zur Langzeitspeicherung in ein anderes Hirnareal verbracht. Menschen begeben sich zum Schlafen in separate Räume – Hirnnervenzellen verbleiben in ihren neuronalen Netzverknüpfungen, verstärken die tags zuvor gespurten Verbindungen untereinander und warten sozusagen im Stand-by-Modus, bis ihre Informationen durch ein erhöhtes biochemisch ausgelöstes Aktionspotenzial wieder abgerufen werden. Hirnareale, die tagsüber beim Lernen aktiv waren, werden nachts reaktiviert, damit sie das neu Gelernte festigen und so gesichert abspeichern. Damit erscheint es logisch, dass bestimmte Areale des Stirn- und Scheitellappens, die beim Zwischenspeichern aktiv sind, diese Gedächtnisinhalte dort auch zur Langzeitspeicherung als geistige Repräsentationen dieser Informationen „ablegen". Sind sie erst einmal dort gelagert, kann das Stirnhirn direkt und ohne Unterstützung durch den Hippocampus auf diese Erinnerungen zurückgreifen. Erkenntnisse aus der Schlafforschung legen dies nahe. In der Literatur konnte ich bislang dazu nur die lapidare Aussage finden, man wisse derzeit über die exakte Lokalisierung bestimmter mentaler Repräsentationen noch wenig.

Je häufiger ein durchgespieltes neuronales Lernmuster aktiv ist, desto besser festigt sich das Gelernte, das heißt, es bildet sich über Stunden und auch Wochen hinaus ein permanenter Gedächtnisinhalt. In den Speichern der Großhirnrinde wird eben langsam gelernt. Wie stark eine neuronale Verknüpfung sein muss, um als gesicherte Langzeitspeicherung zur Verfügung zu stehen, zeigt sich daran, wie gut die Erinnerung beim Abrufen wieder präsent ist.

Aus Erfahrung klug: Traum- und Tiefschlaf

Fasst man den Begriff Schlaf als unbewussten Dämmerzustand mit Auszeit für das aktive Wahrnehmen, so nutzt das Gehirn diese Zeit des fehlenden Inputs von außen (mit diesbezüglich gedrosseltem Energieverbrauch) zum aktiven Sichern des tagsüber Gelernten und zum Löschen des Unwichtigen aus dem Informationsspeicher. „Der Schlaf räumt in meinem Gehirn auf“, so die Worte einer Vierjährigen. Ohne Schlaf könnte der Mensch keine bleibenden Erinnerungen bilden. Dabei kommt der ersten Nacht im Hinblick auf die feste neuronale Spurung eine besondere Bedeutung zu. Hier werden die neu erworbenen Lerninhalte noch einmal durchgespielt und in das bereits Abgespeicherte einsortiert. Diese Restrukturierung eröffnet auch neue Einsichten, sodass durch das nächtliche Umorganisieren bei der Gedächtniskonsolidierung sich durchaus auch eine andere Sicht auf die Dinge ergeben kann, so der Lübecker Schlafforscher Jan Born. Aber Schlaf festigt nicht jede Erinnerung. Dies käme einem „totalen Gedächtnis“ mit unaufhörlich verdoppeltem Sinnesrausch im Wachzustand gleich, wobei wir die Gegenwart erlebten und zusätzlich die komplette Vergangenheit präsent hätten. Es wäre eine Tag für Tag anschwellende Last aus dem vollständigen Archiv unseres Lebens. Damit könnte der Mensch sich nur schwerlich seiner ständig wechselnden Umgebung mit veränderten Bedingungen und neuen Prioritäten anpassen.

Im Schlaf rekapituliert und reorganisiert das weiterhin tätige Gehirn die im Wachen aufgenommenen Informationen, stärkt die synaptischen Verknüpfungswege für bedeutsame Erinnerungen und entrümpelt gleichzeitig das Gedächtnis. Kurz vor dem Traumschlaf beginnt es – ausgehend von der Hirnstammstruktur „Brücke“ (= Pons) – mit intensiven neuronalen Entladungen, sogenannten „phasischen Entladungen“ in Richtung höherer Strukturen im Scheitellappen und Frontalhirn. Diese neuronalen Aktivitätsschübe stehen mit der Lern- und Gedächtnisleistung vom Vortag in Zusammenhang. Denn je mehr das Gehirn zuvor lernen musste, desto häufiger generiert es nachts darauf phasische Entladungen. Generell ist noch nicht verifiziert, *welche* Gedächtnisinhalte in *welchen* Schlafphasen konsolidiert werden. Bislang können Gehirnscans bildgebender Verfahren nur visualisieren, *dass* beide Schlafphasen, Traum- wie Tiefschlaf, zum Behalten beitragen. Ausschlaggebend ist, dass der Mensch *genügend* Schlaf bekommt.

Entwicklungsalter, Langzeitgedächtnis und lernbeeinflussende Faktoren

Kindheitserinnerungen aus der zweiten Hälfte des zweiten Lebensjahres bis ins dritte Jahr hinein werden stark beeinflusst durch den elterlichen Konversationsstil. Sprechen die Bezugspersonen mit ihrem Nachwuchs häufig über Fakten und Ereignisse aus den ersten beiden Lebensjahren, werden die Kleinen auch mehr erinnern. Diese Inhalte ihres beginnenden episodischen Gedächtnisses sind dann stark geprägt durch das Erzählen seitens der Mutter oder des Vaters und werden mit ständigem Wiederholen sowohl bei der Bezugsperson wie auch beim Kind jeweils gemäß der neuen Erzählweise (samt emotionaler Intonierung) re-enkodiert. Solche Erinnerungsepisoden sind äußerst wandlungsfähig und aus Sicht des Kindes im Grunde umfeldgesteuert. Bereits zu diesem Zeitpunkt lässt sich so manches „einpflanzen".

Eine Besonderheit im Elementar- und Primaralter ist das häufige Konfabulieren, das bei älteren Kindern nachlässt. Hierbei handelt es sich um eine überzeugend dargestellte Falschaussage ohne Täuschungsabsicht, die im kindlichen Alter aus der Unreife des Stirnhirns resultiert; besonders des präfrontalen Kortexareals und limbischer Strukturen wie des cingulären Kortexareals. Dort entstehen aufgrund der noch fehlenden oder lückenhaften neuronalen Vernetzung Erinnerungslücken, die das Kind zu füllen versucht, indem es sich die Dinge nach seinen Bedürfnissen zurechtlegt. Als Erziehende sollten wir generell die kleinen Geschichten und Vorkommnisse, die uns Kindergarten- oder Grundschulkinder „auftischen", nicht gar zu wörtlich nehmen, jedoch bei gravierenden Zweifeln ein Gespräch mit dem Kind (zusammen mit dessen Eltern) suchen. Umgekehrt ist es ebenso wünschenswert und entwicklungsdienlich, wenn Eltern das Gespräch mit den Erziehenden suchen, sofern sie Zweifel am Ablauf von Vorkommnissen im Kindergarten- oder im Schulalltag hegen. Nur so können Missverständnisse zeitnah ausgeräumt werden.

Lernen wird zwar erst durch die Gedächtnisleistungen des Gehirns *ermöglicht*, *gesteuert* wird es jedoch durch die Umgebung. Hirngerechte, nachhaltige und Sinn erfassende (professionell arrangierte) Lernprozesse müssen deshalb die geistigen Vorgänge beim lernenden Kind *und* die Anforderungen, welche die Umwelt an den Nachwuchs stellt, integrieren. Das bloße Präsentieren einer vielfältigen, ständig wechselnden Lernumgebung schafft keine optimalen Lernbedingungen. Denn übermäßige Vielfalt dient einer günstigen Persönlichkeitsentwicklung ebenso wenig wie eine wenig differenzierte Mitwelt.

Es wird heftig diskutiert, ob formale Schulbildung bereits vor dem sechsten oder siebenten Lebensjahr beginnen sollte. Die einen meinen, das Gehirn sei vor diesem Alter nicht lernfähig im Sinne eines deklarativen oder expliziten Gedächtnisses (siehe Kapitel 3.4.2). Andere meinen, aus der Forschung zur Gehirnentwicklung gehe hervor, dass Kinder möglichst früh möglichst viel lernen sollten. In Großbritannien spricht man in diesem Zusammenhang von *Hothousing*. Ist es nicht auch eine Form von *Hothousing* oder „Lernen unter Treibhausbedingungen", wenn in jeder Unterrichtsstunde andersartige, neue Lerninhalte dargeboten und verinnerlicht werden sollen – pausenlos dem Kind angeboten und mitunter sogar aufgedrängt, weil der Rahmenplan es vorsieht – ohne zu hinterfragen, ob das einzelne Kind in der Lage ist, ein echtes Erkenntnisinteresse daran zu entwickeln? Sicher ist es Aufgabe der Lehrkraft, den Unterrichtsstoff so aufzubereiten, dass er für die Schüler Aufforderungscharakter bekommt und Anreiz bietet für eigentätiges Erkunden. Beispiele dazu bietet der Praxisteil dieses Kapitels.

Hier sei aber mit Nachdruck auch auf das Gleichgewicht von Anspannung und Entspannung als den beiden Polen gedeihlichen Lernens hingewiesen: Zeiten der Anspannung und des konzentrierten Lernens müssen im Verlauf eines Tages abwechseln mit Pausen zum Entspannen und Regenerieren – nur dies ist ein gesundes Zeitmanagement für den ganzen Tag, das Ausgleich schafft zwischen Lern-, Erholungs- und Wiederholungsphasen zur Verarbeitung des Gelernten. Folgen pausenlos neue Eindrücke aufeinander, werden also nach dem Unterrichtsvormittag am Nachmittag neue Lerninhalte aus Computerspielen, privatem Musikunterricht, Kindergeburtstagsfeier oder aus übermäßigen Mengen an Hausaufgaben in kurzer Zeit nacheinander aufgenommen, so überlagert sich zu viel frisch Gelerntes. Das fördert rasches Vergessen und verhindert die Langzeitübertragung. Denn bis zum Schlafengehen ist nichts mehr übrig zum Konsolidieren. Und generell: Die Kinder benötigen ausreichend Schlaf, damit die neuen Gedächtnisinhalte in die langsam lernende Großhirnrinde zur Langzeitabspeicherung eingehen können.

Beeinträchtigung von Gedächtnis und Lernen durch Interferenzen: Kinderängste und -stressoren

Lernprobleme stellen sich dar als Übertragungsprobleme auf dem Weg hin zum Langzeitgedächtnis. Aus der Vielzahl möglicher Interferenzen werden hier zwei für Kinder in jungen Jahren gravierende vorgestellt: Ängste und Stressoren.

Die Art und Tiefe der Einspeicherung im Gedächtnis und damit die Leichtigkeit des Erinnerns beziehungsweise die Resistenz gegen das Vergessen wird wesentlich vom emotionalen Begleitzustand bestimmt, insbesondere davon, ob das, was zum Einspeichern ansteht, positive oder negative Konsequenzen hatte oder erwarten lässt (vor dem Hintergrund vorangegangener Erfahrungen). Besonders ausgeprägt sind Bewertungen bezüglich negativer Erfahrungen durch Angst, die im Laufe der Zeit ins sogenannte „Angstgedächtnis" eingehen. Hier ist der Mandelkern im limbischen System aktiv. Seine emotionale Blitzbewertung und die zugehörige Abspeicherung fließen im Stirnhirn zusammen. Gelingt es dem präfrontalen Kortex mit seinen beschwichtigenden Fähigkeiten, abzuwägen und die Mandelkern-Impulse gegebenenfalls rückgängig zu machen, kann im günstigen Fall zu einer Bewältigungsstrategie umgeschwenkt werden.

Was aber etabliert sich langfristig, da es doch mehr neuronale Wege hin zum Stirnhirn als zurück zum Mandelkern gibt? Gefühle, die bestimmte Handlungen begleiten, werden zum Konzentrat von Widerfahrnissen – einer wiederholten und mental in dieser Sichtweise gespeicherten Lebenserfahrung; so der Emotionsforscher Antonio Damasio von der Universität von Iowa. Aus überwiegenden Negativerfahrungen entsteht gelernte Angst.

Kinder vermögen aufgrund ihrer eingeschränkten Weltsicht und ihres wenig gefestigten Selbstwertgefühls Ängsten noch wenig entgegenzusetzen. Sie haben grundlegende Bedürfnisse nach Unversehrtheit und Sicherheit. Sehen sie die Erfüllung dieser Grundbedürfnisse in Gefahr, reagieren sie mit Angst vor etwas Ungewissem, auf dessen Ausgang sie keinen Einfluss haben. Im Elementar- und Primaralter bezeichnen sie ihre beklemmenden Gefühle generell als „Angst vor etwas", da sie noch in einem Vorstadium logischen Denkens verhaftet sind und das Verhältnis von Ursache und Wirkung nicht durchschauen können. Sie haben auch nur eine unzureichende Vorstellung davon, welche Faktoren in bedrohlich empfundenen Situationen tatsächlich eine Rolle spielen. Im Laufe der kindlichen Entwicklung, wenn logisches Denken und das Begreifen von Zusammenhängen sich herausbilden, lernen die Kinder, wann Grundbedürfnisse unerreichbar erscheinen und daher Angst ausgelöst wird oder wann sie eine Chance zum Gegensteuern haben.

Es lassen sich zwei Arten von Kinderängsten unterscheiden:

1. Zum einen sind es solche, die aus dem Familienumfeld herrühren, wie etwa materielle Existenzangst (Angst vor dem Verlust der Lebensgrundlage für die Familie), emotionale Verlustangst (Angst vor einem Streit zwischen den Bezugspersonen, infolgedessen Angst vor dem Verlust der Geborgenheit), Trennungsangst (Angst vor dem Verlust eines geliebten Menschen als Folge heftigen Streits und der Auflösung der Familie).
2. Kinderängste anderer Art sind jene, die aus schulischen Situationen herrühren, wie Angst vor Ausgrenzung, Versagensangst, Zeitdruck oder Verlust im Rahmen der Peergroup.

Eine ganz andere Dimension stellen die sogenannten „Makroängste" dar, also Ängste gegenüber Kräften, die eine Einzelperson nicht beeinflussen kann. Ab dem dritten und vierten Grundschuljahr und in Zusammenhang mit dem Medienkonsum, der die Schrecken von Terror und Naturkatastrophen direkt ins Wohnzimmer bringt, können sich Makroängste ins Angstgedächtnis eingraben.

Daneben gibt es eine „gesunde Angst" als natürliche Reaktion, die in Verbindung mit einer objektiv vorhandenen Gefahr abläuft. Sie ist für die Gesunderhaltung des Organismus lebenswichtig. Entsprechende gedächtnismäßige Abspeicherungen solch negativer Erfahrungen (zum Beispiel mit Feuer) können überlebenswichtig sein und haben somit gesundheitserhaltende Funktion. Auch sie sind das Konzentrat von Erfahrungen; und wer keine „gesunde Angst" entwickelt, kann nicht vernünftig entscheiden und handeln.

Angst wird gelernt durch Verhaltensbeobachtung und Nachahmung anderer Menschen. Sie ist, wie jede andere emotionale Reaktion auch, ein subjektiv empfundenes Gefühl und die Folge einer individuellen Situationsbewertung. Manchmal kann alleine durch Umdenken in der Bewertung dieselbe Situation erfolgreich bewältigt werden. Das jedoch ist ein langwieriger

Lernprozess, der erst mit der vollständigen Ausreifung des Stirnhirns und dessen Umstrukturierung im Hinblick auf kognitive wie emotionale Fähigkeiten zum Ende des Jugendalters dem Level Erwachsener nahe kommt.

Fühlt der Mensch sich bedroht oder handlungsunfähig, läuft das genetisch verankerte Programm der Notfall- oder Alarmreaktion im vegetativen Nervensystem ab. Dabei kann es sich um Stressoren aus physisch belastenden Extremsituationen handeln (extremer Lärm, Gestank, Hitze oder Kälte, enge Räume) oder um psychosoziale Reize (Zeitdruck, Konkurrenzdenken, Versagensangst). Stress ist eine physiologische Alarmreaktion, die autonom abläuft. Im Laufe der Kindheit lassen sich langfristig angemessene Verhaltensstrategien generieren.

Unter *Dauerstress* hingegen versteht man eine ständige Negativbelastung, unter der die Wiederherstellung des Gleichgewichts zwischen Anspannung und Entspannung immer seltener gelingt. Diese fortdauernde Überbelastung führt zu grundlegenden physiologischen Veränderungen. Die äußerst schädigenden biochemischen Auswirkungen auf nervaler, muskulärer, skelettöser, metabolischer und hormoneller Ebene samt möglichen Langzeitfolgen sind in dem Buch *Ausgeglichen und entspannt* (Birgit Jackel, 2004) ausführlich beschrieben.

In unserem Kontext geht es vorrangig um die Beeinflussung des *Gedächtnisses* durch Dauerstress. Es kommt zu Stoffwechselveränderungen in den Hirnnervenzellen des Hippocampus und zu kognitiven Leistungsreduktionen. Stress erhöht die Ausschüttung sogenannter Stresshormone. Ist man diesen langfristig ausgesetzt, erhöht das die Verletzbarkeit der Hirnnervenzellen (aufgrund der Veränderung ihres Energiestoffwechsels) in gleicher Weise wie beim Alterungsprozess. Diese metabolisch veränderten Nervenzellen können nicht mehr genügend freie „Andockstellen“ für ankommende Botenstoffe bereitstellen, sodass die abzuspeichernde oder abzurufende Information verloren geht beziehungsweise nicht mehr präsent oder „re-präsent“ gemacht werden kann. Die derart gealterten Nervenzellen im vorderen Schläfenlappen (Hippocampus und Mandelkern) verkümmern und enden im Zelltod. Das führt letztendlich zu geistigem Abbau. Bildgebende Verfahren zeigen verkleinerte Hippocampi und unterentwickelte präfrontale Kortexareale beispielsweise bei sexuell missbrauchten und vernachlässigten Kindern.

Praktische Vorschläge: Vielfältige Merkhilfen – Strategien gegen Vergesslichkeit

Es ist eine falsche Vorstellung, dass desto besser gelernt werde, je bunter, je lustiger und spielähnlicher, je interaktiver und marktschreierischer ein Inhalt dargeboten werde. Richtig hingegen erscheint die Vorstellung, dass ein

Lerninhalt sich desto besser ins Langzeitgedächtnis eingräbt, je vernetzter und für den Lernenden relevanter er ist. Denn Lernen erfolgt nicht automatisch durch Bereitstellen von Informationen – eine Vorstellung, die heute allerdings weit verbreitet ist. Hält doch das Internet Unmengen von Informationen bereit und werden den Kindern doch weit mehr Kinderbücher und altersgemäße Sachbücher und DVDs angeboten als jemals zuvor; hinzu kommt eine Vielzahl von Lern- und Konzentrationsprogrammen. Printmedien und Computeranimationen alleine setzen keinen Lernprozess in Gang. Hier ist mehr denn je die Lehrkompetenz von Elternhaus, Kindergarten, Kindertagesstätte und Schule gefordert, und zwar mit kind- und hirngerechten didaktischen Herangehensweisen. Einige solcher hilfreichen Wege für behaltendes Lernen im Kindesalter sollen im Folgenden zur Sprache kommen:

Alltagsmanagement

Für Kinder im Elementar- und Primaralter erweist es sich als äußerst hilfreich, immer wieder einmal Phasen mit elementaren Aktivitäten einzuschieben wie etwa: Laufen, Schaukeln, großräumige Bewegungsspiele, Blumengießen, kleine Besorgungen und Hilfen im Haushalt, bei Fensterputzen, Abstauben, Pflanzensetzen oder Abtrocknen von Geschirr ... Dabei wird die Flut ständiger Sinnesreize reduziert und die Seele kann „baumeln". Eine gewisse innere Ruhe kehrt ein, verbunden mit Wohlspannung – als Reaktion des Parasympathikus im vegetativen Nervensystem. Das ist dann eine Phase im Tagesablauf, in der ähnlich wie im Traumschlaf das Gehirn den Arbeitsspeicher freiräumt, sodass wieder neue Ideen Einzug halten können. Diese elementaren Tätigkeiten verhelfen zu kreativen Einfällen wie auch zu leichterem Auswendiglernen.

Die bei prozeduralen Gedächtnisleistungen wie Laufen oder Schaukeln ablaufenden elementaren neuronalen Entladungsmuster regen das Gehirn auch dazu an, Verbindungen zwischen komplexen Gedanken zu knüpfen, wenn wir bei diesen submental ablaufenden Prozessen gleichzeitig über kognitive Lösungswege nachdenken. Denn der motorische Kortex mit den Basalganglien und das Kleinhirn koordinieren unsere Körperbewegungen und sind auch für die Strukturierung der Abfolge von Denkprozessen zuständig. Sie ordnen die Gedanken. So werden auch Aktivitätspotenziale in den Hirnarealen für Querdenken und Handlungsplanung im präfrontalen Kortex mitaktiviert.

Geschichten erzählen

Altersgemäße Geschichten haften besser im Kindergedächtnis als reine Fakten. Hier gilt es, an den Erfahrungen, die die Kinder schon gemacht haben, anzuknüpfen und über konkretes Tun Sachverhalte begreiflich zu machen, auch erklärend auf Zusammenhänge hinzuweisen. So können beispielsweise

„Sturmgeschichten" aus deutschen Mittelgebirgen den Kindern die Sturmschäden mit umgefallenen und entwurzelten Baumriesen erklären und über die Einbindung in eigenes Handeln speichern und abrufbereit halten. Auf unterschiedlichem sachkundlichen Niveau kann hieran schon ab dem Kindergartenalter gearbeitet werden.

Ein Beispiel:

Ab 8 J. Wenn der Wind durch den Thüringer Wald (über die kahle Höhe der Wasserkuppe in der Rhön / über das Fichtelgebirge / über den Brocken im Harz ...) fegt und zum Sturm anwächst ..., stellt euch vor, wie unaufhörlich dann die Türen klappern, die Fensterscheiben sirren, die Wäsche flattert und der Wind euch die Haare ins Gesicht wehen lässt und euch so kalt um die Ohren fegt, dass ihr drei viertel des Jahres morgens und abends eine Mütze aufsetzen müsst! Und nachts, wenn ihr im Bett liegt, lauscht ihr auf die Geräusche, die der Wind draußen macht. Ihr rätselt, woran er im Garten / im Hof / zwischen den Mülltonnen / hinter eurem Schuppen gerade zerrt und was er alles zum Knarren und Quietschen bringt.

Jetzt versteht ihr, welche Kraft ein Wind haben kann, wie er zum Sturm anwächst und dann sogar ganze Bäume entwurzelt. Über baumlose Flächen, Wiesen und Äcker fegt er dann hinweg und tobt sich dort aus. Alles, was nicht angebunden und gut befestigt ist, nimmt er ein Stück mit sich, rollt es vor sich her, wirft es um: deine Plastikgießkanne im Garten, ein Fahrrad an der Hauswand, eine Zeitung vom Balkon, deinen vergessenen Pulli von der Schaukel, den Papiermüll auf dem Gehweg, das Reklameschild am Supermarkt ... und viele Bäume im Wald.

Arbeitsaufträge zur Geschichte:

Beschreibt euch gegenseitig (in Partnerarbeit oder Kleingruppe), was genau bei euch zu Hause klappert, quietscht und sirrt, wenn der Wind um das Haus braust.

Bastelt Oregami-Tiere und -Blumen und leichte Papphäuschen in Falttechnik. Dann stellt sie zusammen zu „unserem „Dorf", „unserem Stadtteil", „unserem Garten / Park". Mit dem Föhn auf Stufe 1 bis 3 erzeugt jetzt einen Luftstrom aus einer Richtung und beobachtet, was von dem Luftdruck am raschesten weggepustet wird und was am längsten standhalten kann. Anschließend werden wir gemeinsam fragen und beantworten, warum das so ist.

Wir wollen nun die sogenannten „Heulschläuche" kennenlernen, mit denen Kinder in Kindergärten und Grundschulen gerne spielen (bunte Plastikschläuche, ungefähr 1,50 Meter lang), indem sie die Schläuche am einen Ende fassen und so durch die Luft sausen lassen, sich mit ihnen drehen oder damit durch die Turnhalle flitzen. Man kann auch mehrere solcher Schläuche aneinander stecken und erhält andere Töne; oder man kann mit ihnen „Telefon" spielen. Probiert bitte mal, welche Töne ihr mit den Heulschläuchen machen könnt. Wenn ihr unter euren Spielgeräten keine Heulschläuche findet, klappt das „Telefonieren" auch mit einem einfachen grauen, flexiblen Installationsrohr. Und das Drehen und Schleudern geht auch mit einem dicken, gelben, gerillten Drainagerohr.

Fallstricke beim Geschichtenerzählen

Man sollte peinlich darauf achten, dass Faktenwissen und Anekdoten, Sagen oder andere Formen der Dichtung auseinandergehalten werden. Es muss den Kindern sehr deutlich gemacht werden, dass es sich im einen Fall um Tatsachen handelt, im anderen Fall jedoch ums Fabulieren geht, wo sich der Erzähler aus Fakten und Erfundenem eine überzeugend dargestellte Geschichte zimmert. Faktenwissen beispielsweise über den Vogelsberg sollte nicht am gleichen Schulvormittag dargeboten werden wie die Geschichte vom sagenumwobenen „Vogel-Berg". Diese Sage handelt von dem gefiederten Klumpen, den ein gewitzter Bäcker im Bunde mit dem Teufel aus seiner Frau, aus Brotteig und einem Haufen Hühnerfedern zusammenkleisterte und der wie ein Vogel-Berg auf einem Baum saß, um für den Teufel zum unlösbaren Rätsel zu werden. Diese Sage ist für Kinder eine interessante Erzählung, die aber mit dem vulkanischen Ursprung des Vogelsberges als deutsches Mittelgebirge nichts zu tun hat.

Erkundungen zum Thema Erdmagnetismus (4. Klasse) 4. Schj.

Experimentelles Festlegen der Nord-Süd-Ausrichtung eines Magneten

Arbeitsauftrag: Bindet um die Mitte eines Magneten ein Band und hängt ihn zum Beispiel an die Decke oder an den Türrahmen. Der so baumelnde Magnet wird sich drehen und schließlich von selbst eine bestimmte Lage einnehmen. Sie weist wie ein Kompass auf den geografischen Norden und Süden hin. Vergleicht seine Ausrichtung mithilfe des Kompasses. Malt die Seite des Magneten, die in Richtung Süden zeigt, mit rotem Nagellack an. Mit diesem so gekennzeichneten Magneten könnt ihr die Polarität anderer Magneten bestimmen. Wie stellt ihr das an?

Pflanzen und Regenwürmer mit Südpol-Kontakt

Arbeitsauftrag: Setzt einen Teil eurer Bohnen und eures Kressesamens vor dem Keimen eine Woche lang der Energie eines magnetischen Südpols aus, einen anderen Teil einem Nordpol. Nachdem ihr beide Teile unter gleichen Bedingungen zum Keimen gebracht habt, beobachtet ihr das Wachstum. (Schnelleres Wachstum unter den positiven Effekten der Südpol-Energien; Stoffwechseleffekte mit Anstieg an Eiweißen, Fetten, Zucker.) Gleiche Effekte soll man auch beim Größenwachstum von Regenwürmern erzielen können.

Auswendiglernen und inhaltliche Texterfassung leicht(er) gemacht

Geht es um fehlerfreies Reproduzieren von Texten, funktioniert das Prinzip der Verkettung. In der heutigen Lernforschung spricht man von „Chunking" und „Chaining". Dabei lernt man immer längere Sinn gebende Textabschnitte als eine Einheit (= *chunk*) und vernetzt sie assoziativ mit vorangegangenen und nachfolgenden Abschnitten (= *chaining*). Im Elementar- und Primaralter geht es vorwiegend um kleine Gedichte und Liedertexte in Reimform. Spielerisch lernen sich solche Liedertexte bei folgender Vorgehensweise:

Zuerst singen Eltern oder Pädagogen das neue Lied einige Male vor. Dann singen die Kinder mit. Nach und nach kann der Vorsingende nun die Reimwörter auslassen. Die Kinder fügen sie an diesen Stellen ein; denn durch den Reim werden sie leicht erinnert. Dann verschwinden im Liedertext die Substantive; denn die Kinder erinnern rasch, was besungen wurde. Schließlich werden auch die Verben weggelassen, zuletzt die Füllwörter. Ob das Lied so gut eingeprägt wurde, dass es ins Langzeitgedächtnis überführt werden kann, hängt von den täglichen Wiederholungen ab.

Geht es um inhaltliche Texterfassung, sind wir Menschen von Natur aus besonders gut gerüstet für eine selektive, durch horizontale Augenbewegungen geleitete Aufmerksamkeit (parallel zur Erdoberfläche verlaufend). Bilder und Textteile, die sich auf der oberen linken Seite unseres Gesichtsfeldes befinden, werden mit größerer Aufmerksamkeit betrachtet als solche rechts unten. Links oben werden sie rascher einer ganzheitlichen emotionalen Bewertung zugeführt, die ihrerseits notwendig ist, um die Aufmerksamkeit bei einem Gegenstand des Interesses zu halten. Der Gedächtnisforscher Hans-Joachim Markowitsch verweist in diesem Zusammenhang auf die lateralisierte, fest verdrahtete Verschaltung im Gehirn mit der Verarbeitung von Wahrgenommenem aus der linken Körperseite in der rechten Gehirnhälfte und umgekehrt. Zudem benennt er als Ort emotional-ganzheitlichen Erfassens (auch von Abbildungen) die rechte Hemisphäre – gegenüber eher analytischer Verarbeitungsweise linksseitig. Nutzen wir dieses leichtere Behalten durch emotional-ganzheitliches Erfassen visueller Reize bei der Aufbereitung von Lernstoffen, indem wir Bilder und wichtige Textteile auf Arbeitsblättern und Schautafeln im linken oberen Bereich platzieren!

Merksätze für reines Fakten- und Regelwissen: „Eselsbrücken"

Ein Beispiel assoziativen Lernens aus dem Sachkundeunterricht der dritten Jahrgangsstufe: Beim langen und oft schwierigen Prozess der Einführung in das Kartenverständnis spielen die Himmelsrichtungen eine basale Rolle.

Immer wieder kommt es dabei zu Verwechslungen zwischen der räumlichen Lage von Westen und Osten. Hier kann als Merkhilfe „WO" greifen; denn wir lesen und schreiben von links nach rechts und können mit „WO" assoziieren, dass auf einer Landkarte der Westen links und der Osten rechts liegt. Außerhalb von Regelschulen, bei Kindern mit massiver Raumlagelabilität, denen auch die Schreibrichtung Probleme bereitet, führt selbst diese Merkhilfe nicht zum Erfolg. Bei ihnen ist „Kartenverständnis" ohnehin kein Unterrichtsgegenstand.

Fallstricke bei Merksätzen

Aus meiner über dreißigjährigen schulpraktischen Arbeit sind mir allerdings weit mehr fragwürdige Merkhilfen in Erinnerung als wirklich hilfreiche. Unter Lehrkräften wohl bekannt sind die Fallstricke, in welche die Schüler geraten, sobald sie die sachlich ungenaue Merkhilfe beigebracht bekommen: „Wenn du *der, die, das* davorsetzen kannst, wird das Wort großgeschrieben." Es finden sich dann Sätze wie dieser: „Das Fette schwein frisst die Leckeren kartoffelschalen." Was hier an unverstanden-stringenter Regelanwendung abgelaufen ist, bedarf wohl kaum näherer Erläuterung.

Ein weiteres Beispiel für eine fragwürdige Eselsbrücke stammt aus dem Sachkundeunterricht der vierten Jahrgangsstufe (Bundesland Bayern):

Iller, Lech, Isar, Inn
fließen links zur Donau hin.
Altmühl, Naab und Regen
kommen rechts entgegen.

... Oder war das gerade umgekehrt?

Eine Merkhilfe als solche nützt dem Kind wenig, wenn es den fachlichen Kontext, in dem sie steht, nicht verstanden oder nicht behalten hat. Ist das Grundproblem eine Lateralitätsstörung, kann die Lernhilfe zu den Donau-Nebenflüssen als Gedächtnisunterstützung wenig bewirken, ja sogar kontraproduktiv sein, da sich der Seitigkeitsunsichere bei jedem neuen Abruf seines Handicaps der Rechts-links-Unsicherheit wieder bewusst wird und seine Aussage zur Raumlage der Donauzuflüsse ständig neu (weil verunsichert) in Zweifel zieht.

Bei Eselsbrücken gehen die Nervenzellen untereinander mehr Verbindungen ein, was die Wahrscheinlichkeit für einen sicheren Wiederabruf erhöht. Jedoch hilft eine derartige Gedächtnisstütze meist nur dem Erfinder. Alle anderen müssen neben dem neuen Stoff auch noch die Hilfskonstruktion lernen.

Themenspezifische Literatur

1. Literatur zur Gedächtnisforschung und zum Lernen im Schlaf:

Born, Jan, und Kraft, Ulrich: „Lernen im Schlaf – kein Traum“
Bencivelli, Silvia: „Nächtliches Solo“
Hennevin-Dubois, Elizabeth: „Lernen im Schlaf“
Kandel, Eric: *Auf der Suche nach dem Gedächtnis*
Markowitsch, Hans-Joachim: *Dem Gedächtnis auf der Spur*
Markowitsch, Hans-Joachim, und Welzer, Harald: *Das autobiographische Gedächtnis*
Zulley, Jürgen: *Mein Buch vom guten Schlaf*

2. Literatur zu Interferenzen von Gedächtnis und Emotionen:

Damasio, Antonio: *Ich fühle, also bin ich. Die Entschlüsselung unseres Bewusstseins*
Damasio, Antonio: *Der Spinoza-Effekt*
Hannaford, Carla: *Bewegung – das Tor zum Lernen*
Jackel, Birgit: *Ausgeglichen und entspannt. Stress bei Kindern erkennen und abbauen*
Kraft, Ulrich: „Lob des Schlummers“
Lauth, Gerhard; Schlottke, Peter, und Naumann, Kerstin: *Rastlose Kinder, ratlose Eltern*
Maur-Lambert, Sabine, und Landgraf, Andrea: *Keine Angst vor der Angst*

4. Ausblick

Im rehabilitativen Bereich werden bereits seit geraumer Zeit Erkenntnisse der Hirnforschung aus bildgebenden Verfahren für die Arrangements der täglichen Arbeit genutzt. So gibt es beispielsweise Untersuchungen zu Störbildern wie Dyskalkulie, Dyslexie, Lese-Rechtschreib-Schwäche oder Autismus mit wissenschaftlich begleiteten Trainingsprogrammen.

Im präventiven Bereich mit Regelkindergärten und Regelschulen hingegen und für die Erziehung im Elternhaus sind Vorschläge zum Umsetzen neurophysiologischer Erkenntnisse für ein kinderhirngerechtes Lernen eher selten. Dabei findet sich neuro-pädagogisches Gedankengut seit über dreißig Jahren in der Fachliteratur.

Der Neurobiologe Frederic Vester (bekannt durch seine Fernsehserie „Denken, Lernen, Vergessen“, 1973) formulierte zum damaligen Zeitpunkt bereits das „Prinzip biologischer Lernhilfen“. Diese Grundthese besitzt bis heute Gültigkeit: Wenn man beim Lehren und Lernen gegen biologische Grundgesetze verstößt, die im menschlichen Organismus angelegt sind, dann ist alle Mühe umsonst. Ja, es ist gerade jene biochemische Ebene unseres Denkorgans, die in den letzten Jahrzehnten dank des technischen Fortschritts im Bereich der bildgebenden Verfahren besonders gründlich erforscht werden konnte.

Und dennoch wurde seit den Maximen der großen Denker der Pädagogik vor rund zweihundert Jahren bei arrangiertem Lernen gewiss nicht alles falsch angegangen, auch wenn bisher die beim Lernen aktiven Areale nicht sichtbar gemacht werden konnten. Es scheint eher so, dass die Hirnforschung heute manches naturwissenschaftlich untermauern kann, was Pädagogen, Psychologen und Eltern durch sorgsame Beobachtungen und hellsichtige psychologische Modelle seit Langem schon über kindliches Lernen herausgefunden haben. Endlich wissen wir nun, *warum* wir pädagogisch sinnvoll gearbeitet haben. Bei aller Euphorie bezüglich des bislang richtigen Weges für kinderhirngerechtes Lernen sollte die Vielzahl der neu veröffentlichten Erkenntnisse auf diesem Gebiet achtsam geprüft und genutzt werden – zum Wohle der Kinder.

Auf den Punkt gebracht heißt das: Setzen wir unsere tradierte pädagogische Arbeit fort. Wir brauchen keinen Neubeginn mit völliger Umorientierung. Was wir jedoch unbedingt angehen sollten, ist eine bessere Nutzung der natürlichen Wege für kinderhirngerechtes Lernen, damit unsere Kinder effektiver und damit leichter lernen können. Dazu ist der Blick auf die Erkenntnisse aus den bildgebenden Verfahren von Medizin und Hirnforschung notwendig;

denn (nur) diese Fachbereiche verfügen über die modernsten Werkzeuge (wie PET, fMRT und andere), die es auch für Psychologie und Pädagogik einzusetzen gilt.

Zunächst sollten die Grundlagen von Lernprozessen mithilfe der Hirnforschung aufgespürt werden. Im Folgeschritt dann sind die sich daraus ergebenden Schlussfolgerungen auf ihre Anwendbarkeit und Wirksamkeit in der Praxis des Lehrens zu überprüfen. Wer könnte das besser leisten als diejenigen, die mit Kindern Lernen arrangieren? In diesem Sinne können hochinteressierte Eltern und pädagogische Kräfte mit Kindern im Elementar- und Primaralter ausprobieren und unter neuropädagogischen Gesichtspunkten weiterentwickeln, was im Praxisteil dieses Buches angeboten wird.

Hier ist der Versuch unternommen worden, Lernarrangements so zu gestalten, dass sie für bereits gut entwickelte Kindergehirne besonders vorteilhaft sind. Inwiefern die Praxisideen auch für die rehabilitative Arbeit taugen, muss im Einzelfall vor dem Hintergrund des jeweiligen Störbildes geprüft werden.

Abbildungsverzeichnis

Literaturverzeichnis

Affolter, Félicie: *Wahrnehmung, Wirklichkeit und Sprache*, Villingen-Schwenningen: Neckar-Verlag, 1987

Aschersleben, Gisa: „Probanden in Windeln", in: *Gehirn & Geist* Nr. 2, 2005, Heidelberg: Spektrum der Wissenschaft, S. 24-27

Ayan, Steve: „Intime Botschaften", in: *Gehirn & Geist Dossier* Nr. 3, 2006, Heidelberg: Spektrum der Wissenschaft, S. 66-69

Bastian, Hans Günther: *Kinder optimal fördern – mit Musik*, Weinheim: Beltz, 2005

Bauer, Joachim: *Warum ich fühle, was du fühlst. Intuitive Kommunikation und das Geheimnis der Spiegelneurone*, Hamburg: Hoffmann & Campe, 2006

Beigel, Dorothea, und Steinbauer, Waltraud, und Zinke, Kurt: *Das bewegte Klassenzimmer*, Kirchzarten: VAK, 2005

Beins, Hans Jürgen: *Das große kecke Zeitungsblatt*, DVD, Dortmund: Borgmann, 2003

Bencivelli, Silvia: „Nächtliches Solo", in: *Gehirn & Geist* Nr. 7-8, Heidelberg: Spektrum der Wissenschaft, S. 38-40

Blakemore, Sarah-Jayne, und Frith, Uta: *Wie wir lernen. Was die Hirnforschung darüber weiß*, München: DVA, 2006

Born, Jan, und Kraft, Ulrich: „Lernen im Schlaf – kein Traum", in: *Spektrum der Wissenschaft*, November 2004, Heidelberg: Spektrum der Wissenschaft, S. 44-51

Buchner, Christina: *Der Räuber Thalamus und andere Geschichten. Brainstories zur Lernbiologie für Eltern und Pädagogen*, Kirchzarten: VAK, 2004

Buchner, Christina: *Brain-Gym® & Co. – kinderleicht ans Kind gebracht*, Kirchzarten: VAK, 2005

Buchner, Christina: *Lesen lernen mit links ...*, Kirchzarten: VAK, 2005

Buchner, Christina: *Neues Rechnen – neues Denken*, Kirchzarten: VAK, 2005

Buchner, Christina: *Neues Lesen – neues Lernen. Vom Lesefrust zur Leselust*, Kirchzarten: VAK, 2006

Buchner, Christina, und Wimmer, Silvia: *Wassermann und Eskimo. Bilder und Texte zum Konzentrieren und Entspannen für Schule, Kindergarten, Familie*, Kirchzarten: VAK, 2006

Bundesministerium für Bildung und Forschung (Hrsg.): *Lehr-Lern-Forschung und Neurowissenschaften: Erwartungen, Befunde und Forschungsperspektiven*, Bildungsreform Bd. 13, 2005, Bestelladresse: BMBF, Postfach 300235, 53182 Bonn

Cárdenas, Barbara: *Pfiffigundes Sprachwelt. Erst-, Zweit- und Schriftspracherwerb vorbereiten, beobachten, fördern*, Dortmund: Borgmann, 2006

Charlton, Michael, und Käppler, Christoph, und Wetzel, Helmut: *Entwicklungspsychologie*, Weinheim: Beltz, 2003

Damasio, Antonio: „Gefühl und Bewusstsein", in: Deutsches Hygiene-Museum (Hrsg.) *Kosmos im Kopf: Gehirn und Denken*, 2000, Ostfildern-Ruit: Hatje Cantz, S. 54-61

Damasio, Antonio: *Ich fühle, also bin ich. Die Entschlüsselung unseres Bewusstseins*, München: List, 2000

Damasio, Antonio: *Der Spinoza-Effekt*, München: List, 2003

Dennison, Paul, und Dennison, Gail: *Brain-Gym®*, Kirchzarten: VAK, 2004

Dennison, Paul, und Dennison, Gail: *EK für Kinder*, Kirchzarten: VAK, 2006

Dittmann, Jürgen: *Der Spracherwerb des Kindes. Verlauf und Störungen*, München: Beck, 2002

Dunemann-Gulde, Angela: *Yoga und Bewegungsspiele für Kinder*, München: Kösel, 2006

Edition Bücherbär (Hrsg.): *Übungsblock für Kindergartenkinder*, Würzburg: Arena, 2005

Eggert, Dietrich, und Bertrand, Lucien: *RZI – Raum-Zeit-Inventar*, Dortmund: Borgmann, 2002

Engel, Andreas, und Debener, Stefan, und Kranczioch, Cornelia: „Bewusstsein: Good Vibrations", in: *Gehirn & Geist* Nr. 11, 2005, Heidelberg: Spektrum der Wissenschaft, S. 24-31

Epping, Bernhard: „Nobelpreis Medizin: Riechen als Rechenexempel", in: *Spektrum der Wissenschaft* Nr. 12, Dezember 2004, Heidelberg: Spektrum der Wissenschaft, S. 22-24

Fields, Douglas: „Wie Erinnerungen haften bleiben", in: *Spektrum der Wissenschaft*, September 2005, Heidelberg: Spektrum der Wissenschaft, S. 62-69

Fischer, Erhard: *Wahrnehmungsförderung. Handeln und sinnliche Erkenntnis bei Kindern und Jugendlichen*, Dortmund: Borgmann, 2003

Fischer, Klaus: „Vom Sinn der Sinne: Zum Wahrnehmungsbegriff in der Psychomotorik", in: Zimmer, Renate, und Hunger, Ina (Hrsg.) *Kindheit in Bewegung*, Schorndorf: Hofmann, 2001, S. 27-33

Fischer-Olm, Anna: *Mit schöner Sprache durch das Jahr. Ein multisensorieller, sprachfördernder Lehrgang für Kindergarten, Vorschule und Grundstufe*, Dortmund: Borgmann, 2003

Fried, Erich: *Die Schnabelsau*, Berlin: Wagenbach, 1998

Friedrich, Gerhard, und Galgóczy, Viola de: *Komm mit uns ins Zahlenland*, Freiburg: Christophorus, 2004

Friedrich, Gerhard, und Preiß, Gerhard: „Pädagogik. Lehren mit Köpfchen", in: *Gehirn & Geist Dossier* Nr. 2, 2005, Heidelberg: Spektrum der Wissenschaft, S. 32-39

Gegenfurtner, Karl: *Gehirn und Wahrnehmung*, Frankfurt am Main: Fischer, 2003

Goddard, Sally: *Greifen und BeGreifen. Wie Lernen und Verhalten mit frühkindlichen Reflexen zusammenhängen*, Kirchzarten: VAK, 2005

Goddard Blythe, Sally: *Warum Ihr Kind Bewegung braucht. Optimale Entwicklung fördern – von Anfang an*, Kirchzarten: VAK, 2006

Goldschmidt, Annemarie: *Alles klar mit Kinesiologie. Hellwach und voller Energie durch den Alltag*, Kirchzarten: VAK, 2004

Greenfield, Susan: *Reiseführer Gehirn*, Heidelberg / Berlin: Spektrum Akademischer Verlag, 2003

Haberda, Brigitte: *Rechnen – keine Hexerei*, Kirchzarten: VAK, 2005

Hannaford, Carla: *Bewegung – das Tor zum Lernen*, Kirchzarten: VAK, 2004

Hannaford, Carla: *Was jedes Kind zum Wachsen braucht. Zwischen Computer und Waldkindergarten: So werden Kinder stark fürs Leben*, Kirchzarten: VAK, 2006

Heigenmooser, Joseph, und Bock, Alfons: *Geschichte der Pädagogik*, München: Carl August Seyfried, 1910

Hennevin-Dubois, Elizabeth: „Lernen im Schlaf", in: *Spektrum der Wissenschaft Spezial* Nr. 2, 2003, Heidelberg: Spektrum der Wissenschaft, S. 64-68

Herrmann, Christoph, und Fiebach, Christian: *Gehirn & Sprache*, Frankfurt am Main: Fischer, 2004

Herrmann, Ulrich: „Gehirngerechtes Lernen und Lehren.“, in: *Spektrum der Wissenschaft Spezial* Nr. 3, 2004, Heidelberg: Spektrum der Wissenschaft, S. 28-36

Herschkowitz, Norbert, und Chapman Herschkowitz, Eleonore: *Klug, neugierig und fit für die Welt. Gehirn- und Persönlichkeitsentwicklung in den ersten sechs Lebensjahren*, Freiburg: Herder, 2004

Herschkowitz, Norbert: *Das vernetzte Gehirn. Seine lebenslange Entwicklung*, Bern: Huber, 2006

Hohl-Brunner, Ursula: *Buchstabensuppe und Zahlensalat*, Kirchzarten: VAK, 2006

Högerle, Marie-Luise, und Bundschuh, Carl-Michael: „Raumwahrnehmung“, in: *Praxis der Psychomotorik* Nr. 3, 2006, S. 152-162

Jackel, Birgit: *Psychomotorische Handlungskompetenz beim Radfahren*, Schorndorf: Hofmann, 1997

Jackel, Birgit: *Rituale als Helfer im Grundschulalter*, Dortmund: Borgmann, 1999

Jackel, Birgit: „Im Verkehr“, in: *Grundschule Sachunterricht*, Nr. 5, Seelze: Kallmeyer, 2000

Jackel, Birgit: *Lustige Sinnesgeschichten für kleine und große Leute. Sinnlich-sinnvolle Anregungen zum Nachdenken und Nachspielen*, Dortmund: Borgmann, 2003

Jackel, Birgit: „Ich bin da! Beginn einer Persönlichkeitsentfaltung unter psychomotorisch bedeutsamen Gesichtspunkten“, in: *Praxis der Psychomotorik* Nr. 4, 2004, S. 240-246

Jackel, Birgit: *Ausgeglichen und entspannt. Stress bei Kindern erkennen und abbauen. Mit Bewegungsgeschichten aus der Progressiven Muskelentspannung*, München: Kösel, 2004

Jackel, Birgit: *Kinder orientieren sich. Spiele zur Entfaltung psychomotorischer Handlungskompetenz*, Dortmund: Borgmann, 2004

Jackel, Birgit: „Kindliche Berührungserfahrungen und kommunikative Kompetenz“, in: *Praxis der Psychomotorik* Nr. 2, 2005, S.182-188

Jackel, Birgit: „Vom Spielsinn des Sinnesspiels in der logopädischen Arbeit mit Kindern“, in: *Forum Logopädie* Nr. 2, März 2005, Frechen: Deutscher Bundesverband für Logopädie, S. 18-23

Jackel, Birgit: „Auch Sprache ist Bewegung“, in: *Forum Logopädie* Nr. 5, September 2006, Frechen: Deutscher Bundesverband für Logopädie, S. 30-37

Jäger, Ludwig: „Ohne Sprache undenkbar“, in: *Gehirn & Geist* Dossier Nr. 3, 2006, Heidelberg: Spektrum der Wissenschaft, S. 8-15

Jandl, Ernst: *Ottos Mops hopst*, Ravensburg: Maier, 1988

Jansen, Frank, und Scherer, Peter: *Forschend die Welt erobern. Naturwissenschaft im Kindergarten*, München: Kösel, 2007

Janssens, Albert: *Entwicklung fördern. Ein Arbeitsbuch für Eltern und Erzieher*, Dortmund: Borgmann, 2005

Kandel, Eric: *Auf der Suche nach dem Gedächtnis*, München: Siedler, 2006

Kelber-Bretz, Wilhelm: *Fingerspiele neu entdecken*, Aachen: Meyer & Meyer, 2004

Kempf, Hans-Dieter, und Pfänder, Birgit: *Kindergarten in Bewegung*, Dortmund: Borgmann, 2006

Key, Ellen: *Das Jahrhundert des Kindes* (1900), Weinheim: Beltz, 2000 (2. Auflage)

Klett Grundschulverlag, und Deutsche Verkehrswacht e. V., und GHS-Verlag (Hrsg.): *FLUX*, Nr. 1–4, Stuttgart: Klett, 2003

Knoll, Andreas (Hrsg. Musikschule „Musik Total"): *Rambazamba auf dem Bauernhof. Die Geschichte von Freddy, dem gritzegrünen Schwein.* Bildergeschichte, Hörspiel und Lied inklusive CD, 2007, Bestelladresse: Bachstraße 11, 63571 Gelnhausen.

Koch, Christof: *Bewusstsein – ein neurobiologisches Rätsel,* Heidelberg: Elsevier, 2005

Köckenberger, Helmut: *Rollbrett, Pedalo und Co.*, Dortmund: Borgmann, 2006

Koenigs, Renate: *Fantasie, Poesie & Bewegungsgeschichten begleiten Dich durch das Jahr,* Dortmund: Borgmann, 2000

Kraft, Ulrich: „Lob des Schlummers", in: *Gehirn & Geist* Nr. 6, 2007, Heidelberg: Spektrum der Wissenschaft, S. 38-46

Laroche, Serge: „Vom flüchtigen Signal zur stabilen Erinnerung", in: *Spektrum der Wissenschaft Spezial* Nr. 2, 2003, Heidelberg: Spektrum der Wissenschaft, S. 16-25

Lauth, Gerhard, und Schlottke, Peter, und Naumann, Kerstin: *Rastlose Kinder, ratlose Eltern,* München: dtv, 2000

Läufer, Barbara, und Läufer, Bernhard: *Kinu sucht das Abenteuer. Eine Bewegungsreise für Kinder, die ihre Stärken entdecken wollen,* Kirchzarten: VAK, 2006

Lorenceau, Jean: „Optische Illusionen: Die rätselhafte Wasserfalltäuschung", in: *Gehirn & Geist* Nr. 2, 2004, Heidelberg: Spektrum der Wissenschaft, S. 34-36

Lutz Heyge, Lorna (Hrsg.): *Gemeinsam Musizieren,* Trossingen: Hohner, 1993

Markowitsch, Hans-Joachim: *Dem Gedächtnis auf der Spur. Vom Erinnern und Vergessen,* Darmstadt: Primus, 2002

Markowitsch, Hans-Joachim, und Welzer, Harald: *Das autobiographische Gedächtnis. Hirnorganische Grundlagen und biosoziale Entwicklung,* Stuttgart: Klett-Cotta, 2005

May, Sibylle: *Mit allen Sinnen,* Stuttgart: Klett, 2004

Mehr Zeit für Kinder e. V. (Hrsg.): *Die ersten Jahre,* 2002, Bestelladresse: Fellnerstaße 12, 60322 Frankfurt

Mehr Zeit für Kinder e. V.(Hrsg.): *Sprich mit mir! Tipps, Ideen, Informationen und viele Spiele zur Förderung der Sprachentwicklung,* 2004, Bestelladresse: Fellnerstraße 12, 60322 Frankfurt

Meier, Christine, und Richle, Judith: *Sinn-voll und alltäglich. Materialsammlung für Kinder mit Wahrnehmungsstörungen – Kopiervorlagen,* Dortmund: Borgmann, 2005

Miedzinski, Klaus, und Fischer, Klaus: *Die Neue Bewegungsbaustelle. Lernen mit Kopf, Herz, Hand und Fuß. Modell bewegungsorientierter Entwicklungsförderung,* Dortmund: Borgmann, 2006

Meyenburg, Claudia (Hrsg.): *Die Sache mit dem X. Brain-Gym® in der Schule,* Kirchzarten: VAK, 2005

Mletzko, Ingrid, und Mletzko, Horst-Gerald: *Mensch und Zeit,* Bad Hersfeld: Neuromedizin Verlag, 2002

Moll, Gunther, und Dawirs, Ralph, und Niescken, Svenja: *Hallo, hier spricht mein Gehirn. Eine Entdeckungsreise von der Zeugung bis zum Schulanfang,* Weinheim: Beltz, 2006

Naville, Suzanne, und Marbacher, Pia: *Vom Strich zur Schrift,* Dortmund: Borgmann, 1999

Neill, A. S.: *Theorie und Praxis der antiautoritären Erziehung. Das Beispiel Summerhill,* Stuttgart: Deutscher Bücherbund, 1970

Neubauer, Aljoscha, und Stern, Elsbeth: *Lernen macht intelligent. Warum Begabung gefördert werden muss,* München: DVA, 2007

Neuweiler, Gerhard: „Der Ursprung unseres Verstandes“, in: *Spektrum der Wissenschaft* Nr. 1, 2005, Heidelberg: Spektrum der Wissenschaft, S. 24-27

Niegl, Johanna: *Familie Bär*, Boppard: Fidula, 1997

Njiokiktjien, Charles: „Neurobiologische Prozesse der normalen Entwicklung als Basis für Vorbeugung und Behandlung.“, in: Flehmig, Ina (Hrsg.): *Kindheit heute*, Dortmund: Borgmann, 2003, S. 87-98

Oestreich, Gisela: *Kinder zwischen Angst und Leistung*, Frankfurt am Main: Fachbuchhandlung für Psychologie, 1980

Oestreich, Gisela: *Wahrnehmen – Umdenken – Handeln. Lernprojekte – nicht nur – für Erwachsene*, Frankfurt am Main: Eigenverlag des Deutschen Vereins für öffentliche und private Fürsorge. Auslieferungsadresse an Nichtmitglieder: Stuttgart: Kohlhammer, 1992

Pauen, Sabina: „Denken vor dem Sprechen“, in: *Gehirn & Geist* Nr 2, 2005, Heidelberg: Spektrum der Wissenschaft, S. 7-11

Pauen, Sabina (Hrsg.): *Entwicklungspsychologie im Kindes- und Jugendalter*, München: Elsevier, 2005

Preiß, Gerhard (Hrsg.): *Neurodidaktik. Theoretische und praktische Beiträge*, Herbolzheim: Centaurus, 1998

Quante, Sonja: *Was Kindern gut tut! Handbuch der erlebnisorientierten Entspannung*, Dortmund: Borgmann, 2004

Ramachandran, Vilayanur, und Rogers-Ramachandran, Diane: „Illusionen: Wie kann man nur so blind sein?“, in: *Gehirn & Geist* Nr. 11, 2006, Heidelberg: Spektrum der Wissenschaft, S. 60-62

Ramachandran, Vilayanur, und Rogers-Ramachandran, Diane: „Illusionen: Vorsicht Lücke!“, in: *Gehirn & Geist* Nr. 12, 2006, Heidelberg: Spektrum der Wissenschaft, S. 21-29

Ramachandran, Vilayanur, und Rogers-Ramachandran, Diane: „Das Rechteck, das es nicht gibt“, in: *Gehirn & Geist* Nr. 5, 2007, Heidelberg: Spektrum der Wissenschaft, S. 74-75

Ramachandran, Vilayanur, und Oberman, Lindsay: „Der blinde Spiegel Autismus.“, in: *Spektrum der Wissenschaft* Nr. 4, 2007, Heidelberg: Spektrum der Wissenschaft, S. 43-49

Ratey, John: *Das menschliche Gehirn. Eine Gebrauchsanweisung*, München: Piper, 2003

Rizzolatti, Giacomo, und Fogassi, Leonardo, und Gallese, Vittorio: „Spiegel im Gehirn.“, in: *Spektrum der Wissenschaft* Nr. 3, 2007, Heidelberg: Spektrum der Wissenschaft, S. 49-55

Röhrich, Lutz: *Lexikon der sprichwörtlichen Redensarten*, Freiburg: Herder, 1991

Röttgen, Gisela, und Müllenbruch, Margit: *Ort und Richtung. Wahrnehmungstraining zur Orientierungsverbesserung für Sechs- bis Achtjährige*, Dortmund: Borgmann, 1997

Schaller, Katrin: „Gesunde Paukenschläge“, in: *Gehirn & Geist* Dossier Nr. 1, 2006, Heidelberg: Spektrum der Wissenschaft, S. 66-70

Schmidt, Robert, und Lang, Florian, und Thews, Gerhard (Hrsg.): *Physiologie des Menschen*, Berlin / Heidelberg: Springer, 2005

Schönpflug, Wolfgang: *Über Aktivierungsprozesse im Lernversuch*, Frankfurt am Main: Kramer, 1963

Schönrade, Silke: *Kinderräume – KinderTräume ... oder wie Raumgestaltung im Kindergarten sinn-voll ist*, Dortmund: Borgmann, 2005

Singer, Tania, und Kraft, Ulrich: „Zum Mitfühlen geboren“, in: *Gehirn & Geist Dossier* Nr. 3, 2006, Heidelberg: Spektrum der Wissenschaft, S. 80-85

Singer, Wolf: „Neurobiologische Anmerkungen zum Konstruktivismus-Diskurs“, in: *Gehirn und Denken. Kosmos im Kopf*, Deutsches Hygiene-Museum (Hrsg.), Ostfildern-Ruit: Hatje Cantz, 2000, S. 132-141

Singer, Wolf: *Der Beobachter im Gehirn*, Frankfurt am Main: Suhrkamp, 2002

Spitzer, Manfred: *Lernen. Gehirnforschung und die Schule des Lebens*, Berlin / Heidelberg: Spektrum Akademischer Verlag, 2002

Spitzer, Manfred: *Musik im Kopf. Hören, Musizieren, Verstehen und Erleben im neuronalen Netzwerk*, Stuttgart: Schattauer, 2006

Straffer, A.: „Komm mit mir ins Klatscheland“, in: Lutz Heyge, Lorna (Hrsg.). *Gemeinsam Musizieren*, Trossingen: Hohner, 1993

Struck, Veronika, und Mols, Doris: *Atem-Spiele*, Dortmund: Borgmann, 2002

Struck, Veronika, und Mols, Doris: *Das MundWerk. Training für die Sprechwerkzeuge*, Dortmund: Borgmann, 2004

Tomatis, Alfred: *Das Ohr – die Pforte zum Schulerfolg*, Dortmund: Borgmann, 2004

Vaas, Rüdiger: „Wenn die Zeit rückwärts läuft“, in: *bild der wissenschaft* Nr. 12, 2002, S. 46-55

Velay, Jean-Luc, und Longcamp, Marieke: „Besser von Hand“, in: *Gehirn & Geist* Nr. 3, 2007, Heidelberg: Spektrum der Wissenschaft, S. 14-17

Waclowsky, Elisabeth: *Lernabenteuer mit dem Schweinehund. Richtig lernen lernen*, Kirchzarten: VAK, 2004

Wais, Mathias: *Neuropsychologie für Ergotherapeuten*, Dortmund: Borgmann, 2001

Wallisch, Pascal: „Wie die Zeit in den Kopf kommt. Chronopsychologie“, in: *Gehirn & Geist* Nr. 10, 2007, Heidelberg: Spektrum der Wissenschaft, S. 14-20

Warnke, Fred: *Was Hänschen nicht hört. Elternratgeber Lese-Rechtschreib-Schwäche*, Kirchzarten: VAK, 2001

Weinberger, Norman: „Wie Musik im Gehirn spielt“, in: *Spektrum der Wissenschaft* Dossier Nr. 2, 2006, Heidelberg: Spektrum der Wissenschaft, S. 31-37

Welzer, Helmut: *Das kommunikative Gedächtnis. Eine Theorie der Erinnerung*, München: Beck, 2002

Wicht, Helmut: „Ein Gyrus für alle Fälle“, in: *Gehirn & Geist* Nr. 12, 2006, Heidelberg: Spektrum der Wissenschaft, S. 58-62

Wilmes-Mielenhausen, Brigitte: *Komm mit auf meine Ruhe-Insel. Mit Kindern Ruhe und Entspannung finden*, Freiburg: Christophorus, 2001

Zeh, Dieter: „Unser Alltagsbegriff der Zeit ist unzureichend“, in: *bild der wissenschaft* Nr. 12, 2002, S. 53-54

Zimmer, Renate: *Sinneswerkstatt*, Freiburg: Herder, 2005

Zimmer, Renate: *Alles über den Bewegungskindergarten*, Freiburg: Herder, 2006

Zimmer, Renate: *Handbuch der Sinneswahrnehmung*, Freiburg: Herder, 2007

Zimmer, Renate: *Bewegung und Entspannung*, Freiburg: Herder, 2005

Zimmer, Renate: *Handbuch der Psychomotorik*, Freiburg: Herder, 2007

Zimmer, Renate: *Toben macht schlau*, Freiburg: Herder, 2007

Zulley, Jürgen: *Mein Buch vom guten Schlaf*, München: Sandmann, 2005

Über die Autorin

Dr. phil. Birgit Jackel war 32 Jahre lang als Grund- und Hauptschullehrerin im Schuldienst tätig und nach ihrer Promotion von 1997 bis 2001 als Lehrbeauftragte an der Universität Frankfurt/M. Bereits seit 1989 arbeitet sie im In- und Ausland in der Aus- und Fortbildung von Erzieher(inne)n, Lehrer(inne)n, Polizeibeamt(inn)en und Therapeut(inn)en auf den Gebieten Motopädagogik, Verkehrspädagogik, Ergotherapie, Physiotherapie, Neurophysiologie, Sprachheilkunde und Logopädie. Sie hat zahlreiche Fachartikel und Bücher verfasst, vor allem zur Psychomotorik und Neurophysiologie in der Arbeit mit Kindern (siehe: www.birgit-jackel.de). In diese Arbeiten gehen ihre theoretisch-wissenschaftlichen Erkenntnisse ebenso ein wie ihre langjährigen Praxiserfahrungen. Dank dieser Kombination aus Hintergrundwissen und Kenntnis des Schulalltags mit all seinen Chancen und Grenzen sind die von ihr dargestellten Wege hirngerechten Lernens realitätsnah und glaubwürdig.

Über die Autorin des Geleitwortes

Dr. phil. Gisela Oestreich (Jahrgang 1930) ist Diplompsychologin und inzwischen emeritierte Professorin für Pädagogische Psychologie. 1952 bis 1959 arbeitete sie als Lehrerin und studierte gleichzeitig Psychologie, Pädagogik und Geschichte. Ab 1959 war sie in der hessischen Lehrerbildung, ab 1972 als Professorin für Pädagogische Psychologie (mit Zweitmitgliedschaft im Fachbereich Erziehungswissenschaften) an der Universität Frankfurt tätig. Sie ist Autorin zahlreicher Publikationen, unter anderem zur Kinderangst, zur Eigenart kindlicher Wertorientierung, zu Normen und Verhaltenserwartungen, Leitbildern und Klischees in freien Kinderaufsätzen sowie zur Erwachsenenbildung.

Carla Hannaford:

Was jedes Kind zum Wachsen braucht

Zwischen Computer und Waldkindergarten: So werden Kinder stark fürs Leben

Leseprobe: www.vakverlag.de

Mit anschaulichen Beispielen schildert Carla Hannaford, was zu einem abwechslungsreichen Umfeld dazugehört, in dem die Anlagen der Kleinen sich optimal entfalten. Eltern und Erzieher erfahren hier, welche Bedingungen sie für eine ganzheitliche Förderung der Kinder schaffen müssen. Die Autorin versteht Erziehung als „Begleitung ins Leben" und stellt daher die persönliche Beziehung zwischen Eltern und Kind in den Mittelpunkt. Sie eröffnet Perspektiven für eine Pädagogik, die den physischen, emotionalen und intellektuellen Bedürfnissen der Kinder gerecht wird.

216 Seiten, 38 Abbildungen
Paperback (15 x 21,5 cm)
ISBN 978-3-935767-11-8

Carla Hannaford:

Mit Auge und Ohr, mit Hand und Fuß

Gehirnorganisationsprofile erkennen und optimal nutzen

Leseprobe: www.vakverlag.de

Carla Hannaford gibt hier Anleitung zur Selbsterkennntnis: Wie lerne, arbeite und kommuniziere ich am liebsten? Wie ist mein Gehirn mit den Sinnesorganen neurologisch „verkabelt"? Welches ist mein geschickteres und häufiger benutztes Auge, Ohr usw.? Wie sieht also mein „Dominanzprofil" aus? Und sie zeigt Handlungsmöglichkeiten auf: Was kann ich tun, um Stärken meines Profils zu nutzen und Nachteile auszugleichen? Wie kann ich Kindern helfen, die durch ihr angeborenes Dominanzprofil gegebenen Einschränkungen zu überwinden?

190 Seiten. 75 Abbildungen
Paperback (15 x 21,5 cm)
ISBN 978-3-932098-15-4

Werner Winkler:

Warum Kinder so verschieden sind

Kinder besser verstehen und fördern

Leseprobe: www.vakverlag.de

Haben Sie sich auch schon einmal gefragt, warum Sie mit Ihrer Tochter „auf einer Welle liegen", mit Ihrem Sohn aber nicht? Der Grund hierfür ist nicht im Geschlecht, sondern in den unterschiedlichen Persönlichkeitstypen zu suchen. Während Sie und Ihre Tochter vielleicht Sachtypen sind und gut miteinander „können", ist Ihr Sohn ein Handlungs- oder ein Beziehungstyp und fühlt sich unverstanden.
Hier hilft die Psychographie weiter: Diese Persönlichkeits-Typologie zeigt auf, welche „typischen" weit reichenden Konsequenzen im Umgang miteinander sich durch die „typischen" Bedürfnisse und Verhaltensstrategien ergeben können: beim Lösen von Problemen, im Sprach- und im ganzen Lebensstil.

144 Seiten, zahlreiche Abbildungen, Paperback (17 x 21,5 cm)
ISBN 978-3-935767-88-0

Abbonnieren Sie unseren kostenlosen Newsletter: www.vakverlag.de

Elisabeth Waclowsky:

Lernabenteuer mit dem Schweinehund®

Richtig lernen lernen. Für Kinder ab 8

Leseprobe: www.vakverlag.de

Kinder zwischen 8 und 12 Jahren entführt dieses Buch auf spannende Lernabenteuer mit dem Schweinehund® und dem Fliegenferkel. Sie lernen dabei spielerisch, wo ihr innerer Schweinehund wohnt, was er im Schilde führt, warum er sie gerne stört und wie sie ihn mithilfe der Fliegenferkel-Tricks an die lange Leine legen können.
So entwickeln Kinder optimale Lernstrategien und Lernen macht wieder richtig Spaß! Mit vielen Lerntricks und Zaubertipps sowie Bildern zum Ausmalen.

120 Seiten, 65 Abbildungen, 2-farbig,
Hardcover (DIN A4),
ISBN 978-3-935767-50-7

Brigitte Haberda:

Fit in der Schule

Das KLIPP und KLAR-Förderprogramm für Kinder im Grundschulalter

Leseprobe: www.vakverlag.de

Wenn Kinder in der Schule Misserfolg haben, liegt das häufig daran, dass ihnen die richtigen »Lernwerkzeuge« fehlen. Egal wie viel und wie intensiv sie üben – ohne das richtige Werkzeug bleibt der Erfolg aus. Das KLIPP und KLAR-Förderprogramm hilft Eltern, Lehrern und Erziehern, solche Schwierigkeiten beim Lesen, Schreiben und Rechnen zu erkennen und Abhilfe zu schaffen: mit vielen Trainings- und Spieleblättern für den Einsatz zu Hause. Erprobte Methoden für die Soforthilfe und langfristige Fördermaßnahmen sorgen für schnellen und dauerhaften Erfolg – vom ersten Tag an!

160 Seiten, 25 Illustrationen, 55 Grafiken, 10 Fotos
Paperback (17,5 x 24,5 cm)
ISBN 978-3-935767-64-4

IAK

Institut für Angewandte Kinesiologie GmbH
Eschbachstraße 5 · D-79199 Kirchzarten
Tel. 0 76 61-98 71-0 · Fax 0 76 61-98 71-49
info@iak-freiburg.de · www.iak-freiburg.de

Das **IAK Institut für Angewandte Kinesiologie GmbH, Freiburg**, veranstaltet laufend **Kurse** in Edu-Kinestetik®, Brain-Gym®, Touch for Health, Three in One Concepts und vielen anderen Bereichen der Angewandten Kinesiologie. Wir haben uns im deutschsprachigen Raum in über 20-jähriger Tätigkeit als die Plattform für kinesiologische **Ausbildungen** etabliert. Dank enger persönlicher Kontakte zu den Pionieren der AK ist das Institut in der Lage, ständig die neuesten Entwicklungen zu präsentieren. Unsere im Herbst stattfindenden Kinesiologie-**Kongresse** bieten willkommene Gelegenheit zu Austausch und Begegnung.

Informationen zu unseren vielfältigen Veranstaltungen können Sie unserer Homepage entnehmen: **www.iak-freiburg.de**. Gerne schicken wir Ihnen auch unser Kursprogramm zu. (Bitte mit 2 € frankierten Rückumschlag beilegen.)

Leseproben für alle VAK-Titel finden Sie unter: www.vakverlag.de